Dieses Buch ist als Begleiter für all jene gedacht, die in London mehr sehen wollen als das, was allgemein als »Sehenswürdigkeit« präsentiert wird. Es führt auf neun Spaziergängen durch das London der Literaten und bietet ein Panorama der englischen Kulturgeschichte von der Shakespearezeit bis zur Gegenwart.

Buchstäblich *en passant*, während man durch die Straßen schlendert, erfährt man, welche wirkliche oder fiktive Gestalt der Literatur in diesem oder jenem Haus gelebt hat, an welchem Ort die eine oder andere berühmte Szene der Literatur spielt. Eine Szene aus einem Roman von Charles Dickens vermag ein deutlicheres Bild vom Leben in den Armenvierteln des vorigen Jahrhunderts zu vermitteln als so manche Abhandlung, und wer Theodor Fontanes Kommentare über den Tower liest, wird dieses Bauwerk mit ganz anderen Augen betrachten. Samuel Johnson, der große Kritiker des 18. Jahrhunderts, sagte einmal: »Wer London je satt hat, der hat auch das Leben satt.«

insel taschenbuch 2554
London

SUNSET BLVD
ADELPHI THEATRE
11
Fulham Chelsea
Victoria Charing Cross
Fleet Street Bank
FULHAM BROADWAY
ADELPHI THEATRE

LONDON

Literarische Spaziergänge

Von Harald Raykowski
Mit farbigen Fotografien von
Horst und David Zielske / Bilderberg

Insel Verlag

Umschlagfoto: FPG/Bavaria

insel taschenbuch 2554
Erste Auflage 2000

Textnachweise am Schluß des Bandes
Vertrieb durch den Suhrkamp Taschenbuch Verlag
Umschlag: Michael Hagemann
Satz: Hümmer GmbH, Waldbüttelbrunn
Druck: Konkordia, Bühl
Printed in Germany

1 2 3 4 5 6 – 05 04 03 02 01 00

INHALT

VORWORT

Wem fällt nicht bei dem Gedanken an London die in Nebel gehüllte Tower Bridge ein und die Gestalt des Sherlock Holmes, der diese Brücke auf seinem Weg ins finstere East End überquert, wo es ein mysteriöses Verbrechen aufzuklären gilt? Und wer in London an St. Paul's vorübergeht, erinnert sich dabei vielleicht an eine Episode aus einem Roman von Charles Dickens, die sich in einer der Gassen nahe dieser Kathedrale zuträgt. Solche Bilder haben sich wohl jedem eingeprägt, der Romane gelesen oder Theaterstücke gesehen hat, die in London spielen. Umgekehrt gibt es in London zahllose Orte, die zu Schauplätzen der Literatur geworden sind oder die Erinnerungen an Autoren und ihre Werke wekken.

Dieses kleine Buch will zu solchen Stellen in der britischen Metropole führen, die für Literaturfreunde von Interesse sein könnten. Es ist ein literarischer Wegbegleiter, der die Stadt aus der Sicht von Autorinnen und Autoren präsentiert. Gedichte, Szenen aus Romanen und Theaterstücken, prägnante Ausschnitte aus Essays entwerfen ihr je eigenes Bild von London und seinen Sehenswürdigkeiten, und zugleich lassen sie etwas vom charakteristischen Stil ihrer Verfasser erkennen.

Ein Reiseführer ist dieses Buch insofern, als jedes Kapitel einen Spaziergang beschreibt, der durch Straßen und zu Bauten und Plätzen führt, die auf die eine oder andere Weise bemerkenswert sind. Kartenskizzen helfen dem London-Besucher bei der Orientierung. Das Buch ist aber auch ein kleines Lesebuch, ein literarisches Kaleidoskop, ein Gang durch die englische und europäische Literatur, die London zu ihrem Gegenstand hat. Wie immer nun die Leserin oder der Leser dieses Buch benutzen mögen, als Reisende, denen es ein kleiner Wegweiser durch die Stadt ist, oder als »armchair travellers«, die zu Hause lesend vergangene Besuche in London nacherleben oder sich auf einen geplanten Besuch freuen – in jedem Fall ist zu hoffen, daß dieser literarische Reiseführer sich als ebenso nützlich wie unterhaltsam erweist.

1. WESTMINSTER

Westminster Bridge
Houses of Parliament
Westminster Abbey
St. James's Park
St. James's Palace
The Mall
Buckingham Palace

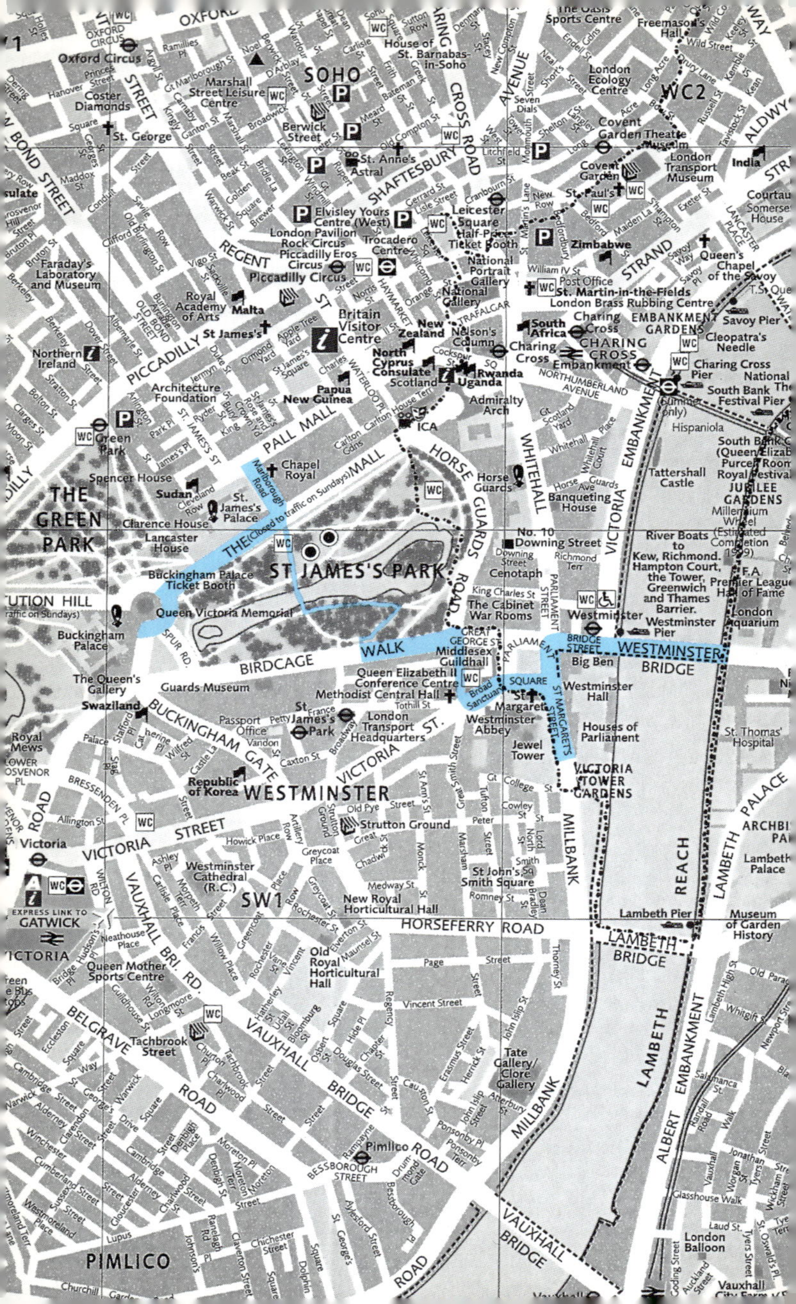

OXFORD
OXFORD CIRCUS
Oxford Circus
SOHO
House of St. Barnabas-in-Soho
The Oasis Sports Centre
Freemason's Hall
Marshall Street Leisure Centre
Coster Diamonds
St. George
Berwick Street
St. Anne's
Astral
London Ecology Centre
WC2
Covent Garden Theatre Museum
London Transport Museum
India
Covent Garden
St. Paul's
Seven Dials
SHAFTESBURY
CHARING CROSS ROAD
AVENUE
BOND STREET
REGENT
Elvisley Yours Centre (West)
London Pavilion Rock Circus
Piccadilly Eros Circus
Piccadilly Circus
Trocadero Centre
Leicester Square Half-Price Ticket Booth
National Portrait Gallery
National Gallery
Zimbabwe
STRAND
Queen's Chapel of the Savoy
Courtauld Somerset House
Faraday's Laboratory and Museum
Royal Academy of Arts
Malta
St James's
Britain Visitor Centre
New Zealand
Nelson's Column
TRAFALGAR
Post Office
St. Martin-in-the-Fields
London Brass Rubbing Centre
South Africa
Charing Cross
EMBANKMENT GARDENS
Savoy Pier
Cleopatra's Needle
Northern Ireland
PICCADILLY
North Cyprus Consulate
Scotland
Rwanda
Uganda
CHARING CROSS
Embankment
Charing Cross Pier
National Theatre
South Bank Festival Pier
Architecture Foundation
Papua New Guinea
Admiralty Arch
NORTHUMBERLAND AVENUE
PALL MALL
ICA
Green Park
Chapel Royal
THE MALL (Closed to traffic on Sundays)
HORSE GUARDS ROAD
WHITEHALL
EMBANKMENT
Hispaniola
South Bank Centre (Queen Elizabeth, Purcell Room, Royal Festival Hall)
JUBILEE GARDENS
Millennium Wheel (Estimated Completion 1999)
Spencer House
THE GREEN PARK
Sudan
St. James's Palace
Clarence House
Lancaster House
Horse Guards
Banqueting House
Tattershall Castle
River Boats to Kew, Richmond, Hampton Court, the Tower, Greenwich and Thames Barrier. Westminster Pier
No. 10 Downing Street
Cenotaph
F.A. Premier League Hall of Fame
ST JAMES'S PARK
Buckingham Palace Ticket Booth
CONSTITUTION HILL
Queen Victoria Memorial
The Cabinet War Rooms
Westminster
London Aquarium
Buckingham Palace
VICTORIA
BIRDCAGE WALK
SPUR RD
GREAT GEORGE ST
Middlesex Guildhall
BRIDGE STREET
WESTMINSTER BRIDGE
Big Ben
PARLIAMENT SQUARE
The Queen's Gallery
Guards Museum
Queen Elizabeth II Conference Centre
Methodist Central Hall
Broad Sanctuary
St Margaret's
ST MARGARET'S STREET
Westminster Hall
Swaziland
BUCKINGHAM GATE
St James's Park
London Transport Headquarters
Westminster Abbey
Houses of Parliament
St. Thomas' Hospital
Royal Mews
Passport Office
Jewel Tower
VICTORIA TOWER GARDENS
Republic of Korea
WESTMINSTER
VICTORIA ST.
BRESSENDEN PL
Strutton Ground
ARCHBISHOP'S PARK
Victoria
VICTORIA STREET
Westminster Cathedral (R.C.)
SW1
MILLBANK
REACH
LAMBETH PALACE ROAD
Lambeth Palace
St John's, Smith Square
New Royal Horticultural Hall
EXPRESS LINK TO GATWICK
VICTORIA
HORSEFERRY ROAD
Lambeth Pier
Museum of Garden History
LAMBETH BRIDGE
Queen Mother Sports Centre
Old Royal Horticultural Hall
VAUXHALL BRI. RD.
Tachbrook Street
BELGRAVE ROAD
VAUXHALL BRIDGE ROAD
Tate Gallery/Clore Gallery
LAMBETH
ALBERT EMBANKMENT
Pimlico
BESSBOROUGH STREET
VAUXHALL BRIDGE
PIMLICO
London Balloon
Vauxhall City Farm

Unser Spaziergang nimmt seinen Anfang an den Parlamentsgebäuden, den *Houses of Parliament*, die in den Jahren 1840 bis 1850 im neugotischen Stil erbaut wurden. Der alte Palast von Westminster, in dem die beiden Häuser des Parlaments zuvor tagten, brannte 1834 fast vollständig nieder; nur Westminster Hall blieb erhalten. Theodor Fontane, der den Neubau (allerdings noch ohne den Glockenturm »Big Ben« [Foto S. 4]) kurz nach der Fertigstellung sah, war davon nicht beeindruckt:

»Der echte John Bull hat auch noch einen andren Spleen, das ist die Bewunderung seiner neuen Houses of Parliament. Diese Parlamentshäuser sind da und haben viel Geld gekostet, das beides steht fest. Namentlich der letztere Umstand läßt den Gedanken gar nicht aufkommen, daß sie vielleicht doch nichts taugen könnten. Der praktische Sinn des Engländers sträubt sich dagegen, so viele Pfund Sterling vergeblich ausgegeben zu haben. Er wiederholt dir Mal auf Mal, daß das Gebäude 900 Fuß lang und einer seiner vielen Türme, zunächst noch in der Intention, 340 Fuß hoch sei; er weist dir nach, daß die Ornamente am Dach und an den Türmchen dem *wonder of the world* getreulich nachgebildet seien, und ruft dir, wenn nichts mehr helfen will, mit komischem Eifer zu: ›Nun, da hätten Sie erst die alten sehen sollen.‹ Aber freilich, es werden auch Gegenstimmen laut und sprechen unumwunden aus, daß die Sache äußerlich und innerlich total verdorben sei. Es ist ein Mißverhältnis da zwischen der Höhe des Gebäudes und der Höhe des großen Südwestturms; endlose Ornamente, die überall sich vordrängen, nehmen ihm den Charakter schöner Einfachheit und lassen das Ganze trotz seiner riesigen Dimensionen kleinlich und fast unwürdig erscheinen. Man forscht nach einem Zweck dieser Schnörkeleien und kann keinen anderen finden als den, daß sie da seien, um Staub und Rauch zu schlucken und den Raum herzugeben für viele tausend Schwalbennester. Die Verbindungsgänge innerhalb des Gebäudes entbehren aller Übersichtlichkeit und machen mehr den Eindruck von Irrgängen eines Labyrinths als von Verbindungsgängen eines Palastes.

Wenn das am grünen Holz geschieht, was soll am dürren geschehen!«

Der amerikanische Schriftsteller William Dean Howells, der etwa zehn Jahre nach Fontane zum ersten Mal nach London kam, war da ganz anderer Ansicht:

»Wer behauptet da, die Parlamentsgebäude seien nicht schön? Sie sind zwar keine tausend Jahre alt, aber eines Tages werden sie es sein, und dann wird es denen, die an ihnen herumnörgelten, als sie erst fünfzig waren, noch leid tun. Ich jedenfalls finde ihre Gotik so würdevoll und majestätisch, wie es ihnen zukommt. Sie mußten einfach im gotischen Stil erbaut werden, und sie erheben sich dort am Flußufer, als wüchsen sie aus dem Boden hoch hinauf in jenen grauen Himmel, der ihre Architektur hervorgebracht hat.«

Ebenfalls um die Mitte des 19. Jahrhunderts kam ein anderer Amerikaner nach London, Nathaniel Hawthorne, der Verfasser zahlreicher Erzählungen, von denen »Der scharlachrote Buchstabe« die vielleicht bekannteste ist. Hawthorne, der eine Zeitlang amerikanischer Konsul in Liverpool war, besichtigte das Oberhaus:

»Nichts könnte prächtiger und von stolzerem Reichtum sein als die Kammer der Peers: ein geräumiger, länglicher Saal, der bis zur Höhe von etwa zwanzig Fuß mit reich geschnitzten Eichenpaneelen ausgekleidet ist. Ringsum läuft die Balustrade der Besuchergalerie, und oberhalb der Galerie befinden sich zu beiden Seiten je sechs Spitzbogenfenster, deren Scheiben historische Szenen darstellen. Die Decke ist bemalt und teilweise vergoldet, und auch sonst finden sich überall gemalte und geschnitzte Verzierungen in großer Zahl, die dabei bis ins kleinste sorgfältig ausgeführt sind; lebensgroße Statuen in Nischen hoch oben, Köpfe von Königen so klein wie die von Puppen, und die Schnitzarbeiten an den Eichenpaneelen sind genauso präzise ausgeführt wie zu Zeiten Heinrichs IV. – genauso präzise und sorgfältig, aber nicht entfernt so abwechslungsreich und phantasievoll, wie ich es im Speisezimmer von Smithell's Hall gesehen habe. Dort hatte der Künstler mit Kopf und Herz gearbeitet, während diese Arbeiten vermutlich großenteils von Maschinen gefertigt wurden. Aber wie dem auch sei, es ist jedenfalls ein sehr würdiger und prächtiger, keineswegs aber prunksüchtiger Ort. Seine satten, dunklen Farben und das gedämpfte, durch die bunten Scheiben hereinfallende Licht lassen ihn verhalten leuchten und funkeln. An den Stirnwänden des Saales, eingelassen in spitzbogige Vertiefungen, befinden sich jeweils drei von zeitgenössischen Künstlern ausgeführte Gemälde mit Szenen aus der englischen Geschichte. Zwar konnte man das Dargestellte kaum erkennen, aber als architektonischer Schmuck waren sie sehr wirkungsvoll.

Die Sitze der Peers bestehen aus vier mit Kissen aus rotem Saffianleder belegten Bankreihen auf beiden Seiten der Kammer. Sicherlich sind diese Sitze recht bequem, doch lassen sie nur eine geziemende aufrechte Haltung zu. Der Wollsack befindet sich im Mittelgang zwischen diesen beiden Bankreihen. Es handelt sich dabei um einen großen,

Westwerk von Westminster Abbey mit den 1745 fertiggestellten Türmen

rot bespannten quadratischen Sitz mit einem aufrecht stehenden, ebenfalls roten Kissen als Rückenlehne für den Kanzler. Vor dem Wollsack steht eine Ottomane, auf der man sich der Länge nach ausstrecken könnte. Welchem Zweck sie dient, weiß ich nicht. Ich glaube nicht, daß der Wollsack eine sonderlich komfortable Sitzgelegenheit ist, obwohl er ursprünglich sicher einmal das Bequemste war, was man herzustellen verstand, denn der Kanzler muß ja viel sitzen.

Der Thron steht nahe bei der Tür und ist das erste, was einem beim Betreten des Saales ins Auge fällt. Es ist ein altertümlich geformter Sessel mit einer hohen, spitz zulaufenden Lehne und einem quadratischen Baldachin. Das Ganze ist mit Schnitzereien und Blattgold verziert und außerdem mit zahllosen Bergkristallen besetzt – was ich einigermaßen geschmacklos fand.«

Einen Besuch im Unterhaus beschreibt Karl Philipp Moritz, der London 1782 besuchte. Damals tagten die Abgeordneten noch in Westminster Hall [Foto S. 20]:

»An den Seiten des Hauses rund umher unter der Galerie sind die Bänke der Parlamentsmitglieder, mit grünem Tuch ausgeschlagen, immer eine höher als die andere, wie unsere Chöre in den Kirchen, damit derjenige, welcher redet, immer über die vor ihm Sitzenden wegsehen kann. Die Parlamentsmitglieder behalten die Hüte auf, aber die Zuschauer auf der Galerie sind unbedeckt.

Die Parlamentsmitglieder im Unterhaus haben nichts Unterscheidendes in ihrer Kleidung; sie kommen in Überrock und mit Stiefeln und Sporen herein. Es ist nichts Ungewöhnliches, ein Parlamentsmitglied auf einer von den Bänken ausgestreckt liegen zu sehen, indessen die anderen debattieren. Einige knacken Nüsse, andere essen Apfelsinen oder was sonst die Jahreszeit mit sich bringt. Das Ein- und Ausgehen dauert fast beständig, und sooft jemand hinausgeht, stellt er sich erst vor den Sprecher und macht ihm seine Reverenz, gleichsam als ob er ihn, wie ein Schulknabe seinen Lehrer, um Erlaubnis bittet.

Das Reden geschieht ohne alle Feierlichkeit, einer steht bloß von seinem Sitz auf, nimmt seinen Hut ab, wendet sich gegen den Sprecher, an den alle Reden gerichtet sind, behält Hut und Stock in einer Hand, und mit der anderen macht er seine Gesten.

Redet einer schlecht oder hat das, was er sagt, für die meisten nicht Interesse genug, so ist oft ein solches Lärmen und Gelächter, daß der Redende kaum sein eigenes Wort hören kann, welches für diesen eine sehr ängstliche Lage sein muß; und dann hat es sehr viel Komisches, wenn der Sprecher auf seinem Stuhl wie ein Lehrer zu wiederholtem Mal Ordnung gebietet, indem er ausruft: ›To order, to order!‹, ohne daß eben viel darauf geachtet wird.«

Nahe dem Parlament überspannt die 1862 erbaute *Westminster Bridge* die Themse. Der heutige Brückenbau steht an der Stelle eines älteren, der zwischen 1739 und 1750 errichtet wurde. Der Blick, der sich ihm am Morgen des 3. September 1802 von dort aus auf die Stadt bot, inspirierte den Romantiker William Wordsworth zu einem Sonett:

Composed Upon Westminster Bridge

Earth has not anything to show more fair:
Dull would he be of soul who could pass by
A sight so touching in its majesty:
This City now doth, like a garment, wear
The beauty of the morning; silent, bare,

Ships, towers, domes, theatres, and temples lie
Open unto the fields, and to the sky;
All bright and glittering in the smokeless air.
Never did sun more beautifully steep
In his first splendour, valley, rock, or hill;
Ne'er saw I, never felt, a calm so deep!
The river glideth at his own sweet will:
Dear God! the very houses seem asleep;
And all that mighty heart is lying still!

Wie anders klingt dagegen die folgende Strophe aus dem zehnten Gesang von Lord Byrons *Don Juan*, die ebenfalls einen Blick auf London beschreibt:

A mighty mass of brick, and smoke, and shipping,
Dirty and dusky, but as wide as eye
Could reach, with here and there a sail just skipping
In sight, then lost amidst the forestry
Of masts; a wilderness of steeples peeping
On tiptoe, through their sea-coal canopy;
A huge, dun cupola, like a foolscap crown
On a fool's head – and there is London Town!

Gegenüber den Parlamentsgebäuden auf der flußabgewandten Seite liegt die ehrwürdige Abteikirche, *Westminster Abbey*, in der die meisten englischen Monarchen gekrönt wurden und ihre letzte Ruhestätte fanden [Fotos S. 16 und 28]. Auch andere Persönlichkeiten der englischen Geschichte liegen hier begraben oder werden zumindest durch Gedenksteine geehrt. Im südlichen Querschiff befinden sich in »Poets' Corner« die Gräber und Denkmäler zahlreicher Dichter und Dramatiker, u. a. das Grabmal des im

Westminster Hall mit Denkmal Oliver Cromwells

Jahre 1400 verstorbenen Geoffrey Chaucer, des Verfassers der *Canterbury Tales*, und eine Büste William Shakespeares, dessen Grab sich allerdings in Stratford-on-Avon befindet. Westminster Abbey zieht Besucher in großer Zahl an. Das war auch vor hundert Jahren nicht anders, als Oscar Wilde sich über den amerikanischen Touristen mokierte:

»Mit einer wahrhaft bezaubernden *naiveté* und Nonchalance wird er St. James Palace in aller Ernsthaftigkeit dem Zentraldepot von Chicago, oder Westminster Abbey den Niagarafällen gegenüberstellen. Meßbare Größe ist sein Schönheitskanon, großes Ausmaß sein Vorzüglichkeits-Standard.«

Der österreichische Dramatiker Franz Grillparzer besuchte Westminster Abbey im Jahre 1836 und notierte:

»Ging in die Westminsterabbey, die heute offen steht, das heißt, gegen Bezahlung. Herrliches Innere. Im Stil von Notre Dame, aber schöner; höchstens mit St. Denis zu vergleichen. Alle Kapellen, alle Monumente besehen; erstere vom Führer gejagt, letztere nach Herzenslust. Kaum ist eins dieser Denkmäler schön zu nennen, aber alle zusammen, was machen sie für einen Eindruck. Und das ist nicht tot wie die Geschichte Deutschlands, sondern lebt im gegenwärtigen Leben, in noch bestehenden Institutionen. Wahrlich, dies Land hat eine Geschichte, wir haben nur Kuriositäten und Begebenheiten. Shakespeares Denkmal eins der schlechtesten.«

Der Franzose Hippolyte Taine, Philosoph und Historiker, der unter anderem eine Geschichte der englischen Literatur verfaßte, beschrieb 1872 seinen Besuch in Westminster Abbey:

»Westminster Abbey. Ein prachtvolles Schiff. Wunderbare gotische Baukunst. Sie ist die einzige, die zu dem Klima paßt: es bedarf dieses Formengewimmels, der gerankten, sich schlängelnden Gewebe und der Überfülle zarter Bildsäulen, um die trübe Luft zu erfüllen und die Leere der finsteren Innenräume zu beleben. – Ich ging umher und besah die Grabdenkmäler – eine Menge zierlicher Bildhauereien aus dem achtzehnten, andere, kalte, schülerhaft steife aus unserem Jahrhundert –, als sich plötzlich Gesänge erhoben, nicht die eintönigen Psalmodien unseres Vesperdienstes – rauher, einstimmiger Mönchsgesang, Frage- und Antwortverse, die wie von kranken Nonnen gesungen klingen –, sondern schöne mehrstimmige Lieder, ernste, edle Rezitative, wohlabgerundete Melodien, Triller und Harmonien, die an die beste Zeit gemahnten. Dann, nach einem Vortrag über Sissera, nahmen Orgel und Sänger, Kinder- und Baßstimmen eine volle, reiche Motette auf. Diese ganze Musik ist würdig, jene Psalmen und Gebete, welche ich eben gelesen habe, zu begleiten. So aufgefaßt, ist der Kult eine Oper erhobener, ernstgestimmter, gläubiger Seelen. Und nichts ist wichtiger! Kirche und Gottesdienst müssen bei einem Volke auf gleicher Stufe stehen mit den Empfindungen nicht nur der Menge und der Ungebildeten, sondern der Gebildetsten.«

Theodor Fontane fühlte sich besonders von Poets' Corner angezogen und und widmete diesem Ort in seinem Buch *Ein Sommer in London* (1854) einen längeren Abschnitt:

»Noch andere Plätze lieb' ich im Fluge zu berühren (die Grabmäler James Watts und Wilberforces und Warren Hastings'), aber das Ziel solchen Umgangs bleibt doch immer Poets' Corner, der Poetenwinkel, wo ich, auf einer der hölzernen Kirchenbänke Platz nehmend, den Orgeltönen zu lauschen pflege, die während des Nachmittaggottesdienstes die Kirche durchbrausen. Dann ist mir's oft, als belebe sich der Marmor um mich her und als horche Händel von seinem Piedestal herab mit gespanntem Ohr und gehobenem Finger und zähle die Takte und probe die Klänge – seines eigenen Chorals vielleicht. Die Orgel schweigt, nur ein Zittern geht noch durch die Luft, aber die Geister des Orts haben mich bereits in ihrem Bann, und wie Flüstern naher und ferner Stimmen summt es um mich her. Es winkt von hier und dort und zieht mich heran, näher und näher. Da lacht John Gay mich an, der Fabel- und Lustspieldichter, zu dessen Füßen Maske, Dolch und Flöte ruhen und dessen selbstverfaßte Grabschrift:

> Eine Posse das Leben! so stellt sich's dar; –
> Einst hab' ich's geglaubt, nun seh ich's klar

den Mann gibt, wie er war: kurz und scharf, Epigramm und Satire. Da ist wenige Schritte von ihm Thomas Gray, der berühmte Verfasser der ›Elegie auf einem Dorfkirchhof‹, der Vorläufer und das Vorbild unseres Hölty und der schuldlose Vater jener Sentimentalität, die sich noch immer durch alle englische Kunst hindurchzieht und ihren krassesten Ausdruck in den Gesichtern der englischen Stahl- und Kupferstiche findet. – Zur Seite des Grayschen Bildes und deutungsreich ihn überragend, steht Milton, der Dichter des Verlorenen Paradieses, und um die Leier ihm zu Füßen, anspielend auf sein unsterbliches Werk, windet sich die Schlange mit dem Apfel. Dryden schrieb die Inschrift in der elegant-pathetischen Weise seiner Zeit:

> Homer und Dante – eurem Dichtertum
> Gesellte Milton seinen größern Ruhm:
> Des einen Schwung, des andern Majestät

In unserm Dichter beieinander steht.
Natur tat alles, des sie fähig war,
Als aus den zwei'n – den dritten sie gebar.

Da grüßen vielberühmte Namen noch, von Chaucer an, ›dem Vater der englischen Dichtkunst‹, bis nieder zu Robert Southey, dem letzten lorbeergekrönten Haupte, das Einzug hielt in den Poets' Corner. Und zwischen diesem Anfangs- und Ausgangspunkt welche Reihenfolge glänzender Talente! Ben Jonson, mit der sprechenden Grabinschrift: ›O rare Ben Jonson‹; Spenser, der Schöpfer jener Strophe, die unter Lord Byrons Meisterhand zu neuem Ruhme erstand; Samuel Butler, der Verfasser des Hudibras, dieses auf englischen Boden verpflanzten Don Quixote; und Oliver Goldsmith auch, dessen Pfarrer von Wakefield unser aller Jugendgefährte und der eiserne Bestand unserer Schulmappe war.

Aber vor allem sind es zwei Bildwerke doch, die immer wieder und wieder die Aufmerksamkeit unseres Auges erzwingen: Garrick und Shakespeare. Zu der Berühmtheit der Namen gesellt sich eine besondere Tüchtigkeit der Kunstwerke selbst. (Ich hörte diese Tüchtigkeit später bestreiten; doch konnten mich die gemachten Ausstellungen nicht überzeugen.) Eine faltenreiche Gardine nach beiden Seiten hin zurückschlagend, tritt der geniale Verkörperer des Shakespeareschen Wortes hinter derselben hervor. Sinnig hält über seinem Haupte das Brustbild Shakespeares wie eine Agraffe die beiden Flügel des Vorhangs zusammen, und während die tiefere Idee der Darstellung auf ein Entschleiern, gleichsam ein Auseinanderschlagen der Shakespeareschen Schönheit hinausläuft, gibt der Bildhauer zu gleicher Zeit die einfachste und möglichst charakteristische

Situation für die Vorführung eines dramatischen Künstlers überhaupt. In den Zügen des Kopfes paart sich das Geistvolle mit dem freundlich Wohlwollenden auf eine herzgewinnende Art, und die Worte am Piedestal lauten wie folgt:

Ein Zeichner der Natur – in seiner Hand
Den Zauberstift – kam Shakespeare in dies Land,
Doch seinen Ruhm verschwendrisch zu verbreiten,
Trat Garrick auf; die Welt sah keinen zweiten.
Die Kunstgebilde, die der Dichter schuf,
Belebten neu sich auf des Mimen Ruf,
Und was in Schutt und Nacht begraben lag,
Es stieg in hell'rem Glanze an den Tag.
Drum bis die Ewigkeit einst, unbewegt,
Die Sterbestunde aller Stunden schlägt,
Soll, wie ein Zwillingssternbild anzusehn,
Shakespeare und Garrick uns zu Häupten stehn.

Schrägüber seinem Jünger und Apostel steht Shakespeare selbst in ganzer Figur. Er lehnt an einem Säulenabschnitt, der die Büste Elisabeths, als der Pflegerin seiner Kunst, und die Köpfe Heinrichs V. und Richards III., als hervorragender Gestalten seiner Dramen, trägt. Shakespeare selbst, nach Sitte seiner Zeit gekleidet, mit vollem Bart um Mund und Kinn, schaut ohne den leisesten Zug jener espritvollen Heiterkeit auf uns hernieder, die den Kopf Garricks so augenfällig charakterisiert. Deutsch-tief, ruhig, fast träumerisch und nur angeflogen von jenem lachenden Humor, der doch zur Hälfte das Kind des Schmerzes ist, blickt dieses Antlitz vor sich hin, und die Größe des Mannes erschließt sich uns, je mehr und mehr wir uns in dies träumerische Steinbild versenken. Kaum bedarf es einer Inschrift zum vollen Verständnis dieser Züge, aber es sind berühmte Worte (Worte Miltons), und ich gebe sie:

Mein Shakespeare du, dein heiliges Gebein,
Was braucht es Marmor und granitnen Stein?
Was brauchst du Säulenschaft und Säulenknauf
Und Pyramiden bis zum Himmel auf?
Du Ruhmes Erb und der Erinnrung Kind,
Was brauchst du Zeichen, die nur flüchtig sind?
In unsrer staunenden Bewunderung
Ersteht dein Denkmal immer neu und jung,
Die Seele liest dich mit entzücktem Bangen,
Wir werden selber marmorn im Empfangen,
Und unsre Herzen sind dein Sarkophag,
Um den manch König dich beneiden mag.

Oliver Goldsmith, den Fontane oben erwähnt und der nach seinem Tode 1774 selbst einen Gedenkstein in Poets' Corner erhielt (sein Grab befindet sich an der Temple Church, siehe Spaziergang 7), schrieb 1762 ein satirisches Werk, *The Citizen of the World (Der Weltbürger)*, in dem er England und seine Gebräuche aus der Sicht eines chinesischen Besuchers darstellt. Als der Chinese Westminster Abbey mit ihren vielen Inschriften und Denkmälern besichtigt, wendet er sich an einen schwarz gekleideten Herrn (hinter dem sich Goldsmith selbst verbirgt) und erklärt ihm:

»›Ich bin gekommen, um mich davon zu überzeugen, mit welcher Umsicht, Klugkeit und Gerechtigkeit die Engländer ihre verdienstvollen Toten ehren. Richtig gehandhabt, wird solche Verehrung jenen, welchen sie gilt, nicht zum Nachteil gereichen, während sie jenen, welche sich dadurch geschmeichelt fühlen würden, ein Ansporn ist. Jede gute Regierung hat die Aufgabe, sich zum eigenen Vorteil der zum Monument gewordenen Eitelkeit zu bedienen und die Schwäche des einzelnen in die Stärke des Ganzen zu verwandeln. Wenn nur die wahrhaft Großen in dieser ehrfurchtgebietenden Stätte ihren Platz gefunden haben, dann lehrt ein solcher Tempel, was Tugend ist, und spornt zur Nachahmung an. Man sagte mir, hier ruhten allein Personen von großen Verdiensten.‹ Der schwarz gekleidete Herr schien verstimmt ob meiner Bemerkungen, so daß ich schwieg, und gemeinsam gingen wir, die Denkmäler einzeln, wie sie aufeinander folgten, zu betrachten.

Das menschliche Auge wendet sich naturgemäß immer zuerst den prächtigen Gegenständen zu, und so erregte ein Monument, das mir schöner dünkte als die anderen, meine besondere Aufmerksamkeit. ›Das‹, sagte ich zu meinem Führer, ›muß das Grab eines sehr bedeutenden Mannes sein. Nach der kunstvollen Ausführung und der schönen Form zu urteilen, ist es gewiß zum ehrenden Gedenken an einen König errichtet worden, der sein Land vor dem Untergang bewahrt hat, oder an einen Gesetzgeber, der seine Mitbürger aus der Anarchie in einen Zustand der Rechtlichkeit geführt hat.‹ ›Es ist nicht erforderlich‹, versetzte mein Begleiter lächelnd, ›daß man solche Leistungen vorzuweisen hat, um hier ein prächtiges Denkmal zu erhalten. Geringere Fähigkeiten genügen bereits.‹ ›Wie! Zwei oder drei gewonnene Schlachten oder die Einnahme eines halben Dutzends Städte gelten doch gewiß als ausreichende Leistung?‹ ›Gewonnene Schlachten oder eingenommene Städte‹, erwiderte der Mann in Schwarz, ›mögen von Nutzen sein, aber ein Gentleman kann hier ein sehr schönes Grabmal haben, ohne je bei einer Schlacht oder Belagerung dabeigewesen zu sein.‹ ›So ist dies denn das Grab eines Dichters, dessen

Westminster Abbey

Phantasie ihn unsterblich gemacht hat?‹ ›Nein, Sir‹, entgegnete mein Führer, ›der Herr, der hier begraben liegt, hat nie Verse geschrieben, und was die Phantasie angeht, so hat er sie bei andern verachtet, da er selbst keine besaß.‹ ›Dann sagen Sie mir bitte mit einem Wort‹, sprach ich unwillig, ›wodurch sich der berühmte Mann, der hier begraben liegt, besonders hervorgetan hat.‹ ›Hervorgetan, Sir?‹ antwortete mein Begleiter. ›Nun, Sir, der Mann, der hier begraben liegt, hat sich dadurch hervorgetan, daß er – ein Grab in Westminster Abbey hat.‹ ...

Als wir weitergingen, kamen wir zu einem besonderen Teil dieses Tempels. ›Dort‹, sagte der Herr mit einer Handbewegung, ›befindet sich die Dichterecke. Da sehen Sie die Denkmäler Shakespeares, Miltons, Priors und Draytons.‹ ›Drayton?‹ bemerkte ich. ›Von ihm habe ich noch nie gehört. Aber man hat mir von einem gewissen Pope erzählt. Liegt er auch hier?‹ ›Dazu ist noch genug Zeit‹, versetzte mein Führer, ›in den nächsten hundert Jahren. Er ist erst vor kurzem gestorben, und die Leute hassen ihn noch immer.‹ ›Wie seltsam!‹ rief ich aus. ›Gibt es wirklich Menschen, die jemanden hassen können, der sein Leben lang die Mitmenschen unterhalten und belehrt hat?‹ ›Gewiß‹, sagte mein Führer. ›Sie hassen ihn aus dem nämlichen Grund. Es gibt gewisse Leute, die sogenannten Bücherrichter, die sich anheischig machen, die Welt der Literatur zu überwachen, und die mit dem, was sie schreiben, über Erfolg und Mißerfolg bestimmen. Sie gleichen in gewisser Weise den Eunuchen im Serail, die selbst kein Vergnügen bereiten können und jene, die es möchten, daran hindern. Diese Richter haben nichts anderes zu tun als ›Dummkopf‹ oder ›Schmierfink‹ zu schreien, die Toten zu preisen und die Lebenden zu schmähen ... Wer als Dichter auch nur das geringste Talent hat, wird mit Sicherheit solche Feinde finden. Auch wenn er so tut, als kümmere ihn ihre Bosheit nicht, spürt er doch, wie sie ihm zusetzen, und auf der Suche nach etwas Anerkennung lernt er das Fürchten.‹

›War das bei allen Dichtern so, die ich hier sehe?‹ rief ich. ›Jawohl, bei jedem einzelnen von ihnen‹, antwortete er, ›ausgenommen jene, die das Glück hatten, als Mandarine geboren zu werden. Wer viel Geld hat, kann sich seinen Ruhm von den Bücherrichtern ebenso erkaufen wie ein Grabmal von den Tempelwächtern.‹«

Alexander Pope, der große Satiriker, gehörte übrigens dem Komitee an, das das Denkmal für Shakespeare in der Westminster Abbey in Auftrag gab und dafür Geld sammelte. Ihm selbst ist aber bis heute kein Gedenkstein in Poets' Corner gesetzt worden. Sein Grab findet man in der alten Kirche von Twickenham, einem Städtchen einige Meilen flußaufwärts, wo er die meiste Zeit seines Lebens verbracht hatte und wo er 1744 starb. Das Denkmal, das ein Freund dort für ihn errichten ließ, trägt die Inschrift: »Für einen, der in Westminster Abbey nicht begraben sein wollte.«

Bernard Shaw erzählt die folgende boshafte Anekdote, die man sicherlich nicht allzu wörtlich nehmen sollte:

»Ein frommer Franzose kniete in Westminster Abbey nieder, um zu beten. Der Küster, dem so etwas noch nicht vorgekommen war, übergab ihn daraufhin sogleich der Polizei mit der Begründung, er habe ›Lärm gemacht‹. Glücklicherweise hatte der Magistratsrichter ein Nachsehen mit dem unwissenden Ausländer und erkundigte sich sogar, warum man denn in einer Kiche nicht beten dürfe. Die Antwort des Küsters war ebenso einfach wie einleuchtend. ›Wenn wir das zuließen‹, sagte er, ›dann wären da auf einmal überall Leute, die beten wollen.‹ Und so gilt bis zum heutigen Tag in Westminster Abbey die Regel, daß man zwar umhergehen und die Denkmäler betrachten, aber unter keinen Umständen dort beten darf.«

Von Westminster Abbey ist es nur ein kurzer Fußweg zum *St. James's Park*, der unter Heinrich VIII. als erster königlicher Park in London angelegt wurde. Er hat sein Aussehen seither mehrmals gründlich geändert, und selbst die Beschreibung, die Hippolyte Taine im letzten Drittel des 19. Jahrhunderts von dem Park gibt, entspricht nicht ganz dem, was man heute sehen kann.

»Saint James's Park ist ein wirkliches Stück Land und ein Stück englischen Landes: alte mächtige Bäume, wirkliche Wiesen, große, von Wasservögeln bevölkerte Seen; Kühe und eingepferchte Hammel weiden das immer frische Gras ab, sogar auf dem schmalen grünen Streifen, der Westminster Abbey einrahmt, sieht man Schafe. Man braucht nur ihr Schrifttum von Chaucer bis Shakespeare, von Thomson bis Wordsworth und Shelley durchzugehen, um den Beweis dafür zu finden. Welch ein Gegensatz zu den Tuilerien, den Champs Elysées und dem Luxembourg! Im allgemeinen ist der französische Garten der Ludwigs des Vierzehnten: ein Salon oder ein Wandelgang unter freiem Himmel, um darin spazieren zu gehen und in Gesellschaft zu plaudern. In dem englischen Garten, so wie sie ihn erfunden und verbreitet haben, weilt man dagegen besser allein, Augen und Seele gehen dort ein Gespräch mit den natürlichen Dingen ein. Wir haben nach diesem Vorbild einen Park im Bois de Boulogne angelegt, haben aber den Fehler begangen, eine Fels- und Kaskadengruppe darin aufzustellen: das Künstliche tritt sofort hervor und verletzt. Englische Augen würden das von vornherein empfunden haben.«

Henry James, der amerikanische Romancier, der sich 1876 in England niederließ, verfaßte kurz nach der Jahrhundertwende einige Skizzen von London und betrachtete dabei St. James's Park aus dem Blickwinkel des Großbürgers, der er ja war:

»Dieser Park hat viel Charakter, aber ich gestehe, daß sein Reiz nicht zuletzt in seiner Nähe zu den Armenvierteln von Westminster liegt. Es ist ein intimer Park und vielleicht, trotz seiner Lage in königlicher und militärischer Umgebung mit all ihrer Prachtentfaltung, das demokratischste Eckchen Londons. Kaum eine Stunde vergeht, in der nicht hunderte von schmutzigen Kindern hier umhertollen und müßiggehende Arbeitslose dicht beieinander auf dem Rasen liegen oder brüderlich mit ihren ölverschmierten Manchesterhosen die Bänke besetzen.

Wenn die Londoner Parks die Wohnzimmer und Klubhäuser der Armen sind – zumindest jener Armen, die nah genug wohnen, um sie aufsuchen zu können, was ihre Zahl um einiges verringert –, dann darf man dieses einzigartige Fleckchen Grün mit seinen Alleen getrost ihren Salon nennen.«

Durchquert man nun St. James's Park, so erreicht man die *The Mall* genannte Pracht- und Paradestraße, die die nördliche Grenze des Parks bildet und Trafalgar Square mit dem Buckingham Palace verbindet. Jenseits der Mall liegt *St. James's Palace*, ein unregelmäßiger Backsteinbau, der seit den Tagen Heinrichs VIII. und bis zum Regierungsantritt Königin Victorias der königliche Palast war. Johanna Schopenhauer, die Mutter des Philosophen, beschreibt ihn sehr kritisch:

»Kein Fürst, auch nicht der kleinste regierende Herr, dessen Besitzungen kaum auf der Karte zu finden sind, hat eine

Horse Guards Parade, Whitehall

schlechtere Residenz, als der König von England. Kaum traut man seinen Augen, wenn man das alte winklige rostige Gebäude ansieht, das mit dem stolzen Titel : ›St. James-Palast‹ prangt. Auch bewohnt es der König nicht, und nur zum Schein prunkt ein großes Bette mit rotsamtnen Vorhängen im großen Leverzimmer.

Alle Hoffeierlichkeiten werden zwar nach althergebrachter Weise in diesem königlichen Rattenneste gehalten; aber die hohen Herrschaften begaben sich immer vorher incognito hin, und wohnten eigentlich im Palaste der Königin, Buckingham House genannt, einem etwas moderneren Gebäude, welches aber auch, weit entfernt von aller königlichen Pracht, weder sehr groß, noch sehr schön, aus bloßen Ziegelsteinen erbaut ist. Es liegt in dem an den Palast von St. James anstoßenden St. James-Park, der Lieblingspromenade der Londoner.«

Wir kehren von St. James's Palace zurück zur Mall und wenden uns der heutigen königlichen Residenz zu, dem *Buckingham Palace*. Vor den Gittern stehen immer Menschen, die beobachten, was sich im Schloßhof ereignet, vor allem dann, wenn die Wachablösung stattfindet. Dieses Zeremoniell hatte schon eine jahrhundertealte Tradition, als William Dean Howells es um 1900 beschrieb:

»Wenn die Männer mit ihren hohen Bärenfellmützen an einem sonnig-heißen Julimorgen von ihrer Regimentskaserne zum Buckingham-Palast marschieren und unter diesen zottigen Gebirgen schmoren, steht ihnen die Qual ins schweißnasse Gesicht geschrieben. Aber an dem Aprilmorgen, an dem ich mich aufmachte, dem historischen Schauspiel beizuwohnen, sah es anders aus. Die urtümlichen Bärenpelze wirkten sogar bequem und angenehm. Seit zweihundert Jahren sind sie Tag für Tag bei der Wachablösung am Buckingham-Palast ein fester Teil des Zeremoniells. Man frage mich aber nicht, warum sie so unbedingt dazugehören. Es war eben schon immer so und wird wohl auch immer so sein, und für Zivilisten wie mich muß so etwas völlig unverständlich bleiben.

Als das Regiment unter den Fenstern des Palastes Aufstellung genommen hatte, entfernte sich eine Abteilung von dem Rest und marschierte zu einem der Palasttore, wo sie ohne erkennbaren Grund verharrte. Inzwischen schlossen die zurückgebliebenen Soldaten die Reihen, dann gingen sie unter den ›Rührt euch!‹-Rufen der Sergeanten auseinander und befreiten sich vom Druck ihrer Tornister – oder vielleicht gehorchten sie auch nur den Exerzierregeln –, indem sie Luftsprünge vollführten und ihre Tornister, die heruntergerutscht waren, mit einem Ruck bis in den Nacken hochfliegen ließen, so daß sie knapp unter dem Rand der Bärenfellmützen zu sitzen kamen. Einige Offiziere schritten mit blankem Säbel hinter den Soldaten auf und ab, aber obwohl sie groß und stattlich waren und sehr gravitätisch dreinsahen, wirkten sie nicht halb so interessant wie die Männer, die, sei es auf Geheiß oder aus Übermut, in die Luft sprangen, um ihre Tornister bis ins Genick zu schupfen. Nach einer, wie mir schien, unverhältnismäßig langen Zeit, die jedoch für diese Transaktion zweifellos vonnöten war, kehrte die zum Auswechseln der Fahne abgesandte Abteilung mit den gewünschten Standarten zurück. Das historische Ritual wurde daraufhin zu Ende geführt, die Soldaten formierten sich und marschierten dann unter den schmetternden Klängen ihrer Kapelle zurück in die Kaserne.

Die Menge vor dem Palast, die täglich von diesem Anblick angelockt wird, zerstreute sich zögernd, und es hätte wohl nur der geringsten Veranlassung bedurft, um sie wieder zusammenlaufen zu lassen. Sie stellte nur einen Bruchteil jenes Ausschnitts der Londoner Bevölkerung dar, der aus freien Stücken das Kommen und Gehen im Buckingham-Palast überwacht. Manche stehen dort von früh bis spät auf ihrem Posten, und vermutlich entgeht ihnen auch nicht die kleinste Einzelheit des Zeremoniells. Fragt man, was sie zu sehen hoffen, so wissen sie keine Antwort; sie wissen nur, daß sie gekommen sind, um alles zu sehen, was geschieht. Sie bestaunen jede Kutsche, die in den Hof des Palastes fährt oder ihn verläßt, und werden sofort aufmerksam, wenn einmal ein Zivilist den Palast betritt oder herauskommt, und das halbe Dutzend Polizisten, das auf der anderen Seite des Zaunes patrouilliert, wohin niemand aus der Menge je zu gelangen hofft, muß es sich gefallen lassen, gleichfalls begafft zu werden. Weder diese Polizisten noch die Wachen, die vor dem hohen Eisengitter auf und ab marschieren, scheinen gewillt, die Vertreter der Öffentlichkeit zu behelligen. An dem fraglichen Vormittag im April entfernte sich der Polizist, der die Zuschauer hätte zurückhalten sollen, für einen Augenblick, und der Wachsoldat fand sich auf einmal durch einen neugierigen Mann, der ihm im Weg stand, behindert. Er zögerte, errötete, soweit das bei seiner frischen englischen Gesichtsfarbe noch möglich war, und sagte dann leise: ›Bitte etwas zurücktreten‹, worauf sich der Zaungast entschuldigte und den Weg freimachte.

Bei diesem kleinen Zwischenfall zeigte sich nichts von jener Nervosität, wie man sie bei den uniformierten Staatsdienern auf dem Kontinent, besonders in Deutschland findet. Man merkte, daß England zwar eine militärische Macht, aber kein militaristischer Staat ist. In England wird Macht auf höfliche Weise demonstriert, und England ist das einzige europäische Land, in dem die eiserne Faust in einem Samthandschuh steckt. Stets führen die Engländer irgendwo Krieg, aber nie bringt man das mit den netten Burschen in Zusammenhang, die hier unter ihren Bärenfellmützen schwitzen und die man überall in den Parks umherschlendern und den Mädchen den Hof machen sieht.«

Auch in Virginia Woolfs großem London-Roman *Mrs. Dalloway* wird diese Ansammlung vor dem Buckingham Palace beschrieben. In ihrem Falle wissen die Neugierigen aber recht gut, was sie zu sehen hoffen, nämlich ein Auto, in dem ein Mitglied der königlichen Familie sitzt:

»Eine kleine Menschenmenge hatte sich, unterdessen, vor den Toren des Buckingham Palace gesammelt. Gleichgültig, aber zuversichtlich, arme Leute alle miteinander, warteten sie; blickten auf den Palast mit der wehenden Flagge; auf Victoria, schwellend auf ihrem Sockel, bewunderten ihre Brunnenschalen mit dem fließenden Wasser, ihre Geranien; sonderten von den Automobilen auf der Mall erst dieses aus, dann jenes; ließen, umsonst, Bürgerlichen, die spazierenfuhren, ein Gefühl zuteilwerden; riefen ihren Tribut zurück, um ihn ungeschmälert zu bewahren, während dieser Wagen vorbeifuhr und jener; und ließen die ganze Zeit Gerüchte sich in ihren Adern mehren und die Sehnen in ihren Schenkeln erschauern bei dem Gedanken an eine Hoheit, die auf sie blicke; die Königin, sich verneigend; der Prinz, salutierend; bei dem Gedanken an das himmlische, den Königen göttlich zuteilgewordene Leben; an die Stallmeister und tiefen Knickse; an der Königin altes Puppenhaus; an Prinzessin Mary, verheiratet mit einem Engländer, und den Prinzen – ah! den Prinzen! der so wunderbar, sagten sie, nach dem alten König Edward schlug, aber doch sehr viel schlanker war. Der Prinz wohnte in St. James's; aber er könnte ja morgens vorbeikommen, um seine Mutter zu besuchen.

So sagte Sarah Bletchley mit ihrem Baby in den Armen, mit ihrem Fuß auf und ab wippend, als sei sie an ihrem Kaminvorsatz in Pimlico, aber die Augen auf die Mall gerichtet, während Emily Coates über die Fenster des Palastes streifte und an die Hausmädchen dachte, die unzählbaren Hausmädchen, die Schlafzimmer, die unzählbaren Schlafzimmer. Vermehrt um einen älteren Herrn mit einem Aberdeen-Terrier, um beschäftigungslose Männer, nahm die Menge zu. Der kleine Mr Bowley, der Zimmer im Albany hatte und über den tieferen Quellen des Lebens mit Wachs versiegelt war, aber plötzlich, unangebracht, empfindsam entsiegelt werden konnte, bei solcherart Dingen – armen Frauen, die darauf warteten, die Königin vorbeikommen zu sehen – armen Frauen, netten kleinen Kindern, Waisen, Witwen, dem Krieg – ach, ach – hatte wahrhaftig Tränen in den Augen. Eine Brise, die so sonderlich warm die Mall hinunter durch die dürren Bäume wehte, vorbei an den bronzenen Helden, blähte eine in Mr Bowleys britischer Brust wehende Flagge, und er zog seinen Hut, als der Wagen in die Mall einbog, und er hielt ihn hoch, als der Wagen sich näherte, und ließ die armen Mütter von Pimlico sich dicht an ihn drängen, und stand sehr aufrecht. Der Wagen kam.«

Man kann nun links am Buckingham Palace vorbeigehen, um über Buckingham Gate und Buckingham Palace Road zur *Victoria Station* zu gelangen, wo der Spaziergang 4 beginnt, oder man kann sich nach rechts in den *Green Park* begeben, sei es, um sich auszuruhen, sei es, um Anschluß an einen Teil des Spaziergangs 3 zu bekommen.

2. VOM TRAFALGAR SQUARE NACH SOHO UND ZUR REGENT STREET

Trafalgar Square
Covent Garden
Russell Street
Drury Lane
Long Acre
Charing Cross Road
Greek Street
Soho Square
Dean Street
Oxford Street
Poland Street
Great Marlborough Street
Regent Street

BLOOMSBURY
The Montague Centre, West Central Liberal Synagogue
Drill Hall Theatre
University of London
B.T. Tower
Goodge Street
Pollock's Toy Museum
British Museum
Middlesex Hospital
St George
Holborn
All Souls
All Saints
Bosnia-Hercegovina
Turkmenistan
ABC Tottenham Court Road
YMCA (Central London)
Barbados
Tottenham Court Road
Cuba
NEW OXFORD STREET
HIGH HOLBORN
OXFORD STREET
Oxford Circus
The Oasis Sports Centre
Freemason's Hall
House of St. Barnabas-in-Soho
SOHO
Marshall Street Leisure Centre
London Ecology Centre
WC2
Coster Diamonds
St. George
Berwick Street
Covent Garden
Theatre Museum
St. Anne's
Astral
London Transport Museum
SHAFTESBURY
CHARING CROSS ROAD
St. Paul's
Elvisley Yours Centre (West)
Leicester Square Half-Price Ticket Booth
London Pavilion Rock Circus
Trocadero Centre
Piccadilly Eros Circus
Piccadilly Circus
National Portrait Gallery
Zimbabwe
Faraday's Laboratory and Museum
REGENT STREET
Royal Academy of Arts
Malta
National Gallery
St. Martin-in-the-Fields
London Brass Rubbing Centre
STRAND
Post Office
Britain Visitor Centre
New Zealand
Nelson's Column
South Africa
Charing Cross
CHARING CROSS
EMBANKMENT GARDENS
Embankment
Northern Ireland
PICCADILLY
St James's
North Cyprus Consulate
Scotland
Rwanda
Uganda
NORTHUMBERLAND AVENUE
Architecture Foundation
Papua New Guinea
Admiralty Arch
ICA
PALL MALL
Green Park
Chapel Royal
HORSE GUARDS ROAD
WHITEHALL
Horse Guards
Hispaniola
Tattershall Castle
Spencer House
Sudan
St. James's Palace
Banqueting House
THE GREEN PARK
Clarence House
THE MALL (Closed to traffic on Sundays)
Lancaster House
No. 10 Downing Street
River Boats to Kew, Richmond. Hampton Court, the Tower, Greenwich and Thames Barrier.
Buckingham Palace Ticket Booth
ST JAMES'S PARK
Cenotaph
Queen Victoria Memorial
The Cabinet War Rooms
Westminster
Westminster Pier
Buckingham Palace
BIRDCAGE WALK
Middlesex Guildhall
Big Ben
WESTMINSTER BRIDGE
The Queen's Gallery
Guards Museum
Queen Elizabeth II Conference Centre
Methodist Central Hall
Westminster Hall
Swaziland
BUCKINGHAM GATE
St James's Park
London Transport Headquarters
St. Margaret's
Westminster Abbey
Houses of Parliament
Jewel Tower
VICTORIA STREET
Republic of Korea
WESTMINSTER
VICTORIA TOWER GARDENS
Strutton Ground
Westminster Cathedral
St John's Sq
MILLBANK

Trafalgar Square [Foto S. 44] ist einer der belebtesten Plätze Londons, und seine von Löwen bewachte Nelson-Säule gehört zu den bekanntesten Wahrzeichen der Stadt. Beide sind aber noch nicht sehr alt. Der Platz wurde in den dreißiger Jahren des 19. Jahrhunderts nach Plänen von John Nash angelegt, der auch die Regent Street plante, und die bauliche Ausführung lag bei Sir Charles Barry, dem Architekten der Parlamentsgebäude. Die Nelson-Säule, zu Ehren des Siegers in der Seeschlacht bei Kap Trafalgar errichtet, stammt aus den Jahren 1839-1842. Theodor Fontane, der sich im Sommer 1852 in London aufhielt, äußerte sich kritisch über dieses Denkmal:

»In der Mitte des Platzes erhebt sich die 170 Fuß hohe Nelson-Säule. Ob die Statue gut oder schlecht ist, mag ein anderer entscheiden als ich; auf eine Entfernung von 170 Fuß bescheidet sich mein Auge jeder Kritik und überläßt es den Teleskopen, Nachforschungen anzustellen. Nur so viel: Nelson trägt Frack und Hut, aller Gegnerschaft zum Trotz, auf gut napoleonisch, und die Statue, wie sie da ist, auf den Vendôme-Platz zu Paris statt auf den Trafalgar-Square zu London gestellt, sollt' es ihr nicht schwer fallen, vielen tausend Beschauern gegenüber, den englischen Admiral zum französischen Kaiser avancieren zu lassen. Man hat keine anderen Anhaltspunkte, als den schlaff herabhängenden Rockärmel, drin der Arm fehlt, und das Gewinde von Schiffstau, dran der Rücken sich lehnt; das einzige, was jeden Zweifel lösen könnte, entzieht sich der Beobachtung – das Gesicht. Ich möchte hieran ketzerischerweise überhaupt die Frage nach dem Recht der künstlerischen Zuverlässigkeit dieser Säulen knüpfen. Sie geben nicht, was sie geben wollen, und deshalb hab' ich Bedenken gegen die ganze Gattung. Eine Nelsonsäule z. B., die sich faktisch, wie die vor uns befindliche, nicht mit dem Namen des Mannes begnügt, den sie verherrlichen will, sondern dadurch, daß sie ihn in effigie auf ihren Knauf stellt, auch die Absicht ausspricht, mir sein Bild einprägen zu wollen, bleibt hinter einem bloßen Gedenkstein in so weit zurück, als sie das Plus ihrer Aufgabe nicht erreicht und bei 170 Fuß Höhe nie erreichen kann. Die Skulptur tut ihr Werk dabei sozusagen umsonst und wird selbst da zum ›jüngern Sohn‹, wo sich, dem Prinzip nach, die künstlerische Ruhmeserbschaft wenigstens teilen sollte.«

Etwas verfremdet findet man Platz und Säule in *Nineteen Eighty-Four* (1984), George Orwells düsterer Vision eines totalitären Staates wieder. Winston Smith, die Hauptfigur des Romans, hat sich mit Julia, die sich wie er dem Staatsapparat widersetzt, zu einem Stelldichein verabredet:

»Winston fand sich vor der verabredeten Zeit am Victory-Square ein. Er ging um den Sockel der riesigen kannelierten Säule herum, auf deren Spitze das Standbild des Großen Bruders gen Süden blickte, wo er die eurasischen Flugzeuge (vor ein paar Jahren waren es die ostasiatischen gewesen) in der Schlacht um den Luftflottenstützpunkt Nr. 1 besiegt hatte. In der Straße gegenüber stand ein Reiterdenkmal, das Oliver Cromwell darstellen sollte. Fünf Minuten nach der vereinbarten Zeit war das Mädchen immer noch nicht erschienen. Wieder befiel Winston die gleiche fürchterliche Angst. Sie würde nicht kommen, sie hatte es sich anders überlegt! Langsam ging er die Nordseite des Platzes hinauf und empfand eine Art wehmütiger Freude beim Anblick der St. Martins-Kirche, deren Glocken einst, als sie noch Glokken hatte, ›*You owe me three farthings*‹ geläutet hatten. Plötzlich sah er das Mädchen an dem Denkmal stehen, scheinbar in die Lektüre eines Plakats vertieft, das spiralförmig um die Säule herum lief. Ehe sie nicht von mehr Menschen umgeben war, konnte er sich nicht gefahrlos nähern; rund um das Denkmal waren Televisoren angebracht. Aber in diesem Augenblick ertönte von links her lautes Stimmengewirr und das Rattern schwerer Wagen. Plötzlich schien alles über die Straße zu laufen. Das Mädchen bog rasch um die steinernen Löwen am Fuß des Denkmals und lief der Menge nach. Winston folgte ihr. Im Laufen entnahm er einigen Ausrufen, daß ein Transport eurasischer Gefangener auf der anderen Seite des Platzes unter schwerer Bewachung vorübergefahren wurde.«

An der Nordseite des Platzes liegt die *National Gallery*. Ein Spötter hat einmal darauf hingewiesen, daß alle Standbilder rund um den Trafalgar Square diesem Museum den Rücken zuwenden, und die von Charles Dickens herausgegebene Zeitschrift *All the Year Round* äußerte sich 1862 tatsächlich recht sarkastisch über das damals noch neue Gebäude:

»Dieser unselige Bau, so könnte man sagen, hat alles, was er nicht haben sollte, und nichts, was er haben sollte. Er besitzt Fenster ohne Scheiben, eine Kuppel ohne Proportion, einen Portikus ohne Höhe, Türmchen wie Pfefferstreuer ohne Pfeffer und den schönsten Standort in Europa, ohne etwas daraus zu machen.«

Zumindest die Gemäldesammlung, die hier zu sehen ist, hat solche Kritik gewiß nicht verdient, auch wenn der junge Paul Verlaine 1872 in einem Brief an einen Freund bemerkte:

»Ein Museum besucht: die National Gallery; sehr schöne

Trafalgar Square mit Whitehall und Houses of Parliament

Italiener der Vor-Renaissance. Kennst Du jemand namens Giovanni Bellini? Herrlich! Welch ein Niedergang dagegen, wenn man zu den Engländern kommt: keinerlei Modernität, sie machen aus einem Furz einen Donnerschlag. Für mich ist Monticelli tausendmal Turner überlegen und Biard tausendmal Hogarth.«

In *The Wings of the Dove (Die Schwingen der Taube)*, einem Roman von Henry James aus dem Jahre 1902, besucht Milly, eine kränkelnde junge Amerikanerin, die National Gallery. Sie ist ein wenig ratlos, da sie nicht viel von Kunst versteht.

»Ziellos folgten ihre Augen der Ziellosigkeit anderer Besucher, und besonders richteten sie sich – mit unterschiedlichen Ergebnissen – auf den erstaunlichen Strom ihrer Landsleute. Es verwunderte sie, daß es in diesem großen Museum Anfang August von solchen Pilgern wimmelte und auch, daß sie allesamt schon aus der Ferne mühelos zu erkennen waren. Auch wurde ihr bald klar, daß sie stets aufs neue eine Erleuchtung für sie bereit hatten – die Erleuchtung, daß auch sie im dunkeln tappten. Schließlich fand sie sich mit ihrer Lage ab, und es war wie eine Befreiung: Sie war heute in die National Gallery gekommen, um den Kopistinnen bei der Arbeit zuzusehen und die Baedeker zu zählen. Vielleicht war man ja, wenn man eine angegriffene Gesundheit hatte, dazu berechtigt, einfach in einem öffentlichen Gebäude zu sitzen und die Amerikaner zu zählen.«

Wir gehen vom Trafalgar Square rechts an der National Gallery und an der für ihre Konzerte berühmten Kirche St. Martin-in-the-Fields [Foto S. 190] vorbei in die schmale St. Martin's Lane, in der die English National Opera und mehrere Theater zu Hause sind. Durch die rechts von St. Martin's Lane wegführenden belebten Sträßchen suchen wir uns einen Weg zum nahen *Covent Garden.* Seit dem Ende des 17. Jahrhunderts befand sich hier bis in die siebziger Jahre der größte Obst-, Gemüse- und Blumenmarkt Londons. Der Platz wurde ursprünglich im Stil einer italienischen Piazza angelegt, rings von Kolonnaden gesäumt, in denen sich Kaffeehäuser, Speiselokale und Spielsalons befanden. Hier verkehrte nicht nur die feine Welt, wie folgende Erinnerung Giacomo Casanovas erkennen läßt:

»In Covent Garden begegnete ich einer reizenden jungen Person, redete sie auf französisch an und fragte sie, ob sie mit mir zu Abend speisen wolle.

›Was werden Sie mir zum Dessert schenken?‹
›Drei Guineen.‹
›Ich stehe zu Ihrer Verfügung.‹«

In den *Sketches by Boz* (*Londoner Skizzen*) beschreibt Charles Dickens, wie groß um 1830 schon in den frühen Morgenstunden das Durcheinander auf dem Covent Garden-Markt war:

»Auf dem Markt von Covent Garden und in den Straßen, die dorthin führen, drängen sich Lastkarren aller Art, Größe und Form, vom großen, schwerfälligen, von vier kräftigen Pferden gezogenen Wagen bis zum klimpernden Wägelchen des Straßenhändlers mit seinem schwindsüchtigen Esel. Das Pflaster ist bereits übersät mit welken Kohlblättern, zerrissenen Heuschnüren und all dem unbeschreiblichen Abfall eines Gemüsemarkts. Männer brüllen, Wagen stoßen zurück, Pferde wiehern, Jungen prügeln sich, Marktfrauen tratschen, Pastetenverkäufer preisen ausführlich die Qualität ihrer Ware an und Esel schreien. Diese und hundert andere Geräusche bilden ein Gemisch, das nicht allein in den Ohren eines Londoners mißtönend klingt.«

Am westlichen Ende der ehemaligen Markthallen steht die von Inigo Jones entworfene und 1631-33 erbaute Kirche *St. Paul's*, deren säulengeschmücktes Portal den Hintergrund zum ersten Akt von Bernard Shaws *Pygmalion* bildet. Hier nämlich begegnet Professor Higgins, der gerade aus der Oper gekommen ist, dem Blumenmädchen Eliza. In der Szenenanweisung heißt es dazu:

»Covent Garden 23 Uhr 15. Ein schwerer Sommerregen. Laute Pfiffe nach Taxen aus allen Richtungen. Fußgänger suchen eilig Schutz auf dem Markt und unter dem Portal der Sankt-Pauls-Kirche. Dort stehen bereits mehrere Leute, darunter eine Dame und ihre Tochter in Abendkleidern. Alle starren verdrießlich in den Regen, ausgenommen ein Herr, der den anderen den Rücken zukehrt und vollauf beschäftigt scheint, eifrig in ein Notizbuch zu schreiben. Die Kirchenuhr schlägt das erste Viertel.«

An der entgegengesetzten östlichen Seite des Platzes mündet die *Russell Street*. Eine Plakette am Haus Nummer 8 erinnert daran, daß hier 1763 im Hause des Buchhändlers Thomas Davies die erste Begegnung zwischen Samuel Johnson und James Boswell stattfand. Johnson, damals vierundfünfzig Jahre alt und nach langen Jahren der Entbehrung inzwischen zu Ansehen und Wohlstand gelangt, verdankte seinen Ruhm unter anderem seinem großen Wörterbuch der englischen Sprache. James Boswell, ein junger Anwalt aus Edinburgh, hatte Johnson schon bewundert, ehe er ihn kennenlernte, und nun wurde er sein getreuer Begleiter und späterhin Biograph. In seinem Tagebuch schildert Boswell das schicksalhafte Zusammentreffen mit dem großen Dr. Johnson:

»Ich trank gerade Tee bei Davies in Russell Street, als gegen sieben Uhr der große Mr. Samuel Johnson hereinkam, den ich schon so lange zu treffen wünschte. Mr. Davies stellte mich ihm vor. Da ich von seiner tiefen Abneigung gegen Schotten wußte, rief ich Davies zu: ›Sagt ihm ja nicht, woher ich komme!‹ Er aber sagte: ›Aus Schottland?‹ ›Mr. Johnson‹, entgegnete ich, ›ich komme wahrhaftig aus Schottland. Daran kann ich leider nichts ändern.‹ ›Sir‹, sagte er darauf, ›das ist etwas, wie mir scheint, woran sehr viele eurer Landsleute leider nichts ändern können.‹ Mr. Johnson ist ein Mann von höchst erschreckendem Aussehen. Er hat einen massigen Körper, entzündete Augen und leidet an Lähmung und Skrofulose. Seine Kleidung ist ungepflegt, und seine Art zu sprechen läßt jedes Feingefühl vermissen. Und doch flößen sein Wissen und seine Wortgewalt größte Hochachtung ein und machen einem seine Gesellschaft höchst angenehm. Er hat viel Witz und ist ein ehrenwerter Mann, jedoch mißfällt mir seine schroffe, dogmatische Art. Ich will sehen, an welche seiner Äußerungen ich mich erinnern kann.«

Unweit der Kreuzung von Russell Street und *Drury Lane* liegt das traditionsreiche Theatre Royal. Der jetzige Bau mit seinem eleganten Foyer stammt aus dem Jahre 1812 (der Zuschauerraum wurde 1922 umgebaut), aber seit mehr als dreihundert Jahren wird an dieser Stelle Theater gespielt. Das erste Theater in der Drury Lane erhielt 1663 sein königliches Patent, und eine Zeitlang war es das einzige Schauspielhaus in London. Nell Gwynne, die berühmte Mätresse Charles II., trat hier auf. 1747 übernahm der gefeierte Schauspieler David Garrick die Leitung, dreißig Jahre später folgte ihm der Dramatiker J. B. Sheridan. Der Publizist und Historiker Justus Möser äußerte sich kritisch über die Schauspieler. In einem Brief an seinen Freund, den Dichter Johann Wilhelm Gleim schrieb er 1763:

»Mit der tragischen Aktion bin ich gar nicht zufrieden. Die Prinzessinnen sind hübsche drollige Mädchen, und die Prinzen aus dem dritten Gliede. Meiner Forderung nach aber sollten im Trauerspiele alle Personen von einer ausnehmenden Leibesgröße sein und ihre Zollmaße so gut als ein Grenadier haben, um den Kothurn zu ersetzen.«

Johanna Schopenhauer bereiste 1803 England und schrieb einige Jahre danach über das Drury Lane Theatre, das kurz zuvor von dem Architekten Henry Holland neu gestaltet worden war:

»Dieses Theater von innen eines der größten und schönsten in der Welt; die Außenseite desselben sahen wir nicht vollendet, vielleicht ist sie es noch nicht, und gewiß wird sie dem Haus nie Glanz geben. In einem schwerfälligen Stil erbaut, wie fast alle öffentlichen Gebäude Londons, scheint es, trotz seiner Größe, von einem ungewöhnlich hohen Dache fast erdrückt zu werden. Dies Dach ist indessen für das Ganze von unschätzbarem Nutzen, nicht allein wegen der Flugwerke und übrigen Maschinen, die darin angebracht sind, sondern weil es einen eisernen Vorhang enthält, der im Fall, daß während der Vorstellung Feuer auf dem Theater auskäme, sogleich herabgelassen wird und den Teil des Hauses, welchen die Zuschauer erfüllen, vor aller Gefahr sichert.

Von innen ist das Haus hell gemalt, geschmackvoll dekoriert; es enthält vier Reihen Logen, ohne die Galerien. Wenigstens funfzig glänzende kristallne Kronleuchter und noch viel mehr Spiegelwandleuchter sind ringsum in zierlicher Ordnung angebracht, mehrere Hunderte von Wachslichtern brennen darauf, und doch schwindet ihr Glanz gegen den des Theaters, sowie der Vorhang aufgeht. Erleuchtet durch eine Unzahl von Lampen, strahlt dieses wie im hellsten Sonnenscheine. Die Dekorationen sind des Ganzen würdig; der hintere Vorhang derselben ist eigentlich kein Vorhang, er wird nicht aufgerollt, sondern zerlegt sich in mehrere Teile, je nachdem der Gegenstand ist, den er vorstellt; diese einzelnen Teile trennen sich wieder in kleinere, schieben sich ineinander und werden so in die Höhe gezogen. So steigen sie auch herab und entwicklen sich mit Zauberschnelle, keine Spalte deutet ihre Zusammensetzung an. Diese Einrichtung hat den Vorteil, daß die Dekorationen durch das Aufrollen nicht beschädigt werden, daß sie keine Falten und Streifen zeigen und nie so in Bewegung kommen wie unsere Vorhänge, die uns oft in den friedlichsten Szenen ein Erdbeben vergegenwärtigen.«

Ähnlich beeindruckt war Franz Grillparzer, der am 19. Mai 1836 in sein Tagebuch notierte, daß »Drury Lane (...) das Herrlichste ist, was man sehen kann. Selbst die Große Oper in Paris muß, denke ich, zurückstehen. Die Form ist dort gefälliger, der Eindruck hier majestätischer.«

Das Theaterpublikum vergangener Zeit war allerdings oft laut und undiszipliniert. Immer wieder liest man von Krakeel und Krawallen, so zum Beispiel bei Giacomo Casanova:

»Nach dem Abendessen ging ich mit Martinelli ins Drury Lane-Theater. Gleich zu Anfang des Schauspiels begann das Publikum im Parterre empört zu lärmen, weil man ihm nicht das angekündigte Stück zeigte. Der berühmte Akteur Garrick, welcher zwanzig Jahre später in Westminster begraben wurde, trat vergebens vor, um den Leuten beruhigend zuzusprechen; er wurde ausgepfiffen und mußte sich zurückziehen. Als die schlimmsten Grobiane riefen: ›Rette sich, wer kann!‹ sah ich, daß der König, die Königin und alle anderen distinguierten Personen ihre Logen räumten und das Theater der Wut des verärgerten Pöbels überließen, welcher nun sein rabiates Unternehmen laut lachend zu Ende führte. In weniger als einer Stunde war alles gänzlich verwüstet, und nur die Mauern widerstanden dem rasenden Zerstörungswerk. Nach vollbrachter Tat ließen sich diese demokratischen Wüteriche in den umliegenden Schenken mit Branntwein vollaufen.«

Im Theatre Royal soll es übrigens in gut englischer Manier spuken. Wenn ein Stück allzu lange en suite gespielt worden ist, heißt es, geht der »Mann in Grau« in Reiterkostüm und Dreispitz während der Matinee-Vorstellung durch den oberen Rang und verschwindet durch die Mauer.

Russell Street kreuzt sich mit der *Bow Street*, und wenn man in diese in nördlicher Richtung einbiegt, erreicht man das Royal Opera House. Viele Schriftsteller haben dort im Laufe der Zeit Opernaufführungen besucht, unter ihnen Thomas De Quincey, der darüber in seinen *Confessions of an English Opium Eater (Bekenntnisse eines englischen Opiumessers,* 1821) schreibt.

»Zu dieser Zeit nahm ich Laudanum selten öfter als einmal in drei Wochen, und zwar gewöhnlich an einem Dienstag oder Samstag abend. Der Grund dafür war folgender: Damals sang die Grassini in der Oper, und ihre Stimme war schöner als alles, was ich je gehört hatte. Ich weiß nicht, in welchem Zustand die Oper inzwischen ist, aber in jenen Tagen war sie bei weitem der beste Ort in London, um einen angenehmen Abend in Gesellschaft zu verbringen. Für fünf Shilling kam man in die Galerie, wo man weitaus weniger belästigt wurde als im Parkett. Das Orchester zeichnete sich durch seine liebliche, erhabene Melodik vor allen anderen englischen Orchestern aus, deren Zusammensetzung,

Lock & Co. Hatter in der St. James's Street

wie ich gestehen muß, wegen der Vorherrschaft der Schlaginstrumente und der Tyrannei der Violinen meinem Ohr nicht zusagt. Die Chöre zu hören war himmlisch, und wenn die Grassini dann, wie sie es häufig tat, in einem Zwischenakt auf die Bühne kam und die Leidenschaft ihrer Seele beispielsweise als Andromache am Grab des Hector verströmte, dann behaupte ich, daß kein Türke von allen, die je das Paradies des Opiumessers betreten haben, auch nur halb soviel Entzücken verspürt hat wie ich.«

Dem Opernhaus gegenüber liegt die Polizeiwache Bow Street mit dem Magistratsgericht. Einer der ersten hier tätigen Richter war Henry Fielding, der nicht nur Romancier, sondern auch Jurist war. Da sich die Gemeindewächter der wachsenden Kriminalität um die Mitte des 18. Jahrhunderts nicht mehr gewachsen zeigten, schuf Fielding eine kleine, schlagkräftige Truppe von »Diebesfängern«, die als Bow Street Runners bekannt wurden. Sie waren Vorläufer der erst in viktorianischer Zeit eingeführten »Bobbys«.

Von Bow Street gehen wir nordwärts und biegen nach wenigen Schritten in *Long Acre* ein. Theodor Fontane verbrachte hier im April 1852 im Haus Nummer 27 seine ersten Nächte in London in einem Logis, in dem zahlreiche politische Flüchtlinge aus Deutschland lebten. Er habe »nie ein ungemütlicheres Zimmer bewohnt«, schrieb er später; »nur wer eben die Kasematten von Magdeburg hinter sich hat, mag sich hier verhältnismäßig wohl und heimisch fühlen.« Und er fährt fort:

»Long Acre an und für sich ist eine der rußigsten Straßen in London, und Long Acre Numero siebenundzwanzig vermeidet es durch unzeitige Schönheit und Sauberkeit die Schornsteinfegerphysiognomie der ganzen Straße zu unterbrechen.«

Long Acre führt in westlicher Richtung zu einem *Seven Dials* genannten Platz, an dem sich einige Straßen kreuzen. In der Mitte des Platzes steht eine Säule mit mehreren Sonnenuhren, die Nachbildung einer älteren Säule, die dem Platz den Namen gab. Nichts erinnert in diesem bunten Viertel mit seinen Boutiquen und Cafés mehr daran, daß dies einmal einer der berüchtigtsten Slums von London war, St. Giles. In den *Londoner Skizzen* von Dickens kann man lesen:

»Ein Fremder, der zum erstenmal nach Seven Dials kommt und gleichsam wie Belzoni vor sieben düsteren Straßenschluchten steht, unschlüssig, welche er betreten soll, der wird um sich herum genug entdecken, um seine Neugier und Aufmerksamkeit geraume Zeit zu beschäftigen. Von dem unregelmäßigen Platz, auf dem er sich befindet, laufen Straßen und Gassen in alle Richtungen und verlieren sich in dem ungesunden Dunst, der über allen Häusern hängt und den Schmutz ringsum nur undeutlich erkennen läßt. An jeder Ecke stehen Menschen beisammen, als wären sie gekommen, um dort ein paar Züge von dem bißchen frischer Luft einzuatmen, das bis dahin gelangt, aber schon zu verbraucht ist, um noch in die umliegenden Gäßchen vorzudringen – Menschen, deren Aussehen und Behausungen jeden in Erstaunen versetzen würden, ausgenommen einen echten Londoner.«

Wenige Jahre später, 1845, schrieb Friedrich Engels in seinem Buch über *Die Lage der arbeitenden Klasse in England* über dasselbe Stadtviertel:

»St. Giles liegt mitten im bevölkertsten Teil der Stadt, umgeben von glänzenden, breiten Straßen, in denen die schöne Welt Londons sich herumtreibt – ganz in der Nähe von Oxford Street und Regent Street, von Trafalgar Square und dem Strand. Es ist eine unordentliche Masse von hohen, drei- bis vierstöckigen Häusern, mit engen, krummen und schmutzigen Straßen, auf denen wenigstens ebenso viel Leben ist wie auf den Hauptrouten durch die Stadt, nur daß man in St. Giles bloß Leute aus der arbeitenden Klasse sieht.

Auf den Straßen wird Markt gehalten, Körbe mit Gemüse und Obst, natürlich alles schlecht und kaum genießbar, verengen die Passage noch mehr, und von ihnen wie von den Fleischerläden geht ein abscheulicher Geruch aus. Die Häuser sind bewohnt vom Keller bis hart unters Dach, schmutzig von außen und innen, und sehen aus, daß kein Mensch drin wohnen möchte. Das ist aber alles noch nichts gegen die Wohnungen in den engen Höfen und Gäßchen zwischen den Straßen, in die man durch bedeckte Gänge zwischen den Häusern hineingeht und in denen der Schmutz und die Baufälligkeit alle Vorstellungen übertrifft – fast keine ganze Fensterscheibe ist zu sehen, die Mauern bröckelig, die Türpfosten und Fensterrahmen zerbrochen und lose, die Türen von alten Brettern zusammengenagelt oder gar nicht vorhanden – hier in diesem Diebsviertel sogar sind keine Türen nötig, weil nichts zu stehlen ist. Haufen von Schmutz und Asche liegen überall herum, und die vor die Tür geschütteten schmutzigen Flüssigkeiten sammeln sich in stinkenden Pfützen. Hier wohnen die Ärmsten der Armen, die am schlechtesten bezahlten Arbeiter mit Dieben, Gaunern und Opfern der Prostitution bunt durcheinander – die meisten sind Irländer oder Abkömmlinge von Irländern, und diejenigen, die selbst noch nicht in dem Strudel moralischer Verkommenheit, der sie umgibt, untergegangen sind, sinken doch täglich tiefer, verlieren täglich mehr und mehr die Kraft, den demoralisierenden Einflüssen der

Not, des Schmutzes und der schlechten Umgebung zu widerstehen.«

Westlich von Seven Dials erreicht man die *Charing Cross Road*, die vor allem wegen ihrer zahlreichen Buchläden ein Anziehungspunkt für viele London-Besucher ist. Jenseits der Charing Cross Road beginnt *Soho*, ein Stadtteil mit einer wechselvollen Geschichte. Deutschen Lesern ist er unter anderem aus Kriminalromanen bekannt, für die die engen Straßen mit ihren Spelunken und zweifelhaften Nachtclubs eine passende Kulisse abgegeben. Hier ist Macheath zu Hause, der Ganove aus John Gays *Beggars' Opera (Bettleroper),* die Vorlage für Bertolt Brechts *Dreigroschenoper* war. Der Anfang der »Moritat von Mackie Messer« ist wohlbekannt:

> Und der Haifisch, der hat Zähne
> Und die trägt er im Gesicht
> Und Macheath, der hat ein Messer
> Doch das Messer sieht man nicht.

Wolfgang Koeppen hat in den fünfziger Jahren in seinen Reiseskizzen *Nach Rußland und anderswohin* ein Porträt von Soho und seinem »Milieu« gezeichnet, das die heutigen Verhältnisse genau trifft:

»Soho, zwischen Oxford Street, Regent Street, Shaftesbury Avenue und Charing Cross Road, also zwischen Warenhäusern, Geschäften, Kontoren, Massenabfütterungsstätten und den größten Verkehrsströmen gelegen, ist eine Insel der Gemütlichkeit. Man nennt Soho [Soho ist ein Jagdruf, so ho hetzte man in den Waidgründen, die hier einst lagen, die Hunde] ein Ausländerviertel; Ausländer wohnen und ernähren sich hier, aber die Gemütlichkeit ist englisch. Soho Square – das sind alte Bäume und noble schmale Häuser und Kunstschmiedegitter und so stille Fenster, daß man hinter ihnen Thomas Carlyle vermuten möchte, und am Abend, nachdem er über Helden und Revolution geschrieben, sieht man ihn mit seiner jungfräulichen Gattin Hand in Hand um das Karree spazieren. Im Schaufenster einer Verlagsbuchhandlung liegen die Memoiren bedeutender, aus der Weltgeschichte emeritierter Persönlichkeiten. Charme und Esprit dieses Platzes vertrugen sich bisher ausgezeichnet mit den Mädchen, die sich in den nahen Gassen anbieten, und ihren zu Messerstechereien neigenden Freunden. Aber nun haben leider Filmkonzerne die Idylle entdeckt. Sie reißen die alten Häuser ein oder stocken sie barbarisch auf, und von den Zementburgen ihrer Verwaltungen, die so entstehen, erdrücken auf riesenhaften, nachts angestrahlten Plakaten die Brüste der Jayne Mansfield die Nobilität des Ortes, den spröden, idealistischen Geist Carlyles und die Erinnerungen und Rechtfertigungen der enttäuschten Staatsmänner. Die Straßen sind am Abend ein bißchen Reeperbahn, aber viel weniger bieder. Hier wohnten einmal französische Emigranten, Refugiés des Glaubens und Exilierte der Geburt, und wenn die Gegend heute ein Reich der Kellner, der Nachtbarangestellten und italienischen Händler ist, so hat sie sich doch noch Gewissensfreiheit und feine Sitte bewahrt. Ich sah einen Bettler in Soho, der durch keine andere Geste als seine Würde bat. In Lumpen gekleidet, stand er da, als gehöre ihm zumindest ein Schloß, und drückte man ihm einen Schilling in die Hand, verneigte er sich mit der übertriebenen Höflichkeit eines sehr großen Herrn, der achtbaren, aber bürgerlichen Freunden begegnete. Man kann die Speisen aller Länder in Soho kosten und wahrscheinlich auch jede Art von Liebe. Die Speisekarte wird gern in fremder Sprache ausgehängt; ein

Torero, ein Gondoliere, ein Negerhäuptling, ein Mandarin, ein Inder hoher Kaste, oder sagen wir ihre Kostüme, fungieren vor den Lokalen als die Portiers. Die Mädchen stehen gegen die Hausmauern oder eine Plakatwand gelehnt, oft eine Zigarette im Mund, in recht dekorativer, manchmal arroganter Haltung da. Der Polizist, der Bobby mit dem klassischen Konstablerhelm, wacht wie sein eigenes Monument auf der anderen Seite der Straße und sieht über die Mädchen hinweg. Zuweilen kommt eine Doppelstreife weiblicher Polizei des Weges gegangen und spricht kameradschaftlich mit den Damen.«

Wir gehen an der Westseite des Soho Square, den Koeppen erwähnt, in die Carlisle Street. Die nächste Querstraße ist *Dean Street*, wo am Haus Nummer 28 eine Plakette in Höhe der zweiten Etage anzeigt, daß hier in den Jahren 1851-1856 Karl Marx lebte. Wegen seiner radikalen Gesinnung aus Deutschland ausgewiesen, ging Marx zunächst nach Paris und dann über Brüssel nach London. Er lebte hier, von seinem Freund Friedrich Engels finanziell unterstützt, lange Zeit in sehr beengten Verhältnissen. Das Grab von Karl Marx befindet sich auf dem Friedhof von Highgate im Norden Londons.

Noch etwas weiter westlich und wiederum parallel zu Dean Street verlaufend stößt man auf Poland Street. In Nummer 11 (Hinweistafel) hatte Percy Bysshe Shelley 1811 vorübergehend eine Wohnung, nachdem man ihn von der Universität Oxford verwiesen hatte. Anlaß dafür war ein Essay mit dem Titel »Die Notwendigkeit des Atheismus«, den er dem Bischof von Oxford zugeschickt hatte. Schon während seiner Schulzeit in Eton nannte man ihn den »verrückten Shelley«, und auch in London gelang es ihm immer wieder, sich Gegner zu machen. Einige seiner Dichtungen, darunter

»Prometheus Unbound« (Der entfesselte Prometheus), gehören zu den bedeutendsten der englischen Romantik. Von Shelley stammt das Wort, die Hölle sei »eine Stadt ähnlich wie London, eine dicht bevölkerte, rauchige Stadt«.

Einige Häuser weiter, in 28 Poland Street, wohnte von 1785 bis 1791 ebenfalls ein Dichter und zugleich Maler und Prophet, der nicht minder eigenwillig war, nämlich William Blake. Seine *»Songs of Experience« (Lieder der Erfahrung)* enthalten ein »London« genanntes Gedicht, das ein düsteres Bild seiner Heimatstadt entwirft:

I wander through each chartered street
Near where the chartered Thames does flow,
And mark in every face I meet
Marks of weakness, marks of woe.

In every cry of every man,
In every infant's cry of fear,
In every voice, in every ban,
The mind-forged manacles I hear –

How the chimney-sweeper's cry
Every blackening church appalls,
And the hapless soldier's sigh
Runs in blood down palace walls;

But most through midnight streets I hear
How the youthful harlot's curse
Blasts the new-born infant's tear
And blights with plagues the marriage hearse.

Im Victoria & Albert Museum an der Cromwell Road

Quer zur Poland Street verläuft *Great Marlborough Street*, die zur Regent Street führt. Am Wirtshaus »Shakespeare's Head« sieht man eine Büste William Shakespeares, der sich aus einem Fenster zu lehnen scheint. Gleichwohl besteht zwischen dem Dichter und der Kneipe kein Zusammenhang. Diese hat ihren Namen vielmehr von den Brüdern Thomas und John Shakespeare, die hier 1735-44 als Gastwirte tätig waren.

Regent Street, auf die man nun stößt, wurde zwischen 1817 und 1823 nach Plänen von John Nash angelegt. Fürst Pückler sah die neue Straße wenige Jahre nach ihrer Eröffnung:

»Durch die neue Regents-Straße, Portland-Place und den Regents-Park hat die Stadt sehr gewonnen. Sie sieht nun erst in diesem Teile einer Residenz ähnlich, nicht mehr wie sonst einer bloßen unermeßlichen Hauptstadt für *shopkeepers*, noch weiland Napoleons Ausdruck. Obgleich der arme Herr Nash (ein einflußreicher Architekt des Königs, von dem diese Meliorationen hauptsächlich herrühren) so übel von manchen Kunstkennern mitgenommen wird, und auch nicht zu leugnen ist, daß in seinen Gebäuden alle Stile unter einander geworfen worden, und das Gemengsel oft mehr barock als genial erscheint, so ist ihm doch meines Erachtens die Nation vielen Dank dafür schuldig, so riesenmäßige Pläne zur Verschönerung ihrer Hauptstadt gefaßt und durchgeführt zu haben. Das meiste ist übrigens noch in petto, wird aber bei der allgemeinen Bauwut und dem vielen Gelde der Engländer gewiß schnell ins Leben treten. In die Details muß man freilich nicht zu streng eingehen. So ist der Regentstreet zum *point de vue* dienende Turm, der in einer Nagelspitze endet, und bei welchem Körper und Dach um Anfang und Ende zu streiten scheinen, eine seltsame architektonische Mißgeburt, und nichts ergötzlicher, als die darauf gemachte Karikatur, wo man Herrn Nash (ein sehr kleiner, verschrumpelt aussehender Mann) gestiefelt und gespornt, äußerst ähnlich abkonterfeit, und auf oben erwähnter Spitze reitend, angespießt sieht, mit der Unterschrift: *National taste* (wird ausgesprochen: *Nashional*).«

Für die Menschen, die ihm in der Regent Street begegneten, hatte Stendhal in seinen *Wanderungen in Rom* (1829) wenig schmeichelhafte Worte:

»In der Londoner Regent-Street begegnet man steinreichen Barbaren, die sich zwar ausgezeichnet auf die Konstruktion von Dampfmaschinen und Gesetzesparagraphen verstehen, ansonsten aber nur für die trübe Melancholie gotischer Gebäude empfänglich sind – oder, was auf dasselbe hinausläuft, für jenen Monolog schwärmen, den Hamlet spricht, während er Yoricks Schädel in der Hand hält.«

Der Spaziergänger hat nun die Wahl, nach rechts zum *Oxford Circus* oder nach links zum *Piccadilly Circus* zu gehen, wo es U-Bahnstationen gibt. Man kann dort aber auch die Spaziergänge 5 bzw. 3 anschließen.

3. PICCADILLY BIS HYDE PARK CORNER

Piccadilly Circus
Haymarket
Pall Mall
St. James's Street
Piccadilly
Green Park
Hyde Park Corner

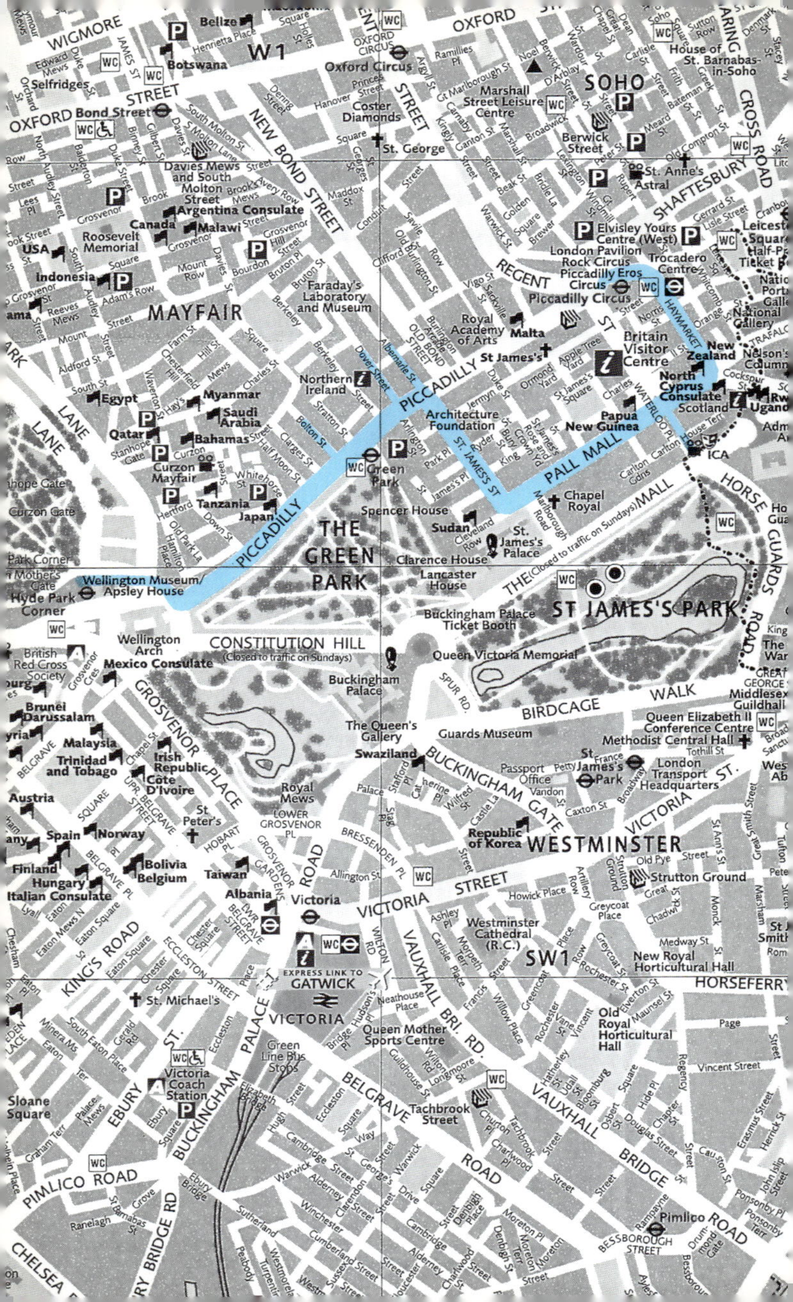

WIGMORE
W1
OXFORD
Oxford Circus
OXFORD CIRCUS
Belize
Botswana
Selfridges
OXFORD STREET
Bond Street
NEW BOND STREET
REGENT STREET
Coster Diamonds
St. George
Marshall Street Leisure Centre
SOHO
Berwick Street
St. Anne's
Astral
SHAFTESBURY
CHARING CROSS ROAD
House of St. Barnabas-in-Soho
Davies Mews and South Molton Street
Argentina Consulate
Canada
Malawi
Roosevelt Memorial
USA
Indonesia
MAYFAIR
Faraday's Laboratory and Museum
Elvisley Yours Centre (West)
London Pavilion Rock Circus
Piccadilly Eros Circus
Piccadilly Circus
Trocadero Centre
Leicester Square
Half-Price Ticket Booth
National Portrait Gallery
National Gallery
Nelson's Column
TRAFALGAR
Royal Academy of Arts
Malta
St James's
Britain Visitor Centre
New Zealand
North Cyprus Consulate
Scotland
Uganda
HAYMARKET
WATERLOO PL
Northern Ireland
PICCADILLY
Architecture Foundation
Papua New Guinea
Egypt
Myanmar
Saudi Arabia
Bahamas
Qatar
Curzon Mayfair
Tanzania
Japan
Green Park
PALL MALL
ST. JAMES'S ST
ICA
HORSE GUARDS ROAD
Chapel Royal
Spencer House
Sudan
St. James's Palace
THE GREEN PARK
Clarence House
THE MALL (Closed to traffic on Sundays)
Lancaster House
Wellington Museum/Apsley House
Hyde Park Corner
Park Corner
Mother's Gate
Curzon Gate
HYDE PARK
PARK LANE
Buckingham Palace Ticket Booth
ST JAMES'S PARK
Wellington Arch
CONSTITUTION HILL
(Closed to traffic on Sundays)
Queen Victoria Memorial
British Red Cross Society
Mexico Consulate
Buckingham Palace
SPUR RD.
BIRDCAGE WALK
Brunei Darussalam
Malaysia
Trinidad and Tobago
Irish Republic
Côte D'Ivoire
GROSVENOR PLACE
The Queen's Gallery
Guards Museum
Queen Elizabeth II Conference Centre
Methodist Central Hall
Middlesex Guildhall
Swaziland
BUCKINGHAM GATE
St James's Park
London Transport Headquarters
Passport Office
Austria
Royal Mews
St Peter's
Spain
Norway
Finland
Hungary
Italian Consulate
Bolivia
Belgium
Taiwan
Albania
Republic of Korea
WESTMINSTER
VICTORIA STREET
Strutton Ground
Victoria
GROSVENOR ROAD
Westminster Cathedral (R.C.)
SW1
New Royal Horticultural Hall
HORSEFERRY
KING'S ROAD
ECCLESTON STREET
EXPRESS LINK TO GATWICK
VICTORIA
St. Michael's
Queen Mother Sports Centre
Old Royal Horticultural Hall
VAUXHALL BRI. RD.
Victoria Coach Station
Green Line Bus Stops
Sloane Square
EBURY ST.
BUCKINGHAM PALACE RD
BELGRAVE ROAD
Tachbrook Street
VAUXHALL BRIDGE ROAD
PIMLICO ROAD
Pimlico
BESSBOROUGH STREET
CHELSEA

Alle touristischen Wege in London führen irgendwann zum *Piccadilly Circus* [Foto S. 68], und hier soll auch dieser literarische Spaziergang beginnen. Wolfgang Koeppen schrieb 1958 über den Platz, der einmal als der Dreh- und Angelpunkt des Empire bezeichnet wurde:

»Und dann ist da Piccadilly Circus, Knotenpunkt des Verkehrs und der größten Geschäftsstraßen, in der Nacht wohl Europas reklamebeleuchtetster Ort. Piccadilly Circus gehört nicht zu Soho und ist doch sein hellster Stern, der bis nach Australien, nach Kanada und Afrika strahlt wie einst die Lichter der Ecke Unter den Linden – Friedrichstraße in die deutsche Provinz. Hier muß man gewesen sein, Engländer und Foreigner; Winston Churchill, und wer gerade Prince of Wales war, erkletterte in Jugendübermut die Eros-Statue in der Mitte des Platzes, die nicht den Gott der Liebe darstellt, sondern den Engel der christlichen Nächstenliebe und nicht aus Gold, sondern aus Aluminium ist, aber wen stört es, man hält sich an den Gott und glaubt an das Gold. Amerikanische Matrosen saßen auf dem Brunnenrand unter dem geflügelten Wesen, an Mädchen fehlte es nicht, noch an Liebe irdischer und himmlischer Art, und die Guinness-Uhr, die funkelnde Brauerei-Reklame, kündete die Guinness-Time, und Bier und Whisky strömten in hundert Bars und Kneipen aus tausend Hähnen und Flaschen in Millionen durstige Kehlen. Hier und dort führen Stufen von Piccadilly Circus in Kellerlokale hinunter, wo in einem freundlichen Hades des Porters und des Whiskys, der Männergespräche, der unheim|ichen Krebs- und Muscheltiere und weißer, roter und grüner Nelken noch immer Dorian

Gray in narzißtischer Versunkenheit sein schönes Gesicht in matter Lache spiegelt.«

Am Piccadilly Circus laufen mehrere große Straßen zusammen, eine davon ist *Haymarket*. Heute herrscht hier reger Autoverkehr, aber einst wurde am Haymarket dreimal in der Woche Heu und Stroh verkauft, wie Sophie von La Roche aus dem Jahre 1791 berichtet:

»Wir kamen über den Heumarkt, und hier sah ich eine Art, das Heu zu Markte zu bringen, die meine Bewunderung erregte und mir Vergnügen machte. Es sind lauter eine Hand dicke und einige Spannen lange Vierecke, so nett wie mit einem Rasiermesser geschnittene Tafeln, welche alle mit dünnem Rohr zweimal gebunden sind, wodurch das Heu fest zusammengepreßt wird, daß im Fahren nicht ein Hälmchen verlorengeht. Ich möchte es beinahe Heukuchen nennen und werde gewiß Gelegenheit suchen, bei einem Bauern den Heustock und die Zubereitung dieses Kuchens zu sehen. Die Gebinde des Strohs, welche auch auf diesem Platz verkauft werden, sind nur ein Drittel so dick wie die Büschel bei uns, aber ebenso nett wie das Heu geordnet und geschnitten; nicht ein Halm ragt über den andern hervor, und alles dies liegt auf den sauber bemalten Wagen; die Leute dabei sind so gut gekleidet und die Pferde so schön, daß man das Ganze für die Parade von einem Volksfest halten sollte.«

Unterhaltung und Vergnügen der verschiedensten Art waren am Haymarket zu allen Zeiten zu Hause. In unseren Tagen ist besonders auf das Theatre Royal hinzuweisen, das auf eine lange Geschichte zurückblickt: Es wurde im Dezember 1720 eröffnet und seither mehrmals umgebaut, hat aber in diesen mehr als zweieinhalb Jahrhunderten ohne nennenswerte Unterbrechungen gespielt. Sein heutiges Äußeres mit dem markanten Portikus wurde 1820 von

John Nash geschaffen, dem Architekten, der u. a. auch die Regent Street gestaltete. Eine frühe Komödie Henry Fieldings wurde hier uraufgeführt, *Tom Thumb* (*Däumling*, 1730). Jonathan Swift soll über das Stück gesagt haben, er habe in seinem Leben nur zweimal gelacht – das eine Mal über *Tom Thumb*. Auch zwei von Oscar Wildes Komödien hatten hier Premiere, *A Woman of No Importance* (*Eine Frau ohne Bedeutung*, 1893) und *An Ideal Husband* (*Ein idealer Gatte*, 1895), und einige der bedeutendsten englischen Schauspieler haben im Haymarket gespielt. In früheren Zeiten war diese Gegend auch für derbere Arten von Vergnügen bekannt, wie man dem Tagebuch von James Boswell entnehmen kann:

»Am unteren Ende des Haymarket sprach ich ein dralles und nettes junges Ding an, hakte sie unter, spazierte mit ihr zur Westminster Bridge und nahm sie auf diesem edlen Bauwerk in voller Rüstung. Der Gedanke, es ebendort zu tun, während die Themse unter uns dahinfloß, ergötzte mich sehr. Allein, nachdem der tierische Trieb befriedigt war, mußte ich mich sehr schämen, einer so niederen Kreatur so nahe gekommen zu sein.«

Fedor Dostojewskij, der London etwa hundert Jahre später besuchte, beschreibt das Amüsierviertel um den Haymarket noch weitaus drastischer:

»Wer London kennt, hat gewiß wenigstens einmal Hay-Market bei Nacht besucht. Das ist ein Stadtteil, in dem sich nachts auf manchen Straßen die öffentlichen Mädchen zu Tausenden herumtreiben. Die Straßen sind mit Gaslicht beleuchtet, von dem man bei uns in Rußland noch nicht einmal eine Vorstellung hat. Prunkvolle Cafés strotzen von Spiegeln und Gold auf Schritt und Tritt. Festsäle und Asyle nebeneinander. Es schaudert einen geradezu, sich in diese

Piccadilly Circus

Menge zu begeben .... Dort in Hay-Market habe ich Mütter beobachtet, die ihre eigenen minderjährigen Töchter zu diesem Gewerbe anleiten. Kleine, etwa zwölfjährige Mädchen fassen Sie dort an der Hand und fordern Sie auf, mit ihnen zu gehen. Einmal sah ich unter der Menge auf der Straße ein kleines Mädchen von höchstens sechs Jahren, ganz zerlumpt, schmutzig, barfuß, ausgemergelt und zerschunden: ihr Körperchen, das man durch die Lumpen sah, war mit blauen Flecken bedeckt. Das Kind ging wie im Traum, ohne sich zu beeilen, Gott weiß, weshalb es sich im Gewimmel umhertrieb; vielleicht war es hungrig. Keiner beachtete es. Doch was mich am meisten bestürzte: es ging mit dem Ausdruck eines solchen Kummers, einer so hoffnungslosen Verzweiflung im Gesicht, daß der Anblick dieses kleinen Geschöpfes, das schon so viel Fluch und Verzweiflung trug, sogar irgendwie widernatürlich war und unendlich schmerzlich. Das Mädchen wiegte seinen zerzausten Kopf immer hin und her, als erwäge sie etwas, hob gestikulierend ihre kleinen Händchen, schlug sie dann plötzlich zusammen und drückte sie an ihre nackte kleine Brust. Ich kehrte um und gab ihr einen halben Schilling. Sie nahm die Silbermünze, sah mir scheu, mit ängstlicher Verwunderung in die Augen, und stürzte plötzlich davon, als fürchtete sie, daß ich ihr das Geld wieder wegnehmen könnte. – Ja, es war schon recht unterhaltsam ...«

Am unteren Ende des Haymarket wenden wir uns nach rechts und kommen so in die Straße *Pall Mall*, die geradewegs in ein elegantes Viertel führt, das wegen der vielen traditionsreichen Klubs, die dort ihre Häuser haben, als »Clubland« bekannt ist. In seinem Roman *Point Counter Point* (*Kontrapunkt des Lebens*, 1928) charakterisiert Aldous Huxley die Architektur dieser Gegend:

»Drei italienische Gespenster geistern unaufdringlich am östlichen Ende von Pall Mall. Der Reichtum des frisch industrialisierten England und die Begeisterung, das bauliche Genie Charles Barrys hat sie aus der Vergangenheit und ihrem heimatlichen Sonnenschein hergezaubert. Unter dem inkrustierenden Schmutz des Reformklubs erkennt das gläubige Auge etwas, das angenehm an den Palazzo Farnese gemahnt. Ein paar Schritte weiter die Straße entlang ragen Sir Charles' Erinnerungen an das Haus, das Raffael für die Pandolfini entwarf, in die dunstige Londoner Luft auf – der Travellersklub; und zwischen ihnen erhebt sich, streng klassisch, dräuend wie ein Gefängnis und schwarz von Ruß, eine verkleinerte, aber immer noch riesenhafte Fassung der Cancelleria – Tantamount House.«

Über die Klubs und ihre Bedeutung für die englische Männerwelt schrieb der Erzähler V. S. Pritchett in den fünfziger Jahren:

»London ist eine Stadt der Männer und der Klubs für Männer, die einen Lehnstuhl den Frauen vorziehen. Die großen Klubs sind heute vielfach in Schwierigkeiten. Ihre Glanzzeit war die viktorianische Epoche, als keiner daran dachte, frühzeitig nach Hause zu gehen. Jetzt sitzen abends nur ein paar vereinsamte Junggesellen in den abgewetzten Ledersesseln. Einige Klubs machten den Versuch, die Ehefrauen zum Abendessen einzuladen. Aber die Damen hatten ihre erste Neugier – welchen glückseligen Lastern ihre Männer dort in aller Ungestörtheit frönen – bald gestillt. Die düsteren Mausoleen männlicher Tatenlosigkeit drückten ihnen aufs Gemüt. Die Architektur, ein Produkt männlicher Selbstachtung, sagt Frauen nicht zu. Die Langeweile hängt wie alter Zigarrenrauch in der Luft und erinnert melancholisch an eins der traurigsten Dinge im Kampf der Geschlechter: daß die Männer an sich selbst Genüge finden. Das Essen ist langweilig, aber – ein wichtiger Punkt, der den Damen entgeht – der Wein ist ausgezeichnet und billig.«

Der Weingenuß in den Klubs und die vorgespiegelte Kennerschaft großspuriger junger Klubmitglieder sind Gegenstand des Spotts in William Makepeace Thackerays *Book of Snobs* (*Buch der Snobs*, 1846-48):

»Den Drang, sich um jeden Preis als Weinkenner auszugeben, habe ich besonders bei jungen Männern beobachtet. Junge Snobs, die frisch vom College kommen, soeben aus der Armee entlassene Milchbärte, Grünschnäbel aus den Internatsschulen, allesamt die Zierden unserer heutigen Klubs, hört man immer wieder lautstarke Äußerungen zu Fragen des Weins tun. ›Diese Flasche schmeckt nach Kork‹, erklärt der Jungsnob, woraufhin Mr. Sly, der Butler, sie wegnimmt und kurz darauf denselben Wein in einer Karaffe serviert, den der junge Kenner nunmehr als erstklassig bezeichnet. ›Zum Teufel mit Champagner!‹ ruft der Milchbart. ›Das ist nur etwas für junge Mädchen und Kinder. Ich verlange trockenen Sherry zum Dinner und danach einen 1823er Rotwein.‹ ›Der heutige Portwein‹, sagt der Grünschnabel, ›ist doch nichts anderes als widerliches, zähflüssiges süßes Zeug. Wo ist der trockene alte Port geblieben, den man früher bekam?‹ Bis vor einem Jahr hat der Milchbart nur Dünnbier in Doktor Swishtail's Akademie getrunken, und der Grünschnabel bekam seinen trockenen alten Port in einer Ginkneipe in Westminster – bis er diese Bildungsstätte 1844 verließ.«

Folgt man, vom Haymarket kommend, Pall Mall, so erreicht man nach einem kurzen Fußweg *Waterloo Place* und damit das südliche Ende von Regent Street, einer Straße, die der Architekt Jahn Nash 1820 für den damaligen

West End-Theater (The Palace) an der Shaftesbury Avenue

Prinzregenten entwarf und die zum Regents Park führt. Am Südende von Waterloo Place steht eine Säule, die in den dreißiger Jahren des 19. Jahrhunderts zur Erinnerung an den Herzog von York, einen Bruder König Georgs IV., errichtet wurde. Theodor Fontane stellt sich die rhetorische Frage: »Soll ich .... von der Yorksäule sprechen, deren erznes Herzogsbild, zu äußerster Lächerlichkeit, die goldne Spitze eines Blitzableiters wie einen bankrotten Glorienschein trägt, dessen anderweitige Strahlen nach rechts und links hin fortgefallen sind? Nein! überlassen wir es einer Feuer-Versicherungs-Gesellschaft, an dieser Vorsichtsmaßregel Gefallen zu finden.«

An der westlichen Ecke zu Pall Mall findet man den Athenaeum-Klub, 1824 als Klub für Wissenschaftler, Literaten und Künstler gegründet. Den Bau ziert ein Fries, der dem des Parthenon nachgebildet ist. Sir Walter Scott, Charles Dickens, William Thackeray, Anthony Trollope und Henry James gehörten zu seinen Mitgliedern. Es schließen sich zahlreiche weitere traditionsreiche Klubs an, darunter der Traveller's Club, zu dem einst nur Herren Zugang hatten, die die »Grand Tour«, die Kavaliersreise auf dem Kontinent, absolviert hatten; der liberale Reform Club und der United Oxford and Cambridge University Club. Phileas Fogg, der in Jules Vernes Roman eine Reise um die Welt in achtzig Tagen unternimmt, gehört dem Reform Club an:

»Phileas Fogg war durch und durch ein Engländer. Niemals sah man ihn an der Börse oder in der Bank von England oder in einem Geschäftshaus der City. Kein für Phileas Fogg bestimmtes Handelsschiff legte je in den Docks an; er hatte kein Regierungsamt inne und leitete keine Anwaltskanzlei in den Inns; er hatte nie einen Prozeß vor einem weltlichen oder geistlichen Gericht geführt. Er war weder Industrieller noch Kaufmann, noch Gutsherr, und er gehörte auch keiner der gelehrten Gesellschaften in der Hauptstadt an. Er war einfach nur Mitglied im Reform Club.«

Wir biegen nach rechts in die St. James's Street ein, an der weitere renommierte Klubs liegen, und erreichen schließlich *Piccadilly*. Der aus Amerika stammende Henry James, der 1876 nach England übersiedelte, hat in seinen um 1900 entstandenen Londoner Skizzen den Eindruck festgehalten, den diese Straße anfangs auf ihn machte:

»Von fern vernahm man den Lärm von Piccadilly, und ganz in der Nähe polterte rücksichtslos eine Droschke vorüber. Mit einemmal überkam mich ein Grauen vor dieser Stadt, Heimweh fiel mich an wie ein wildes Tier, das nur auf diese Gelegenheit gewartet hatte. London war abscheulich, arglistig, grausam und vor allem übermächtig. Gleichviel, ob das für die Gattung Großstadt typisch war, dem einzelnen Leben gegenüber war es jedenfalls so gleichgültig wie die Natur selbst. In einer Stunde würde ich ausgehen müssen, da in diesem Hotel kein Abendessen serviert wurde, und es kam mir so vor, als ließe ich mich da auf ein tollkühnes, lebensgefährliches Wagnis ein. Fast wollte ich auf mein Essen verzichten und lieber verhungern, als mich in das Inferno dieser Stadt zu begeben, wo ein namenloser Fremder dazu verurteilt schien, in Piccadilly zu Tode getrampelt und anschließend in die Themse geworfen zu werden.

Ich bin dann doch nicht verhungert, und im Laufe der Zeit haben mich zahllose menschliche Bindungen an diese furchtbare, wunderbare Stadt gefesselt. Aber diese augenblickliche Vision ihres rußverschmierten Gesichts und steinernen Herzens ist mir unvergeßlich geblieben, obgleich ich sie mir glücklicherweise inzwischen auch ganz anders vorstellen kann.«

Biegt man, aus der St. James's Street kommend, nach rechts in Piccadilly ein, so sieht man dort auf der gegenüberliegenden Straßenseite die im italienischen Stil gehaltene Fassade der Royal Academy, der Kunstakademie. In einem Essay über Londoner Malermodelle erzählt Oscar Wilde die folgende Anekdote über diese Institution:

»Ein bemerkenswertes Privileg ist den Akademie-Modellen vorbehalten. Es besteht darin, jedem neugewählten Akademiemitglied oder Königlichen Akademiker einen Sovereign herausreißen zu dürfen. So warten denn alle gemeinsam vorm Burlington House, bis die Ernennung bekanntgegeben ist, und rennen danach auf schnellstem Wege zu des Bedauernswerten Behausung. Das Goldstück erhält, wer als erster dort eintrifft. In letzter Zeit herrschte große Aufregung ob der großen Entfernungen, die im Wettlauf zu bewältigen waren, und so blickt man voll Mißvergnügen auf die Ernennung von Künstlern, die ihren Wohnsitz etwa in Hampstead oder in Bedford Park haben, denn man betrachtet es als Ehrensache, weder die Untergrundbahn noch den Pferde-Omnibus oder sonst ein Mittel künstlicher Fortbewegung zu benutzen. Das Rennen aber erfolgt im raschesten Tempo.«

Gegenüber von St. James's Street stoßen *Albemarle Street* und *Dover Street* auf Piccadilly. In einem Brief vom September 1900 schreibt Mark Twain über Hotels in dieser Gegend:

»Mein lieber MacAlister, am nächsten Samstag reisen wir nun wirklich ab. Ich wollte schon ein früheres Schiff nehmen, bin aber noch geblieben, um eine Studie über sogenannte Familienhotels abzuschließen. Diese sind eine Londoner Besonderheit, die die Schöpfung nur hier hervorgebracht hat. Es handelt sich dabei um baufällige Klubs, die in grauer Vorzeit einmal bewohnbar waren. Dover und Albemarle Street sind voll davon. Die ehedem großen Räume hat man in winzige Zellen aufgeteilt, und diese bieten jede erdenkliche Unbequemlichkeit, die außerhalb eines Gefängnisses für gutes Geld zu haben ist. Es gibt keinen modernen Komfort, der hier nicht fehlt. Die Preise sind, gemessen an der Leistung, erstaunlich hoch. In den Zimmern wird unheilbares Mobiliar gepflegt, jedenfalls ist das in meinem Fall so. Diese Hotels leben von dem Ruf, den sie einmal hatten. Sie sind Nachfahren jener schon vor fünfzig Jahren verschwundenen Pensionen, die wie Privathäuser geführt wurden, und ausländische Besucher halten sie immer noch dafür. Auch einige respektable Engländer mieten sich dort ein, sei es aus angeborener Gewohnheit oder einer Entwicklungshemmung, und ebenso geht es vielen Amerikanern aufgrund von Unwissenheit und Aberglauben. Die Zimmer sind genauso interessant wie der Tower, aber vermutlich älter – älter und teurer. Der Aufzug war eine Gabe Wilhelms des Eroberers, und manche Betten stammen aus prähistorischer Zeit. Man datiert sie am besten nach geologischen Erdzeitaltern.

Mein Hotel ist das älteste. Es hat seinen Ursprung in Schichten von Sandstein, vulkanischer Asche, Ignis fatuus und Sodabikarbonat und weist Spuren des Urmenschen auf. Es hat die Nummer 149. Tausende von Wissenschaftlern kommen, um es zu besichtigen. Es ist für sie eine Art Heiligtum. Sie würden gern die Urmenschenspuren heraussprengen, aber es gelingt ihnen nicht. Dynamit kann an diesen Mauern nichts ausrichten.«

Wendet man sich von St. James's Street kommend nach links, so erreicht man schon bald den *Green Park* auf der linken Seite, während rechts von Piccadilly der elegante Stadtteil Mayfair liegt. Der Romancier Ford Madox Ford hat diesen Weg in *The Soul of London* (*Die Seele Londons,* 1905) beschrieben:

»Man gehe einmal an einem schönen Sommertag Piccadilly entlang auf Hyde Park Corner zu. Auf seiner rechten hat man dann die vielen Klubs mit den vielen Männern, die dem Luxus und Nichtstun frönen. Linker Hand ist ein Stück Green Park, kaum zu sehen durch die dort liegenden unschönen Gestalten. Sie liegen da wie Tote oder wie Soldaten bei einem heimlichen Angriff, eine große Menge gebrochener Männer und Frauen, auch sie für alle Zeit Nichtstuer. Da liegen sie, die Füße neben dem Kopf des Nachbarn und gerade eine Armeslänge auseinander, so daß ihre Schlafgenossen ihnen nicht die Taschen leeren können. Reglos liegen sie da, fahl, bedauernswert und furchtbar, und geben sich einem Müßiggang hin, der nie enden wird. Ja, da hat man den Londoner Müßiggang, die beiden Extreme bieten sich in krasser Weise den Blicken dar, sind miteinander ständig konfrontiert und ignorieren einander doch. Denn im allgemeinen sehen die Männer an den Fenster nie herunter, und die Menschen im Park sehen nie hinauf. In diesen beiden gegensätzlichen Anblicken haben Sie London, diesen mächtigen, müßigen Baum, der fortwährend neuen Saft, neue Fasern erzeugt, hoch oben seine kräftigen Blätter trägt, sein abgestorbenes Holz abwirft, den Boden mit verrottenden Zweigen bedeckt und mit Zeug, das bald unter die Erde kommt.«

Der Green Park, den Joachim Heinrich Campe rund hundert Jahre zuvor besuchte, unterschied sich von dem, den Ford beschreibt, ebensosehr wie der Green Park, den wir heute sehen. Nebenbei lassen die folgenden Bemerkungen erkennen, wie sich Campe, der als junger Erzieher die Brüder von Humboldt in Berlin unterrichtete, mit Fragen der Sprache und insbesondere der Eindeutschung fremder Begriffe beschäftigte (ihm verdanken wir Wörter wie »Hochschule«, »Streitgespräch« und »Minderheit«):

»Ich bezeichnete soeben jene kleinen Rasenplätzchen der Landleute etwas uneigentlich mit dem uns fremden Worte ›Park‹. In Deutschland denkt man dabei entweder an einen bloßen Lustwald, wie etwa der bei Berlin ist, oder an eine sogenannte Englische Anlage, in welcher, wie in der unsrigen, Gebüsch, Wald, Wiesen und Acker- oder Gartenland, durch allerlei Kunstverschönerungen aufgestutzt, mit einander abwechseln. Dies ist aber nicht der Sinn, in welchem es hier in England genommen wird. Hier bedeutet es einen jeden, durch Mauer, Graben oder Gitter eingepferchten grünen Platz, auf welchem der schöne eingehegte Rasen die Hauptsache ausmacht, alles andere aber, selbst Bäume und Gebüsch nicht ausgenommen, etwas Außerwesentliches ist, welches allenfalls auch wegbleiben kann. So gibt es z. B. selbst hier in und neben London zwei solcher Parks, der St. James- und der grüne Park (Green Park), wovon der erste nur einige Baumreihen zur äußern Einfassung, der andere gar keine Bäume, als nur einige wenige in einem seiner äußersten Winkel hat. Beide sind also bloße Rasenplätze, auf welchen des Königs Kühe und Pferde weiden; und beide heißen gleichwohl Parks. Das wahre deutsche Wort, welches diesem englischen antwortet, und auch gleichen Ursprunges mit ihm ist, lautet ›Pferch‹. Ein Pferch ist ein eingehegter Platz, es mögen Bäume und Gebüsch darauf stehen oder nicht. So auch ein Park.«

Schräg gegenüber der U-Bahnstation Green Park stößt die *Bolton Street* auf Piccadilly. Am Haus Nummer 11 erinnert eine Tafel an die Schriftstellerin Fanny Burney, die 1778 mit dem Roman *Evelina* bekannt wurde. Sie wohnte hier als Witwe in den Jahren 1818-28. Einige Häuser weiter, in 3 Bolton Street, hatte Henry James zwischen 1876 und 1885 eine Wohnung, in der er an einigen seiner Romane arbeitete, darunter *Daisy Miller* und *Portrait of a Lady (Bildnis einer Dame)*. Über diese wichtigen Jahre, in denen er gesellschaftliche Kontakte knüpfte und sich in das kulturelle Leben Londons einführte, notierte James in seinem Tagebuch:

»Ich habe hier viel durchlebt, viel empfunden, viel nachgedacht, viel gelernt, viel geschrieben. Diese schäbige kleine möblierte Wohnung müßte mir heilig sein. Ich kam als völlig Fremder nach London, und heute kenne ich schon fast zuviele Leute. *J'y suis absolument comme chez moi.*«

Bolton Street gehört zu dem eleganten Stadtteil Mayfair und damit zum Westend, von dem Heinrich Heine sagt:

»Auf der entgegengesetzten Seite Londons, die man das Westende nennt, the west end of the town, und wo die vornehmere und minder beschäftigte Welt lebt, ist jene Einförmigkeit noch vorherrschender; doch gibt es hier ganze lange, gar breite Straßen, wo alle Häuser groß wie Paläste, aber äußerlich nichts weniger als ausgezeichnet sind, außer daß man hier, wie an allen nicht ganz ordinären Wohnhäusern Londons, die Fenster der ersten Etage mit eisengittrigen Balkonen verziert sieht und auch au rez de chaussée ein schwarzes Gitterwerk findet, wodurch eine in die Erde gegrabene Kellerwohnung geschützt wird. Auch findet man in diesem Teile der Stadt große Squares: Reihen von Häusern gleich den oben beschriebenen, die ein Viereck bilden, in dessen Mitte ein von einem schwarzen Eisengitter verschlossener Garten mit irgendeiner Statue befindlich ist. Auf allen diesen Plätzen und Straßen wird das Auge des

The Palm Court im Hotel Ritz

Fremden nirgends beleidigt von baufälligen Hütten des Elends. Überall starrt Reichtum und Vornehmheit, und hineingedrängt in abgelegene Gäßchen und dunkle, feuchte Gänge wohnt die Armut mit ihren Lumpen und ihren Tränen.«

Am südwestlichen Ende von Piccadilly erreicht man *Hyde Park Corner*, einen der verkehrsreichsten Knotenpunkte der Stadt. Das letzte Haus in Piccadilly, das auch unter der Adresse »No. 1, London« bekannt war, ist Apsley House, die einstige Residenz des Herzogs von Wellington, des siegreichen Helden von Waterloo. Der Bau steht aufgrund der Verkehrsführung etwas isoliert, und Henry James beklagte schon zu Anfang des 20. Jahrhunderts die mißlungene Planung dieses Platzes:

»Der Versuch, an Hyde Park Corner einen öffentlichen Platz zu gestalten, ist gründlich mißlungen, und wer ihn rechtfertigen wollte, müßte wahrlich ein London-Liebhaber *quand même* sein. Es steht jedenfalls fest, daß alle Verbesserungen und Verschönerungen, die kürzlich dort vorgenommen wurden, lediglich erneut die Erbärmlichkeit der einzelnen umgebenden Elemente zu Bewußtsein gebracht haben, und diese Erbärmlichkeit ist auf erschreckende Weise bezeichnend für gewisse allgemeine Zustände.

Dieser Platz ist das pulsierende Herz des großen West End, aber was es dort zu sehen gibt, sind vor allem ein schäbiges, stuckverziertes Hospital, die niedrigen Parktore mit ihrer hübschen, aber ganz und gar nicht beeindruckenden Umrahmung, die Fenster des Salons von Apsley House und die Allerweltsfassaden der daneben stehenden Häuserreihe. Hinzu kommt natürlich noch das einzige, was sich in diesem Bild auch nur annähernd monumental ausnimmt, nämlich der Bogen, der die an den Gärten des Buckingham-

Palastes vorbeiführende Straße überspannt. Dieses Bauwerk ist inzwischen des kläglichen, den Eisernen Herzog in der Pose eines Zinnsoldaten darstellenden Standbildes entkleidet worden, von welchem es bis vor kurzem gekrönt wurde, doch hat der Bogen durch diese Maßnahme nicht so viel gewonnen wie erhofft.

Man hat zwar einen schönen Blick auf Piccadilly und Knightsbridge sowie auf die, wie Grundstücksmakler das zu nennen pflegen, herrschaftlichen Anwesen am Grosvenor Place, und man ahnt die weiten Flächen,die sich hinter dem kümmerlichen Zäunchen des Green Park ausdehnen; doch geht von diesem Platz keinerlei Inspiration aus, es sei denn zu dem Gedanken, hier wäre Raum für etwas Besseres gewesen. Kaum weniger als beim Anblick der schmutziggrauen Einöde des Trafalgar Square muß man dort zu dem Schluß kommen, daß eine große Möglichkeit vertan worden ist.«

Es bietet sich an, diesen literarischen Spaziergang mit einem Bummel durch den Hyde Park abzuschließen. Man kann aber auch zu *Marble Arch* hinaufschlendern, um dort an den Spaziergang 5 anzuschließen.

4. VICTORIA STATION BIS CHELSEA

Victoria Station
Belgrave Street
King's Road
Cheltenham Terrace
Franklins Row
St. Leonard's Terrace
Tite Street
Chelsea Embankment
Cheyne Walk
Cheyne Row

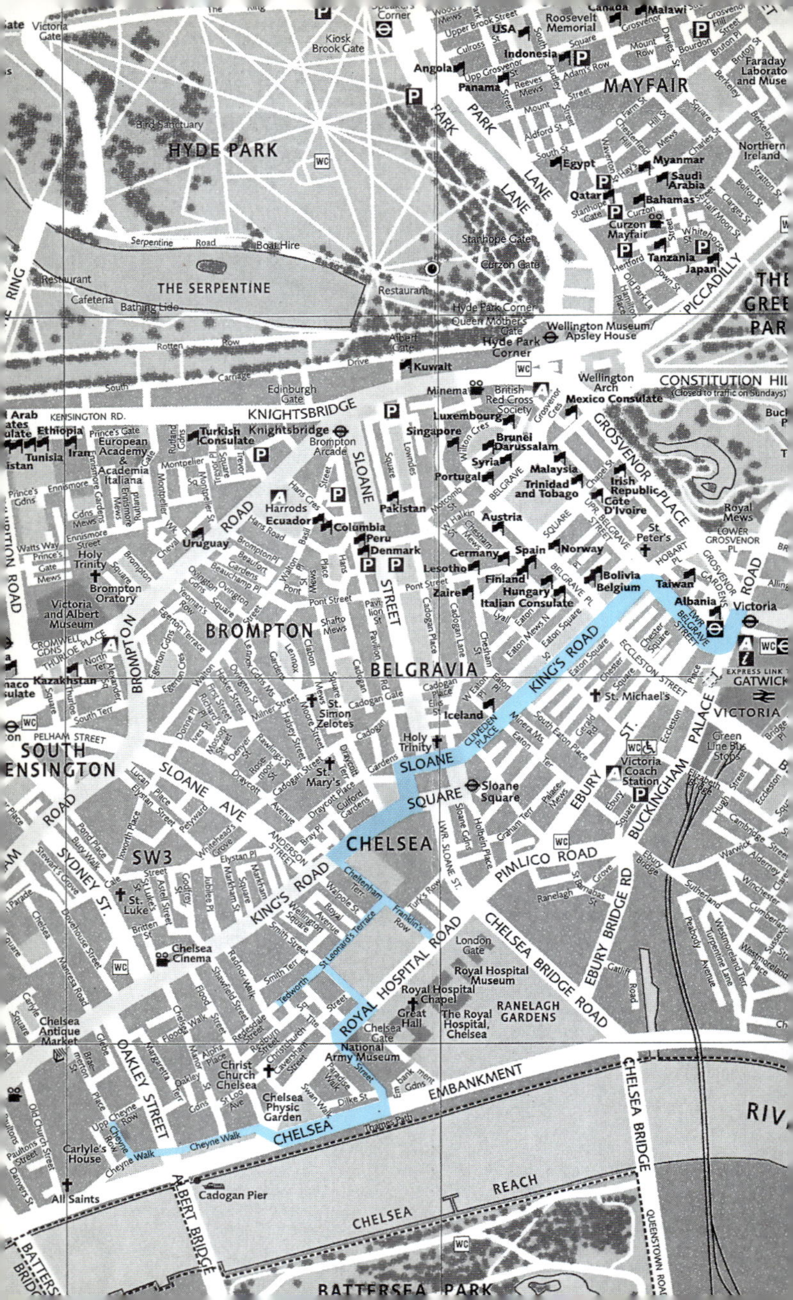

HYDE PARK
Victoria Gate
Kiosk
Brook Gate
Speakers' Corner
Bird Sanctuary
Serpentine Road
Boat Hire
THE SERPENTINE
Restaurant
Cafeteria
Bathing Lido
Rotten Row
South Carriage Drive
PARK LANE
Stanhope Gate
Curzon Gate
Hyde Park Corner
Queen Mother's Gate
Albert Gate
Wellington Museum/ Apsley House
Hyde Park Corner
Kuwait
Minema
British Red Cross Society
Wellington Arch
Mexico Consulate
CONSTITUTION HILL
(Closed to traffic on Sundays)
MAYFAIR
Upper Brook Street
USA
Roosevelt Memorial
Canada
Malawi
Grosvenor Square
Indonesia
Angola
Panama
Upp Grosvenor St
Reeves Mews
Adam's Row
Mount Row
Bourdon St
Bruton St
Faraday Laboratory and Museum
South Audley Street
Mount St
Alford St
South St
Egypt
Farm St
Hill St
Chesterfield Hill
Charles St
Myanmar
Saudi Arabia
Qatar
Bahamas
Curzon Mayfair
Tanzania
Japan
Whitehorse St
Half Moon St
Clarges St
Northern Ireland
Stratton St
Bolton St
Hertford
Down St
Old Park La
Hamilton Place
PICCADILLY
THE GREEN PARK
KNIGHTSBRIDGE
Edinburgh Gate
KENSINGTON RD.
Knightsbridge
Brompton Arcade
Ethiopia
Tunisia
Iran
Arab Emirates Consulate
Pakistan
Prince's Gate
European Academy & Accademia Italiana
Turkish Consulate
Rutland Gdns
Montpelier Sq
Trevor Sq
Ennismore Gardens
Ennismore Mews
Prince's Gdns
Harrods
Hans Cres
Ecuador
Columbia
Uruguay
Peru
Denmark
Lesotho
Zaire
Singapore
Luxembourg
Brunei Darussalam
Syria
Portugal
Malaysia
Trinidad and Tobago
Irish Republic
Côte D'Ivoire
Austria
Spain
Norway
Germany
Finland
Hungary
Italian Consulate
Bolivia
Belgium
Taiwan
Albania
St Peter's
BELGRAVE SQUARE
GROSVENOR PLACE
Royal Mews
LOWER GROSVENOR PL
GROSVENOR GARDENS
Victoria
VICTORIA
EXPRESS LINK TO GATWICK
SLOANE STREET
Lowndes Square
Motcomb St
Chesham Pl
Wilton Cres
Pont Street
Cadogan Place
Cadogan Lane
Eaton Square
Chester Square
ECCLESTON STREET
St. Michael's
Lyall St
Eaton Pl
KING'S ROAD
Holy Trinity
Brompton Oratory
Victoria and Albert Museum
BROMPTON
BROMPTON ROAD
Walton St
Ovington Square
Egerton Terrace
Egerton Gdns
Egerton Cres
CROMWELL GDNS
THURLOE PLACE
Kazakhstan
Thurloe Square
PELHAM STREET
SOUTH KENSINGTON
BELGRAVIA
Shafto Mews
Pavilion Road
Cadogan Gate
St. Simon Zelotes
Iceland
Holy Trinity
Cliveden Place
SLOANE SQUARE
Sloane Square
St. Mary's
Draycott Place
Cadogan Gardens
Milner Street
Lennox Gardens
Hasker Street
Denyer St
Rawlings St
SLOANE AVE
ANDERSON STREET
Elystan Place
Lucan Place
Elystan Street
Ixworth Place
SW3
CHELSEA
Cheltenham Terr
Franklin's Row
Turk's Row
LWR. SLOANE ST.
Sloane Gdns
Holbein Place
Graham Terr
PIMLICO ROAD
EBURY STREET
Victoria Coach Station
BUCKINGHAM PALACE ROAD
Green Line Bus Stops
Elizabeth Bridge
Warwick Way
Cambridge Street
Alderney Street
Winchester Street
Westmoreland Terr
EBURY BRIDGE RD
Ranelagh Grove
St Barnabas St
Gatliff Road
Peabody Avenue
Turpentine Lane
SYDNEY ST.
ROAD
St. Luke
Britten St
KING'S ROAD
Wellington Square
Smith Street
Royal Avenue
St Leonard's Terrace
Walpole St
ROYAL HOSPITAL ROAD
CHELSEA BRIDGE ROAD
London Gate
Royal Hospital Museum
Royal Hospital Chapel
Great Hall
The Royal Hospital, Chelsea
RANELAGH GARDENS
Chelsea Gate
National Army Museum
Chelsea Cinema
Radnor Walk
Shawfield Street
Flood Street
Tedworth Sq
Tite Street
Smith Terr
Christchurch St
Cavendish St
Christ Church Chelsea
Chelsea Physic Garden
Swan Walk
Dilke St
Paradise Walk
Embankment Gdns
EMBANKMENT
CHELSEA
Thames Path
Chelsea Antique Market
Glebe Place
OAKLEY STREET
Margaretta Terr
Oakley Gdns
Upp Cheyne Row
Cheyne Row
Cheyne Walk
Carlyle's House
Old Church Street
Paultons Street
Danvers St
All Saints
ALBERT BRIDGE
Cadogan Pier
CHELSEA REACH
CHELSEA BRIDGE
QUEENSTOWN ROAD
BATTERSEA PARK
BATTERSEA BRIDGE
RIVER

Für viele London-Besucher, ob sie nun mit dem Flugzeug oder mit Bahn und Schiff angereist sind, ist der Bahnhof *Victoria Station* gewissermaßen das Tor zu dieser Stadt. Von diesem markanten Punkt nimmt dieser literarische Stadtbummel seinen Ausgang.

Die ersten Eindrücke, die man bei der Ankunft in England empfängt, können sicherlich sehr unterschiedlich sein, aber daß England und vor allem London langweilig seien, werden wohl die wenigsten behaupten. D. H. Lawrence dagegen, der England 1919 verließ und es vorzog, hauptsächlich in südlichen Ländern zu leben, war überwältigt von der Londoner Langeweile:

»Es fängt schon an, wenn man an Land geht, sobald man die Gangway des Dampfers verläßt. Mit einemmal fühlt man sich beklommen. Nicht, daß man sich vor etwas Bestimmtem fürchtete. Im Gegenteil. Es ist, als verließe einen die Lebenskraft und eine vage Beklemmung breite sich aus. Man schleppt sich an den gutmütigen Polizisten und harmlosen Paßbeamten vorbei und dann durch die umständliche und etwas alberne Zollkontrolle – denn niemand glaubt doch im Ernst, daß es etwas ausmacht, wenn jemand zwei Paar kunstseidene Strümpfe hereinschmuggelt –, und dann besteigen wir den spießigen, aber völlig harmlosen Zug mit seinen spießigen, aber völlig harmlosen Passagieren, und wir lassen uns von einem harmlosen Jungen eine harmlose Tasse Tee bringen, und wir fahren durch eine enge, spießige, aber nette und harmlose Landschaft, bis wir im großen, aber uninteressanten Victoria-Bahnhof landen, wo uns ein harmloser Gepäckträger in ein harmloses Taxi setzt, das uns durch die belebten und doch seltsam langweiligen Straßen Londons zu dem gemütlichen und doch seltsam spießigen und langweiligen Hotel fährt, in dem wir wohnen werden. Und während der ersten halben Stunde in London überkommt einen, wenn man ein paar Jahre im Ausland war, wahrhaftig das Elend. Dieses seltsame, dieses graue und unheimliche, ja fast tödliche Gefühl der Langeweile ist überwältigend.«

Der Publizist Friedrich Sieburg erlebte Victoria Station ganz anders, als einen Ort der Ruhe im Getriebe der Riesenstadt. In seinen 1939 erschienenen Reisebeschreibungen *Blick durchs Fenster* heißt es:

»Ich besuche diesen Bahnhof oft, nicht nur, weil er unmittelbar neben meiner Wohnung liegt, sondern hauptsächlich aus kleinstädtischem Heimweh nach einem Marktplatz oder einer Hauptstraße. Beides gibt es in London nicht mehr, das Ungeheuer von Stadt schafft sich an Hunderten von Stellen seine Zentren, die alle ganz willkürlich sind und den Dorfbrunnen, der meinen geistigen Bedürfnissen entspräche, nicht zu ersetzen vermögen. Mein Bahnhof jedoch kann dies. In seinen weiten, wohlgegliederten Hallen spielt sich das tägliche Leben mit einer gewissen Regelmäßigkeit ab, vor allem aber ist das Kommen und Gehen nicht in steile Straßenfluchten gepreßt, sondern entfaltet sich frei über weite Flächen, in deren Gewimmel als Inseln immer wieder wartende Menschen stehen. Ruhe gibt es nur im Bahnhof, jeder Mensch in London rennt zu einer Station hin und ist dabei von der Angst gepeitscht, den Zug zu versäumen. Aber ist er einmal angelangt, so ist er entweder im gleichen Augenblick in seinem Zug verschwunden oder aber er hat noch fünf, manchmal sogar zehn Minuten Zeit. Nichts kann ihm mehr passieren, keine Verkehrsstokkung auf Euston Road, keine Strompanne auf Inner Circle kann ihn um seinen Zug prellen, er entspannt sich, und viel Last und Elend fließt von ihm ab – für eine kurze Frist. Vielleicht ist dies der einzige Augenblick, in dem der Londoner öffentlich froh ist, denn die Zeit steht still, und aus ihren Fugen steigt sanft der Traum vom Vorort, vom kleinen Garten, von einem anzustreichenden Zaun, von Kindern und Abend ...«

Victoria Station ist aber auch in die Literatur eingegangen als Ort von schicksalhafter Bedeutung. In dem folgenden Dialog aus Oscar Wildes Komödie *The Importance of Being Earnest (Bunbury oder die Bedeutung, Ernst zu sein)* zeigt sich nämlich, daß Jack Worthing, der um die Hand einer jungen Dame der Gesellschaft anhält, seine gesellschaftliche Herkunft nicht weiter als bis zu diesem Bahnhof zurückverfolgen kann.

Jack: Die Sache ist, Lady Bracknell: (...) Ich weiß nicht, wer ich von Geburt bin. Ich wurde ... nun ja, ich wurde gefunden.

Lady Bracknell: Gefunden!

Jack: Der verstorbene Mr. Thomas Cardew, ein alter Herr von sehr barmherzigem und gütigem Wesen, fand mich und gab mir den Namen Worthing, weil er damals zufällig ein Erster-Klasse-Billet nach Worthing in der Tasche hatte. Worthing ist ein Ort in Sussex. Ein Seebad.

Lady Bracknell: Wo hat der barmherzige Herr mit dem Erster-Klasse-Billet nach diesem Seebad Sie gefunden?

Jack (feierlich): In einer Handtasche.

Lady Bracknell: Einer Handtasche?

Jack (sehr ernst): Ja, Lady Bracknell. Ich war in einer Handtasche – einer ziemlich umfangreichen, schwarzledernen Handtasche mit Henkeln dran – tatsächlich einer gewöhnlichen Handtasche.

Lady Bracknell: An welchem Ort stieß dieser Mr. James oder Thomas Cardew auf diese gewöhnliche Handtasche?

Jack: In der Gepäckaufbewahrung des Victoria-Bahnhofs. Sie wurde ihm versehentlich statt seiner eigenen ausgehändigt.

Lady Bracknell: In der Gepäckaufbewahrung des Victoria-Bahnhofs?

Jack: Ja. Die Linie nach Brighton.

Lady Bracknell: Die Linie ist unwesentlich. Mr. Worthing, ich gestehe, daß ich mich etwas verwirrt fühle von dem, was Sie mir soeben erzählt haben. Geboren oder jedenfalls aufgezogen zu werden in einer Handtasche, ob sie nun Henkel hat oder nicht, scheint mir eine Verachtung der üblichen Wohlanständigkeiten des Familienlebens zu offenbaren, die mich an die schlimmsten Ausschreitungen der Französischen Revolution erinnert. Und vermutlich wissen Sie, wozu diese unselige Bewegung führte? Was die merkwürdige Örtlichkeit betrifft, wo die Handtasche gefunden wurde, eine Gepäckaufbewahrung auf einer Eisenbahnstation, könnte dazu dienen, eine gesellschaftliche Unbedachtsamkeit zu verheimlichen – ist wahrscheinlich schon früher zu diesem Zweck benutzt worden –, könnte jedoch schwerlich als eine sichere Grundlage für eine anerkannte Stellung in der guten Gesellschaft angesehen werden.

Von Victoria Station begeben wir uns auf den Weg zum *Sloane Square* und von dort zur *King's Road*, die zum Stadtteil Chelsea führt. Sloane Square ist nach dem Arzt Sir Hans Sloane (1660-1753) benannt, dessen Sammlungen den Grundstock des 1753 gegründeten British Museum bildeten. Am Sloane Square steht ein traditionsreiches Theater, das Royal Court Theatre, das vor allem moderne Stücke aufführt. Unter anderem wurde hier 1956 John Osbornes *Look Back in Anger (Blick zurück im Zorn)* erstmals gespielt. In den Jahren 1904 bis 1907 bemühte sich Bernard Shaw gemeinsam mit dem damaligen Direktor des Theaters, Harley Granville-Barker, dem britischen Publikum zeitgenössisches Drama nahezubringen, nicht immer sehr erfolgreich. Insgesamt elf Stücke Shaws wurden hier uraufgeführt. 1924 sah der Romancier Arnold Bennett Shaws *Back to Methuselah (Zurück zu Methusalem)* im Royal Court und notierte in seinem Tagebuch:

»Wände der Loge pechschwarz und aus Stein. Konnten in den leeren Orchestergraben sehen und Adam und Eva in ihrer Nacktheit wahrnehmen. Öffnen des Vorhangs wurde durch eine Art Tusch mit Becken angekündigt. Das Stück hat mich sehr gelangweilt, ich konnte nichts darin sehen, weder Handlung noch Charaktere noch eine Botschaft noch Witz. Das Spiel, bei dem die Figuren neue Wörter erfinden, fand ich albern. Der Weg war zu weit, um in der Pause eine Zigarette rauchen zu gehen, also blieben wir in unserer Gruft. Während des zweiten Akts schlief ich ein, wurde aber geweckt aus Sorge, man könnte mein Schnarchen auf der Bühne hören. Ein sehr deprimierender Abend.«

Vielleicht hätte Bennett eine andere Aufführung amüsanter gefunden, die 1886 ebenfalls im Royal Court stattfand. Damals wurde für die Mitglieder der Shelley-Gesellschaft in einer nichtöffentlichen Veranstaltung Shelleys *The Cenci* gespielt, das zu dieser Zeit noch verboten war. Der junge Shaw schrieb darüber als Rezensent des Londoner »Star«:

»Der Kritiker William Archer schlief tief und fest, dann kippte er nach vorne und fiel mit riesigem Getöse aufs Gesicht, wobei er im Fußboden eine Delle hinterließ, die Neugierige noch jetzt besichtigen können.«

In den Boutiquen entlang der King's Road, die vom Sloane Square in südwestlicher Richtung weiterführt, läßt sich ablesen, welche Modetrends gerade vorherrschen. Das war schon so, als Wolfgang Koeppen in den fünfziger Jahren über die King's Road schrieb, zu einer Zeit also, als John Osborne gerade sein Stück über die junge Generation verfaßte, die man danach gern als die der zornigen jungen Männer bezeichnete. Geändert haben sich seitdem vor allem die Modeattribute, aber Chelsea ist auch jetzt noch ein Barometer für das, was gerade »in« ist.

»Was in Paris zur rive gauche gehört, das lateinische Viertel, die Bohème und die Nachtfreuden, wohnt in London auf dem Hauptufer in unmittelbarer Nachbarschaft des Offiziellen und der Geschäfte, in Chelsea, Soho, der Universitäts- und Museumsgegend. Chelsea ist urenglisch, es ist freundlich, bisweilen ländlich, kleine Häuser sprechen von einer soliden, gebildet bürgerlichen Vergangenheit, von Familienleben am häuslichen Kamin. Jetzt ist Chelsea eine Mode, eine teure Mode jüngerer Leute; sie heißen oder spielen die Zornigen und sind es selten. Die Häuser haben noch die alten, schlichten, etwas verträumten Fassaden, aber die Mieten sind wolkenkratzergleich gestiegen, die Wohnungen sind umgebaut, atelierartig eingerichtet, ein jedes Zimmer ein Bildnis des modernen Lebensstils, ein Farbfoto für eine kostbar gedruckte Architekturzeitschrift. Schauspieler, Nachtclubbesitzer, Adelskinder haben hier ihre Garçonnière, und die jungen Intellektuellen strapazieren ihr Talent, um mit dem Aufwand der Snobs Schritt halten zu können. Zu dem Aufwand gehören schöne Mädchen und alte Automobile. Es lohnt die Anstrengung. Die Mädchen sind sehr schön, und die Automobile sind sehr alt. Beide werden am Sonnabendmittag auf der King's Road, dem Boulevard von Chelsea, spazierengeführt. An den Automobilen ist viel poliertes Kupfer, an den Mädchen viel glänzendes, oft kupferrotes Haar. Chelsea ist das Viertel der wadenengen Hosen, der netten, wohlproportionierten, gern gezeigten Hintern und der schweren Wollsweater, wie für die Umseglung des Cap der Stürme gearbeitet. Zuweilen halten sich Kinder an der mütterlichen Hosennaht fest. Auch die Zornigen haben Nachkommen und gehen nicht die Wege des Doktor Malthus. Wie überall in London ist man sonnenhungrig; scheint das Gestirn, klappt man das gelackte Verdeck des Kinderwagens oder das zerschlissene des kostbaren alten Automobils zurück und streckt das Gesicht in das Licht. Oder man trinkt Milch oder Bier vor der Tür der Läden und der Pubs. Innen an der Theke stehen die professionellen Außenseiter, die konformistischen Verächter des Konformismus mit kurzen Pfeifen, kurzem Haar und kurzen Bärten, wie von John Osborne, Colin Wilson oder Dylan Thomas geschrieben, und lesen angewiderten Gesichts die dicken Sonntagszeitungen, die mit keinen neuen Parolen die Langeweile zwischen allgemeiner Weltgefährdung, roten Monden, versagenden westlichen Raketen und der sozialen Sicherheit des fortschreitenden Wohlfahrtsstaates verscheuchen.«

Nicht weit vom Sloane Square biegt linker Hand Cheltenham Terrace von der King's Road ab, und nach einer kurzen Strecke erreicht man das *Chelsea Royal Hospital*, einen schönen Ziegelsteinbau, der in den Jahren 1682-1692 nach Plänen von Sir Christopher Wren als Refugium für alte und kriegsversehrte Soldaten errichtet wurde. Rund dreißig Jahre nach der Fertigstellung schrieb Daniel Defoe in seiner *Tour through the Whole Island of Great Britain (Reise durch die ganze Insel von Großbritannien):*

»Hier findet sich das edelste Gebäude und das beste Stift seiner Art in der ganzen Welt, nämlich eines für invalide und alte Soldaten. Vielleicht muß man ein Hospital davon ausnehmen, nämlich das ›des Invalides‹ genannte in Paris, aber nur wegen der größeren Zahl der Insassen. Dagegen wage ich zu behaupten, daß die finanziellen Aufwendungen für die Invaliden dort sich nicht mit denen in Chelsea messen können, und was die Speisung, Unterkunft und Pflege betrifft, so übertrifft Chelsea Paris bei weitem.«

Der amerikanische Autor Nathaniel Hawthorne besuchte Chelsea Hospital in den fünfziger Jahren des 19. Jahrhunderts und betrachtete mit gemischten Gefühlen die dort ausgestellten amerikanischen Trophäen, die den englischen Truppen in den Jahren 1812-15 in die Hände gefallen waren:

»Der Dampfer beendete seine Fahrt in Chelsea, einem alten Städtchen, das mit einer erstaunlichen Anzahl von Wirtshäusern sowie einem berühmten, Cremorne genannten Vergnügungspark ausgestattet ist. Das Sehenswerteste ist jedoch Chelsea Hospital, das wie jenes in Greenwich von Karl I. gegründet wurde (der, in das Gewand eines alten Römers gekleidet, als Bronzestatue in der Mitte des Vorhofs steht). Heute dient es der britischen Armee als Heim für alte Invaliden. Die Gebäude sind drei Stockwerke hoch und haben auch in den steilen Dächern noch Fenster. Sie sind aus dunkelroten, düster wirkenden Ziegeln gebaut und haben Eck- und Fassadenverzierungen aus gewachsenem Stein. Der Bau wirkt aber keineswegs übertrieben prunkvoll (was leider bei Greenwich Hospital der Fall ist), sondern ehrwürdig und schlicht. An beiden Enden der Straßenfront befindet sich ein breites Tor, das einladend offensteht.

Dort sah ich einige grauhaarige Veteranen umhergehen, mit langen roten Röcken von altertümlichem Schnitt und einem Dreispitz, wie er vor hundert Jahren getragen wurde, und hier und da auch mit einer Schirmmütze. Fast alle humpelten sie rheumatisch, einige hatten ein hölzernes Bein, und dem einen oder anderen fehlte ein Arm. Als ich einen dieser fragmentierten Helden fragte, ob ein Fremder wohl Zutritt habe, um sich das Haus anzusehen, erwiderte er sehr freundlich: ›Aber gewiß, Sir, ganz nach Belieben! Kommen Sie herein und schauen Sie sich um – auch oben, überall!‹ Also trat ich ein, überquerte den Hof und erreichte so die Tür zur Kapelle, welche einen der zur Straße gelegenen Bauten bildet. Hier grüßte mich ein weiterer Veteran, ein alter Kämpe von höchst friedfertigem und christlichem Aussehen, indem er an seinen Dreispitz tippte und mich fragte, ob ich das Innere der Kirche zu sehen wünsche. Als ich bejahte, schloß er die Tür auf, und wir gingen hinein.

Die Kapelle besteht aus einem großen Längsschiff mit Tonnengewölbe, und über dem Altar befindet sich ein Fresko, dem ich aber weiter keine Beachtung schenkte. Ein passenderer Schmuck für diesen Ort der Kriegserinnerung und des Gottesdienstes sind die langen Reihen verstaubter und zerschlissener Feldbanner, die überall von der Decke hängen. Es sind Trophäen aus Kriegen, die in allen Teilen der Welt siegreich ausgetragen wurden, darunter eroberte Fahnen all jener Nationen, mit denen der britische Löwe seit den Tagen James II. gekämpft hat: französische, holländische, ostindische, preußische, russische, chinesische und amerikanische. Diese sind aber nicht etwa zusammengetragen worden, um anzudeuten, daß es keine Zwietracht mehr auf Erden geben soll. Vielmehr hängen sie gedemütigt und wehrlos über den Bänken. Ja, ich habe amerikanische Fahnen in einem Atem mit den anderen genannt, denn der gute Veteran hielt mich irrtümlich für einen Engländer und zeigte mir (mit einem gewissen Triumph in der Stimme, wie mir schien) einige Fahnen, die bei Bladensburg und Washington erobert worden waren. Es kam mir so vor, als hingen sie etwas höher und neigten sich noch etwas tiefer als ihre Kameraden in der Schmach. Es ist jedoch ein Trost, daß ihre stolzen Aufschriften schon fast unleserlich sind dank Staub und Löchern und den Liebesdiensten der Motten, so daß sie wohl bald in kleinen Fetzen von den Fahnenstangen herabfallen und dann aus der Kapelle gekehrt werden.«

Etwa zur selben Zeit wie Hawthorne war auch Theodor Fontane in London. Er wurde Zeuge eines Kricketspiels zwischen den Veteranen von Chelsea und denen von Greenwich, wobei die Besonderheit darin bestand, daß es ein »Wettspiel zwischen elf Greenwich-Pensionären mit einem Arm und elf Chelsea-Pensionären mit einem Bein« war. In *Ein Sommer in London* beschreibt er das dramatische Ereignis:

»Die Entscheidung war nah, die nächsten Minuten mußten zeigen, wer Sieger sein sollte: Greenwich oder Chelsea. Die Chelseamänner, in ihren langen Röcken von englischrotem Tuch, standen um drei Nummern besser, aber die Männer von Greenwich mit ihren matrosen-blauen Jacken und dem ehrwürdigen Dreimaster auf dem Kopf, waren am Spiel und ein guter Treffer konnte den Sieg wieder auf ihre Seite bringen. Viele hatten ihre Hüte zur Erde geworfen und das spärliche weiße Haar der Greise flatterte im Winde.

Es waren fast lauter Siebziger: bemooste Häupter von Trafalgar und selbst von Abukir, und wer seinen Arm bei Navarino gelassen hatte, war nur ein Fuchs. Da standen nun die alten Schöpfer und Träger britischen Ruhms, kaum minder eifrig als an Bord der Dreidecker, wenn die berühmte Enterbrücke Nelsons fiel; und Matrose und Soldat, die so oft gemeinschaftlich ihre Hände nach dem Kranz des Ruhmes ausgestreckt hatten, hier standen sie sich blitzenden Auges einander gegenüber und forderten ihn jeder für sich. Wie gesagt, Greenwich war am Spiel, und ein Alter mit einem Arm und einem Bein (ein völliger Krüppel und doch ein ganzer Mann) stand, die Kelle fest in der Hand und kein Auge von seinem Gegner lassend, vor den drei Gitterstäbchen seines Spiels und parierte den anfliegenden Ball mit sichrem Blick und fester Hand. Dreimal hatte er ihn zurückgeschlagen, aber nicht weit genug, um mit seinem Stelzfuß den Hin- und Herlauf den das Spiel vorschreibt, zu wagen; aber jetzt, beim vierten Schlage, war das Glück mit ihm und mit der Ehre von Greenwich. Weit über das Feld flog der Ball und schnell berechnend, daß er den vorgeschriebenen Weg werde dreimal zurücklegen können, setzte er sich jetzt, auf und ab, in Geschwindschritt. Aber an einem Haare hing der Sieg: ehe er zum dritten Male die Stäbe erreichen konnte, war sein Gegner (den er unterschätzt haben mochte) dem Ziele näher als er selbst. Was tun? Greenwich schien verloren; da sieh, mit schneller Geistesgegenwart warf sich der Alte zur Erde nieder und schon im Fallen die Kelle vorstreckend, durchmaß er im Nu die acht Fuß Entfernung, die ihn noch von den Gitterstäben trennten. Nicht er, aber die äußerste Spitze seines Holzes war am Ziel. Ein Beifallssturm erhob sich ringsum; auf den Balkonen winkten die Damen mit ihren weißen Tüchern und die unermüdliche

Belgrave Square, Beispiel für die Estate-Bebauung im Londoner West End

Trompete schmetterte Tusch. – Das Spiel war aus und Greenwich Sieger.«

In Chelsea haben sich im Laufe der Zeit viele Schriftsteller niedergelassen. Der weitere Spaziergang wird deshalb zu einigen Häusern führen, die einmal Wohnsitz bekannter Autoren waren. Auf dem Weg vom Royal Hospital zurück zur Cheltenham Terrace kommt man zunächst zur *St. Leonard's Terrace*, einer Straße, die parallel zur Royal Hospital Road verläuft. Hier wohnte im Haus Nummer 18, an dem sich auch eine Gedenktafel befindet, der aus Dublin stammende Bram Stoker, der Verfasser des Schauerromans *Dracula*. Diese Straße setzt sich fort in der Tedworth Street und dem anschließenden Tedworth Square, wo Mark Twain 1897 im Haus Nummer 23 (Tafel) wohnte. Der von Twain gegründete Verlag Webster & Co. war bald nach 1890 in Konkurs gegangen und hatte hohe Schulden hinterlassen. Twain fühlte sich verpflichtet, diese Schulden zurückzuzahlen, und so beschloß er, ein Buch zu schreiben und eine Vortragsreise zu unternehmen, deren Erlös ihm das nötige Geld einbringen sollte. 1895 trat er seine Reise an, und während seines anschließenden Aufenthalts in London schrieb er am Tedworth Square das Buch *Following the Equator (Am Äquator entlang)*. Es kam noch im selben Jahr, 1897, heraus, und die Einnahmen ermöglichten es Twain tatsächlich, Ende 1898 seine Schulden in vollem Umfang zu bezahlen.

Gleich um die Ecke, nämlich in 34 *Tite Street*, wohnte Oscar Wilde von seiner Eheschließung mit Constance Lloyd im Jahre 1884 bis zu seiner Verurteilung 1895, die seiner schriftstellerischen Tätigkeit ein Ende setzte. In diesem Haus, das ebenfalls durch eine Hinweistafel gekennzeichnet ist, entstanden die meisten von Wildes Werken, darunter die Märchensammlung *The Happy Prince (Der glückliche*

Prinz, 1888), der Roman *The Picture of Dorian Gray (Das Bildnis des Dorian Gray*, 1891), die Gesellschaftskomödien *Lady Windermere's Fan (Lady Windermeres Fächer*, 1892), *A Woman of No Importance (Eine Frau ohne Bedeutung*, 1893) und *An Ideal Husband (Ein idealer Gatte*, 1895) sowie das unsterbliche Stück *The Importance of Being Earnest (Bunbury oder die Bedeutung, Ernst zu sein*, 1895). Wilde, der das von dem Architekten Edward Godwin entworfene Haus in der Tite Street aus Verehrung für den englischen Romantiker »Keats House« nannte, schrieb darüber an einen Bekannten: »Die Gegend ist *gräßlich*, aber das Haus ist sehr hübsch.« William Butler Yeats, damals 23 Jahre alt, lernte den ebenfalls aus Dublin stammenden Wilde im Herbst 1888 kennen und wurde einige Monate später zum Weihnachtsessen in die Tite Street eingeladen. Wie man in seiner Autobiographie nachlesen kann, war er von Wildes Geschmack sehr beeindruckt.

»Er hatte ein weißes Eßzimmer, wie ich es noch nie gesehen hatte: Stühle, Wände, Kissen – alles weiß, aber in der Mitte des Tischs befand sich ein kleiner roter Aufsatz, auf dem eine rote Terracottaplastik stand, und darüber hing eine rote Lampe.«

Wildes Sohn Vyvyan Holland erinnerte sich später an seine Kindheit in 34 Tite Street:

»Rechts neben der Eingangstür befand sich das Zimmer meines Vaters mit einem Tisch, der einmal Thomas Carlyle gehört hatte Dort arbeitete er gewöhnlich. Dieser Raum war auf die Farben Rot und Gelb abgestimmt. Die Wände waren mattgelb gestrichen, die Holztäfelung rot lasiert, und in einer Ecke stand auf einer roten Säule eine Kopie des Hermes von Praxiteles. An den Wänden hingen einige kleine Bilder, ein Simeon Solomon, ein Monticelli und

Central Hall im Natural History Museum, South Kensington

Beardsleys wunderbare Zeichnung der Mrs. Patrick Campbell. Vor allem aber waren die Wände mit Bücherregalen bedeckt, in denen die griechischen und lateinischen Klassiker standen, französische Literatur und Widmungsexemplare zeitgenössischer Autoren. Es war ein ehrfurchtgebietender Raum, und er war sakrosankt. In seiner Nähe durfte keinerlei Lärm gemacht werden, und man mußte auf Zehenspitzen daran vorübergehen. Wenn mein Vater zu Hause war, durfte man den Raum nur mit seiner besonderen Einwilligung betreten, und selbst wenn er nicht da war, trug dieses Zimmer eine Art unsichtbares Verbotsschild, wonach uns der Eintritt nur in Begleitung eines Erwachsenen erlaubt war. Gelang es meinem Bruder und mir einmal, in dieses Allerheiligste vorzudringen, dann machten wir uns als erstes über den Papierkorb her auf der Suche nach Schätzen. Oft war der Korb halbvoll mit weggeworfenen Manuskriptseiten, um die sich Sammler heute wahrscheinlich prügeln würden. Und dann gab es da hübsche bunte Schachteln, in denen einmal Zigaretten waren und die herrlich erwachsen dufteten. Papierkörbe scheinen auf alle Kinder anziehend zu wirken...

Aus diesem Arbeitszimmer meines Vaters haben die Vandalen alles gestohlen, was ihnen in die Hände fiel, während mein Vater im Gefängnis saß und wir im Exil lebten.«

Tite Street führt zu dem längs der Themse verlaufenden Chelsea Embankment. Hier wenden wir uns nach rechts und kommen nach wenigen Schritten zu dem 1673 von der Gesellschaft der Apotheker angelegten Chelsea Physic Garden, einer Sammlung der verschiedensten Heilpflanzen. Wir setzen den Weg fort und erreichen *Cheyne Walk,* eine Straße, die vom Chelsea Embankment durch eine Grünanlage getrennt wird; auf ihrer rechten Seite reihen sich hohe, aus rotem Ziegelstein erbaute Wohnhäuser aus dem 18. Jahrhundert aneinander, jedes mit einem Vorgarten, den ein schmiedeeisernes Gitter zur Straße hin abschließt. Im Haus Nummer 4 (Tafel) wohnte George Eliot, die Verfasserin von *Middlemarch* und anderen Romanen, während der letzten Wochen vor ihrem Tod im Jahre 1880. Einige Häuser weiter, in Nummer 16 (Tafel), lebte von 1862 bis 1882 der Dichter und Maler Dante Gabriel Rossetti, der zur Bruderschaft der Präraffaeliten gehörte. Rossetti zog dort einige Monate nach dem Tod seiner Frau ein, die an einer Überdosis Laudanum gestorben war, einer Opiumtinktur, die man damals als schmerzstillendes Mittel verabreichte. Anfangs teilte er das Haus mit zwei Freunden, dem Dichter Algernon Swinburne und dem Romancier George Meredith, aber es kam bald zu Spannungen. Swinburne hatte die Angewohnheit, das Treppengeländer nackt hinunterzurutschen, wenn er betrunken war – was häufig vorkam. Meredith nahm daran ebenso Anstoß wie an anderen Formen häuslicher Unordnung: Rossetti entwickelte nämlich eine wahre Sammelwut und füllte das Haus mit alten Möbeln, Porzellan und japanischen Gegenständen aller Art. Im Garten hinter dem Haus unterhielt er außerdem eine exotische Menagerie, zu der unter anderem Pfauen, Zebus, Känguruhs, Gürteltiere, ein australisches Beuteltier und ein indischer Stier gehörten. Dieser Stier hatte es ihm besonders angetan, da ihn dessen Augen, wie er sagte, an die von Jane Morris erinnerten. Jane, die mit William Morris verheiratet war, hat Rossetti und anderen präraffaelitischen Malern oft Modell gesessen.

In der kleinen Grünanlage zwischen Cheyne Walk und Embankment steht ein Trinkwasserbrunnen mit einem Bronzeporträt Rossettis, das dessen Freund Ford Madox

Brown, ebenfalls ein Mitglied der Präraffaelitischen Bruderschaft, geschaffen hat. Der Besucher geht nun in westlicher Richtung weiter und erreicht die Kreuzung mit der Oakley Street, die links zur Albert Bridge führt; danach setzt sich Chelsea Embankment, von Cheyne Walk wiederum durch Büsche und Bäume getrennt, fort. Diese Uferpartie an der Themse ist die Szene einer kleinen Episode in Samuel Becketts frühem Roman *Murphy*:

»Celias Ziel war klar: das Wasser. Die Versuchung hineinzugehen, war mächtig, aber sie schob sie beiseite. Es war noch nicht an der Zeit. Sie ging bis etwa halbwegs zwischen der Battersea- und Albert-Bridge und setzte sich auf eine Bank zwischen einen Chelsea-Invaliden und einen Eldoradoeisverkäufer, der von seinem unbarmherzigen Dreirad abgesessen und für ein Weilchen in Abrahams Schoß versunken war. Allerlei Künstler, Schriftsteller, Schreiberlinge, Neger in allen Farbtönen, Feuilletonisten, Musiker, Chansonniers, Organisten, Maler und Dekorateure, Bildhauer und -schnitzer, Kritiker und Rezensenten, bedeutende und unbedeutende, betrunkene und nüchterne, lachende und weinende, in Gruppen und allein, gingen auf und ab. Eine Flotille von Kähnen, die mit buntem Altpapier hoch beladen vor Anker oder im Schlick lagen, winkte ihr übers Wasser zu. Ein Schornstein verbeugte sich vor der Battersea Bridge. Ein Schlepper und eine Schute schwammen nebeneinandergekoppelt, glücklich schäumend aus der Reach. Der Eldoradoeisverkäufer war nur ein Häufchen Schlaf, der Chelsea-Invalide riß an seinem scharlachroten Waffenrock und rief: ›Zum Teufel mit diesem Wetter, ich werde es nie vergessen.‹ Die Glocke der alten Kirche von Chelsea knurrte grimmig zehn Uhr.«

Etwa auf halbem Weg zwischen den beiden Brücken

steht in der schmalen Grünanlage ein Denkmal, das den in ein Buch vertieften Literaten und Gelehrten Thomas Carlyle darstellt. In der Straße, die hier von Cheyne Walk abbiegt, nämlich in 24 *Cheyne Row*, lebte der aus Schottland stammende »Weise von Chelsea« mit seiner Frau Jane seit 1834, dem Jahr ihrer Ankunft in London, und hier starb er 1881. Das Haus, das heute dem National Trust gehört, kann besichtigt werden. Carlyle, der ein Bewunderer Goethes war und dessen *Wilhelm Meister* ins Englische übertrug, hat ein umfangreiches Werk hinterlassen, darunter eine Schiller-Biographie und eine Biographie Friedrichs des Großen. Er war ein schwieriger Mensch, dessen Stimmungen zwischen äußerster Reizbarkeit und tiefer Niedergeschlagenheit schwankten. Besonders empfindlich war er gegen Geräusche, und die Papageien eines Nachbarn, »diese dämonischen Vögel«, wie er sie nannte, machten ihm sehr zu schaffen. So entschloß er sich, im Dachgeschoß einen Raum einrichten zu lassen, »mit Oberlicht, etwa dreißig mal dreißig Fuß und mindestens elf Fuß hoch; mit Doppeltüren und Doppelfenstern, so daß kein Geräusch eindringen kann; kurz, wo man mit sich und der Arbeit allein ist«. Nach Abschluß der Bauarbeiten stellte sich jedoch heraus, daß die gewünschte Stille nicht eintrat, und in seinen Lebenserinnerungen klagt Carlyle: »Mein berühmtes neues ›Studierzimmer‹ erwies sich als völlig unbewohnbar und insgesamt als zutiefst verabscheuungswürdiges und verachtenswertes Beispiel handwerklicher Arbeit.«

In einer parallel zu Cheyne Row verlaufenden Straße, in 16 *Lawrence Street* (Tafel) wohnte Tobias Smollett, der Verfasser satirischer Romane, von 1750 bis 1762. In diesem Haus entstanden *Peregrine Pickle* (1751), *Ferdinand Count Fathom* (*Ferdinand Graf Däumling*, 1753) und der weniger erfolgreiche *Sir Launcelot Greaves* (1760-62). In dem 1771 veröffentlichten Roman *Humphrey Clinker* läßt Smollett, der in jüngeren Jahren Schiffsarzt war und zu Übellaunigkeit neigte, seinen Erzähler einige unzufriedene Bemerkungen über das Leben im damaligen London machen, zum Beispiel über das, was ihm an Getränken zur Auswahl steht:

»Will ich Wasser trinken, so muß ich entweder den trüben Inhalt einer offenen Leitung schlucken, die jeder nur denkbaren Verschmutzung ausgesetzt ist, oder das zu mir nehmen, was aus der Themse kommt und den Unrat von ganz London und Westminster enthält. Dabei gehören menschliche Ausscheidungen noch zu den harmloseren Stoffen in diesem Gemisch, das sich aus all den Wirkstoffen, Mineralen und Giften zusammensetzt, die in Werkstätten und Manufakturen verwendet werden, angereichert durch verwesende tierische und menschliche Kadaver und versetzt mit den Abwässern sämtlicher Waschzuber, Traufen und Rinnsteine innerhalb des Gebiets, für das ein amtliches Sterberegister geführt wird.

Das also ist der labende Trank, den die Londoner als das beste Wasser von der Welt preisen. Was nun das berauschende Getränk betrifft, das man hier als Wein verkauft, so handelt es sich dabei um ein übles, ungenießbares, ja gefährliches Gebräu, gepanscht mit Apfelwein, Kornbrand und Schlehensaft. In einem Prozeß gegen einen Fuhrmann, der ein Faß Portwein beschädigt hatte, kam durch die Aussage des Küfners zutage, daß in dem Hundert-Gallonen-Faß kaum mehr als fünf Gallonen echter Wein waren, und selbst der war schon von dem Händler in Porto verdünnt und verschnitten worden.«

Ebenfalls in Lawrence Street, an der Ecke zu Cheyne Walk, wohnte der Romancier Henry James von 1912 bis zu seinem Tod im Jahre 1916. James liebte komplexe, nuancenreiche Sätze, was in Gesprächen bisweilen zu einer gewissen Weitschweifigkeit führte. Die amerikanische Autorin Edith Wharton, die den alternden Meister öfters besuchte, erzählt in *A Backward Glance (Ein Blick zurück)* folgende Anekdote über James' Versuch, sich auf der abendlichen Rückfahrt mit dem Auto von Rye, seinem Wohnsitz an der Küste, zu Freunden in Windsor zu orientieren:

»Während ich noch zögerte und in die Dunkelheit blinzelte, hatte James einen alten, zittrigen Mann erspäht, der im Regen stehengeblieben war und uns anstarrte.

›Warten Sie, meine Liebe, ich werde ihn fragen, wo wir hier sind‹, und er lehnte sich hinaus und machte dem Mann ein Zeichen.

›Kommen Sie doch bitte mal näher, guter Mann – noch etwas näher – ja, so‹, und als der alte Mann herangekommen war: ›Ich will es kurz machen, mein Freund: Diese Dame und ich kommen gerade aus Slough – oder um es genauer zu sagen: auf unserem Weg von Rye hierher nach Windsor (Rye war nämlich unser Ausgangspunkt) sind wir vor kurzem durch Slough gefahren. Nun ist die Dunkelheit hereingebrochen, und wir wären Ihnen deshalb sehr zu Dank verpflichtet, wenn Sie uns sagen könnten, wie man von hier aus, sagen wir, in die High Street gelangt, die ja, wie Sie wissen, zum Schloß führt, nachdem sie dort, wo es links zum Bahnhof geht, eine Kurve beschrieben hat.‹

Daß diese sonderbare Frage mit Schweigen und einem Ausdruck von Ratlosigkeit in dem runzligen alten Gesicht an der Wagentür beantwortet wurde, überraschte mich genausowenig wie der Umstand, daß James fortfuhr: ›Kurzum‹ (sein übliches Präludium zu weiteren langatmigen Erklärungen), ›kurzum, guter Mann, was ich mit einem

Charing Cross Station und Villiers Street

Wort von Ihnen wissen möchte, ist dies: Gesetzt den Fall, daß wir (wie ich anzunehmen geneigt bin) bereits die Kurve passiert haben, bei der man zum Bahnhof abbiegt (der in unserem Fall, nebenbei bemerkt, rechts und nicht links liegt), wie kommen wir dann von hier aus ...‹

›Oh, bitte‹, unterbrach ich, da ich sicher war, eine weitere Parenthese nicht überstehen zu können, ›fragen Sie ihn einfach, wo die King's Road ist.‹

›Ach? Die King's Road? Richtig! Also, guter Mann, können Sie uns wohl sagen, wie man von hier aus zur King's Road kommt?‹

›Aber das ist sie doch‹, sagte das greise Gesicht am Fenster.«

Kehrt man zum Themseufer zurück und folgt Cheyne Walk weiter flußaufwärts, so erreicht man *Lots Road.* Mit besonderen Sehenswürdigkeiten darf man dort allerdings nicht rechnen, wie die folgende Szene aus Arnold Bennetts Sammlung von Städtebildern, *Paris Nights (Pariser Nächte,* 1913), deutlich macht:

»Vermutlich gibt es anderswo Straßen, die genauso häßlich, so ganz und gar unromantisch sind wie Lots Road in Chelsea, aber in London gibt es gewiß nichts, das deprimierender wäre. Schon bevor ich diese Straße erreichte, nahm ich eine ganze Weile ein vibrierendes Summen wahr, das immer lauter wurde, je näher ich kam. Schließlich erreichte ich ein riesiges Gebäude, das mir ganz unbekannt war – ich hatte nicht geahnt, daß es da so etwas gab – ein Gebäude, das wohl zu den größten in London gehört, ein Bau aus rotem Ziegelstein von grandioser architektonischer Wirkung, ein überwältigender Anblick, eins von diesen Bauwerken, die der Mensch errichtet, um sich selbst zu zeigen, wie klein und unbedeutend er ist. Ich verabscheue es, jemanden auf der Straße anzusprechen, aber Neugier angesichts von etwas Unbekanntem überwindet, wie die Liebe, jede Abscheu.

›Das da?‹ sagte der Milchmann mürrisch. ›Das ist der Generator für die elektrischen Eisenbahnen.‹

›Welche Eisenbahnen?‹ fragte ich.

›Na, alle‹, entgegnete er. ›Da sind schon mehr als sechzig Männer ums Leben gekommen.‹«

Wer sich den Gang bis zur Lots Road also ersparen will, sollte durch die Lawrence Street und die anschließende Bramerton Street zur King's Road zurückkehren, wo es Busse gibt, die einen ins Zentrum zurückbringen.

5. OXFORD STREET UND HYDE PARK

Tottenham Court Road
Oxford Street
Berners Street
Hanover Square

Holles Street
Cavendish Square
Wimpole Street
Marylebone Street
Baker Street

New Bond Street
Oxford Street
Marble Arch
Seymour Street
Montagu Square
Hyde Park

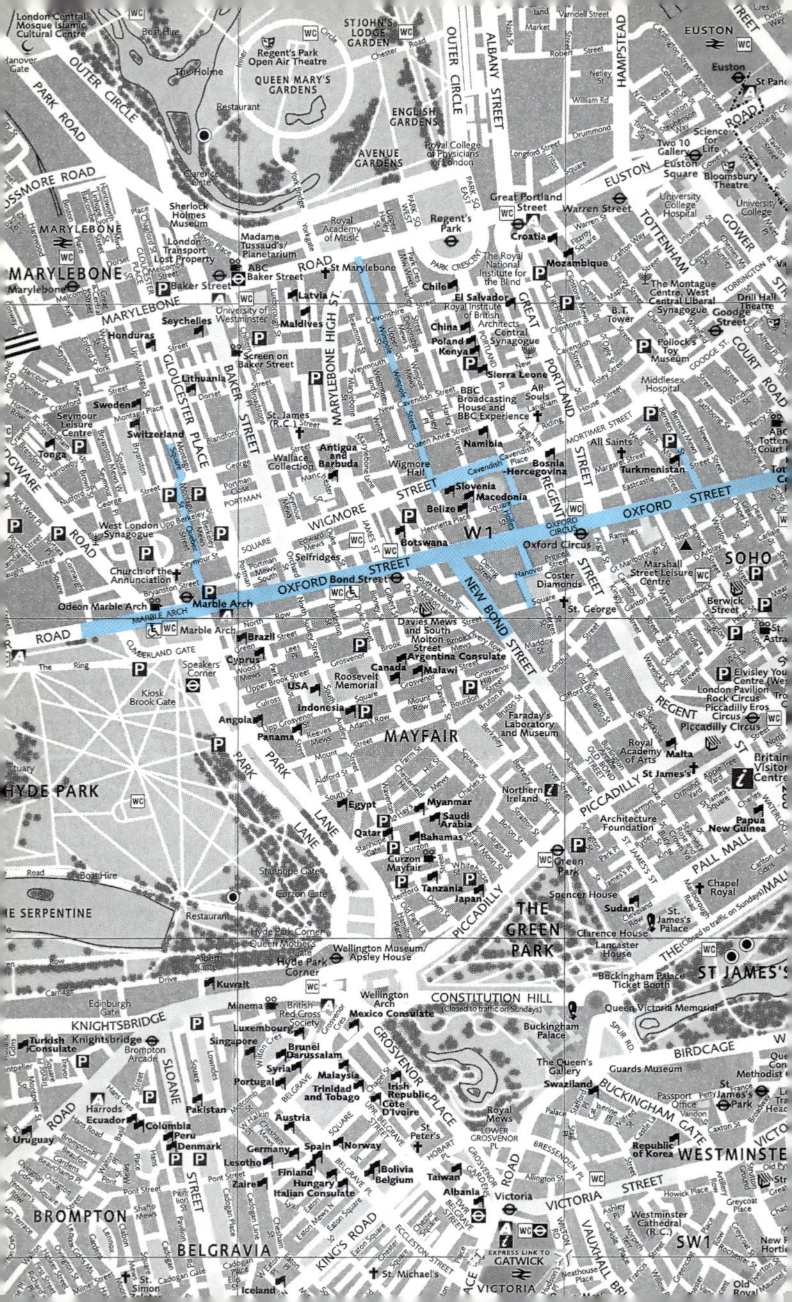

London Central Mosque Islamic Cultural Centre
Regent's Park Open Air Theatre
QUEEN MARY'S GARDENS
ST JOHN'S LODGE GARDEN
ENGLISH GARDENS
AVENUE GARDENS
Royal College of Physicians of London
OUTER CIRCLE
ALBANY STREET
HAMPSTEAD
EUSTON
Euston
Euston Square
ROAD
Science for Life
Two 10 Gallery
Bloomsbury Theatre
University College Hospital
University College
GOWER
TOTTENHAM
Great Portland Street
Warren Street
Regent's Park
Royal Academy of Music
Madame Tussaud's/ Planetarium
Sherlock Holmes Museum
London Transport Lost Property
MARYLEBONE
Marylebone
Baker Street
MARYLEBONE ROAD
St Marylebone
University of Westminster
The Royal National Institute for the Blind
Royal Institute of British Architects
Central Synagogue
The Montague Centre, West Central Liberal Synagogue
B.T. Tower
Drill Hall Theatre
Goodge Street
Pollock's Toy Museum
Middlesex Hospital
Croatia
Mozambique
Chile
El Salvador
Latvia
Maldives
Seychelles
Honduras
China
Poland
Kenya
Sierra Leone
Lithuania
Sweden
Switzerland
Tonga
Screen on Baker Street
GLOUCESTER PLACE
BAKER STREET
MARYLEBONE HIGH ST.
BBC Broadcasting House and BBC Experience
All Souls
All Saints
Turkmenistan
GREAT PORTLAND STREET
St. James's (R.C.)
Wallace Collection
Antigua and Barbuda
Wigmore Hall
Namibia
Bosnia Hercegovina
Slovenia
Macedonia
Belize
Botswana
WIGMORE STREET
West London Synagogue
Church of the Annunciation
Selfridges
OXFORD STREET
Bond Street
Oxford Circus
REGENT STREET
W1
SOHO
Marshall Street Leisure Centre
Coster Diamonds
St. George
Berwick Street
Odeon Marble Arch
Marble Arch
MARBLE ARCH
ROAD
Brazil
Cyprus
Speakers' Corner
Davies Mews and South Molton Street
Argentina Consulate
Canada
Malawi
Roosevelt Memorial
USA
Indonesia
Angola
Panama
NEW BOND STREET
Faraday's Laboratory and Museum
MAYFAIR
Royal Academy of Arts
Malta
London Pavilion Rock Circus
Piccadilly Circus
Elvisley Youth Centre
Kiosk Brook Gate
HYDE PARK
PARK LANE
Egypt
Myanmar
Saudi Arabia
Qatar
Bahamas
Curzon Mayfair
Tanzania
Japan
Northern Ireland
PICCADILLY
St James's
Architecture Foundation
Papua New Guinea
PALL MALL
Green Park
Chapel Royal
Spencer House
Sudan
St. James's Palace
Clarence House
Lancaster House
THE GREEN PARK
ST JAMES'S
THE SERPENTINE
Boat Hire
Restaurant
Stanhope Gate
Curzon Gate
Hyde Park Corner
Wellington Museum/ Apsley House
Kuwait
Wellington Arch
CONSTITUTION HILL
(Closed to traffic on Sundays)
Buckingham Palace Ticket Booth
Queen Victoria Memorial
Buckingham Palace
Minema
British Red Cross Society
Mexico Consulate
KNIGHTSBRIDGE
Knightsbridge
Turkish Consulate
Brompton Arcade
Singapore
Luxembourg
Brunei Darussalam
Syria
Malaysia
Portugal
Trinidad and Tobago
Irish Republic
Cote D'Ivoire
The Queen's Gallery
Guards Museum
Swaziland
BIRDCAGE
BUCKINGHAM GATE
St. James's Park
SLOANE STREET
GROSVENOR PLACE
Pakistan
Harrods
Ecuador
Columbia
Peru
Denmark
Uruguay
Austria
Germany
Spain
Norway
Royal Mews
St. Peter's
Lesotho
Finland
Zaire
Hungary
Italian Consulate
Bolivia
Belgium
Taiwan
Albania
Victoria
VICTORIA STREET
Republic of Korea
WESTMINSTER
Westminster Cathedral (R.C.)
SW1
BROMPTON
BELGRAVIA
KING'S ROAD
St. Michael's
Iceland
St. Simon
EXPRESS LINK TO GATWICK
VICTORIA
VAUXHALL BR.

Oxford Street [Foto S. 113] ist buchstäblich eine Einkaufsmeile, denn sie reicht über reichlich anderthalb Kilometer von der Tottenham Court Road bis Marble Arch an der nordöstlichen Ecke des Hyde Park. John Wilson Croker sah die Anfangs- und Endpunkte freilich etwas anders, als er um 1825 die spöttischen Verse schrieb:

> Thou lengthy street of ceaseless din,
> Like culprit's life extending,
> In famed St Giles's doth begin,
> At fatal Tyburn ending.

Unser Bummel über die Oxford Street, an der sich einige der größten Kaufhäuser Londons finden, beginnt an ihrem östlichen Ende bei der U-Bahnstation *Tottenham Court Road.*

Die Kauf- und Schaulustigen drängen sich hier zu jeder Jahreszeit, und obwohl die Oxford Street für den öffentlichen Verkehr gesperrt ist, kommen die Busse und Taxis oft nur im Schrittempo voran. Das war nicht viel anders, als Sophie von La Roche London besuchte. 1786 schrieb die Schriftstellerin nach Hause:

»Abends gingen wir in der schönen Oxford-Straße auf und ab spazieren; denn man sieht immer gewisse Waren bei der Beleuchtung in mehrerem Glanz. Denkt euch aber, liebe Kinder! eine, einer halben Stunde lange, mit doppelten Reihen hellglänzender Laternen besetzte Straße, in deren Mitte eine eben so lange Reihe recht schön lackierter Lehnwagen stehen, neben welchen auf beiden Seiten genug Platz ist, daß noch zwei Kutschen einander ausweichen können... Man trifft bis 11 Uhr nachts immer so viele Menschen auf dieser Straße als in Frankfurt während der Messe, ohne das ewige Rollen der Kutschen zu berechnen.«

Auch für Henry James hatte die Oxford Street mit ihren hell erleuchteten Geschäften einen besonderen Reiz. In *English Hours (Erinnerungen an England)* bekennt er:

»Das Strahlen der Schaufenster im Nebel weckt in mir auch heute noch Erinnerungen an das Glück der Kindheit, an die Vorfreude auf Weihnachten oder an Streifzüge während der Ferien. Jedes Fenster erscheint mir dann als eine kleine Welt aus Licht und Wärme, und noch immer vertrödle ich meine Zeit gerne damit, die Auslagen zu betrachten, das schmutzige Bloomsbury auf meiner einen Seite und das noch schmutzigere Soho auf der anderen.«

Oxford Street, schon in römischer Zeit Teil einer wichtigen Verkehrsverbindung zur englischen Ostküste, wurde in der zweiten Hälfte des 18. Jahrhunderts ausgebaut. Als der Pädagoge und Verleger Joachim Heinrich Campe im Jahre 1800 London besuchte, war er beeindruckt von ihren Ausmaßen.

»Durch die vortrefflichen Fußwege, welche London in allen seinen schön gepflasterten und breiten Straßen zieren, unterscheidet sich diese Stadt von jeder anderen meiner Bekanntschaft ohne Ausnahme; denn so breit, so bequem und so wohl unterhalten fand ich dergleichen Fußwege nirgends. In den meisten Straßen können auf denselben vier bis sechs Personen neben einander gehen oder einander bequem ausweichen. (In der Oxfordstraße z. B., einer der längsten in London, sind die Fußwege auf beiden Seiten acht bis zehn Fuß breit, und zwischen ihnen können nicht weniger als sieben bis acht Wagen neben einander fahren oder einander ausweichen. Das Pflaster dieser einzigen Straße soll nicht weniger als 300 000 Rthlr. gekostet haben.

Oxford Street

Das mittlere Straßenpflaster zwischen den Fußwegen besteht auch hier, wie in Paris, aus Steinen gleicher Größe, welche reihenweise gelegt sind, und wohl aneinander passen.) Ja man findet verschiedene Verbindungsstraßen, wodurch Hauptstraßen zusammenhängen, welche mit großen Steinplatten ganz und gar belegt und völlig so eben sind, als der Fußboden eines Zimmers. Diese Fußwege sind, nicht bloß der großen Bequemlichkeit, sondern auch der Sicherheit wegen, welche sie den Fußgängern gewähren, eine unbeschreiblich große Wohltat für eine Stadt, in welcher hunderttausend Wagen und Karren unaufhörlich durch alle Straßen, und zwar oft so dicht nebeneinander rollen, daß die Straßen in ihrer ganzen Breite damit überdeckt sind. Wie würden ohne dergleichen Fußwege, welche gegen die Gefahr übergefahren zu werden sichern, jene hunderttausend Fußgänger, die man sicher zu jeder Stunde des Tages auf den Straßen von London aneinander vorbeidrängen sieht, es anfangen, um der zahllosen Menge von Kutschen, Frachtwagen, Postkutschen, Karren und andern zweirädrigen Fuhrwerken, die in ununterbrochenen Reihen hintereinander auf und niederrollen, auszuweichen?«

Franz Grillparzer, der österreichische Dramatiker, war dagegen zurückhaltender in seinem Urteil, als er 1836 in sein Tagebuch schrieb: »Oxford Street fand ich recht schön, aber die Boulevards von Paris wog es nicht auf.«

In *Berners Street*, die rechts von der Oxford Street abzweigt, wohnte 1812-16 der Romantiker Samuel Taylor Coleridge bei einer befreundeten Familie im Haus Nummer 71, das seither jedoch umgebaut worden ist. Jenseits des Oxford Circus, wo sich Oxford Street und Regent Street kreuzen, liegt linker Hand *Hanover Square*, den man über Harewood Place erreicht.

In der im frühen 18. Jahrhundert erbauten Kirche St. George's, Hanover Square, wurden mehrere »literarische« Ehen geschlossen: Percy Bysshe Shelley, der hitzköpfige Romantiker, heiratete hier 1814 die 16jährige Harriet Westbrook, mit der er kurz zuvor in Schottland durchgebrannt war, was zum Bruch zwischen Shelley und seiner Familie führte. Zwar hatte schon in Schottland eine Trauung stattgefunden, aber deren Gültigkeit stand in Zweifel, so daß es in St. George's zu einer zweiten Eheschließung kam. Dennoch hielt die Ehe nicht sehr lange. Nachdem Harriet ihm zwei Kinder geboren hatte, fand Shelley, sie sei »ziemlich gealtert«, und verließ sie, um mit der ebenfalls 16jährigen Mary Godwin nach Italien zu gehen. Als Harriet sich 1816 im Hyde Park ertränkte, heiratete er prompt Mary, die spätere Verfasserin des Romans *Frankenstein*. Die anderen Ehepaare waren Benjamin Disraeli, der sich als Romancier und als Staatsmann einen Namen machte, und Mrs. Wyndham Lewis (1834); Marian Evans, die als Romanautorin unter dem Pseudonym George Eliot bekannt wurde, und John Cross (1880); ferner der Schriftsteller John Galsworthy und Ada Galsworthy (1904).

Gegenüber von Harewood Place auf der Nordseite von Oxford Street gelangt man durch die *Holles Street* zum *Cavendish Square*. An der zur Holles Street liegenden Seite des Kaufhauses John Lewis erinnert ein Bronzemedaillon daran, daß der Dichter Lord Byron in einem Haus, das an dieser Stelle stand, 1788 geboren wurde. In seinem Versepos *Don Juan* nennt Byron seine Geburtsstadt einen »erquicklichen Ort, an dem sich tagtäglich jedes erdenkliche Unheil zusammenbraut, das einem jungen Heißsporn in seinem stürmischen Drang widerfahren kann«. Rund um Cavendish Square und in der benachbarten Harley Street finden sich zahlreiche, z. T. sehr renommierte Arztpraxen. Der Sonderling Silas Wegg, eine der Hauptfiguren in Charles Dickens' Roman *Our Mutual Friend* (*Unser gemeinsamer Freund,* 1865), begann seine Karriere in dieser Gegend als Straßenhändler:

»Gegenüber einem Londoner Haus, einem Eckhaus unweit von Cavendish Square, saß seit einigen Jahren ein Mann mit einem Holzbein, der sein gesundes Bein bei kaltem Wetter in einen Korb stellte und auf die folgende Art seinen Lebensunterhalt verdiente: Jeden Morgen um acht Uhr humpelte er zu seiner Ecke und schleppte dabei einen Stuhl, einen Kleiderständer, zwei Gestelle, ein Brett, einen Korb und einen Regenschirm mit sich, alles mit einer Schnur zusammengebunden. Wenn er diese aufband, wurde aus dem Brett und den Gestellen ein Verkaufstisch, der Korb lieferte kleine Portionen Obst und Süßigkeiten, die er zum Verkauf anbot, und wurde alsdann zum Fußwärmer; an dem aufgeklappten Kleiderständer hingen Moritatenblätter zu einem halben Penny, die ihm zugleich als Windschutz dienten, und mittendrin saß er dann den Tag über auf seinem Hocker. Der Mann war bei jeglichem Wetter auf seinem Posten anzutreffen. Regnete es, so breitete er seinen Schirm nicht über sich, sondern über seine Ware; und war es trocken, so rollte er dieses Gerät auf, band es mit einem Stück Schnur zusammen und legte es unter seinen Tisch, wo es wie ein riesiger, überzüchteter Salatkopf aussah, dem an Farbe und Festigkeit verlorengegangen war, was er an Größe gewonnen hatte.«

Über die Warenangebote einer späteren Zeit in diesem Teil der Stadt schrieb Wolfgang Koeppen 1958:

»In einem Warenhaus in Oxford Street sah ich künstliche Palmen und künstliche Seerosen und exotische Teiche aus allerlei Kunststoff auf ihre Käufer warten, und ich fragte mich, ob altgediente Colonels des Indischen Heeres sich zu Hause nun Urwaldzimmer einrichten, merkwürdig grün, gespenstisch blau und dämonenweiß. Auch künstliche Affen kann man erwerben und ausgestopfte Elefanten und lebende Löwen und echte Safariausrüstungen, gefährliche Großwildbüchsen und Behaglichkeit für ein Camping an den Polen. In der berühmten Bond Street steht ein Pferd in einem Schaufenster für Kinderkleidung, Publicschool-Mützen und -Schlipse und Internatshüte sind dazu geschaffen, in den Sattel zu heben, aufs hohe Roß zu setzen, aber die Rosinante des Geschäftsmannes wirkte schon gramzerfressen. Der Geschmack alten Reichtums herrscht, wenn er zuweilen auch nach dem neuen Reichtum Amerikas schielt, eine Vorliebe für das Solide und Diskrete, das Renommee eines Geschäftes scheint oft nicht seine Auslage, sondern etwas, das man wissen muß, zu sein, nämlich, daß George Brummell hier schon kaufte oder der siebente Eduard, in manchen Stücken funkelt der Glanz der Sage, diese Brillanten sollen die schönsten aus Sir Ernest Oppenheimers afrikanischen Minen sein und jene Saphire und Smaragde aus der Schatzkammer eines Märchenfürsten kommen. Bewacht werden die Läden, wie man zunächst meint, vom englischen Heer persönlich, die Portiers sind ehemalige Unteroffiziere in sehr echt wirkenden Uniformen, und sie versehen mit ihren Orden geschmückt nun einen Dienst, der sie offensichtlich zu Verteidigern der Gesellschaft macht.«

Man kann nun von Cavendish Square aus einen kleinen Gang nach Norden unternehmen, die Harley Street oder besser noch die parallel dazu verlaufende Wimpole Street hinauf. Man kommt dann zum *Devonshire Place*, wo Arthur Conan Doyle, der Autor der Sherlock Holmes-Geschichten, im Haus Nummer 2 eine Augenarzt-Praxis eröffnete und seine schriftstellerische Karriere begann. In seinen Memoiren (1924) erinnert er sich:

»Ich suchte nach Räumen für eine Praxis und fand bald etwas Geeignetes in 2 Devonshire Place, am einen Ende der Wimpole Street gelegen und unweit der berühmten Harley Street. Für £120 Jahresmiete bekam ich dort ein zur Straße gelegenes Behandlungszimmer und ein Wartezimmer. Wie ich bald feststellte, waren es beides Wartezimmer, und heute weiß ich, daß es gut so war.

Morgens verließ ich unsere Wohnung am Montagu Place und erreichte um 10 Uhr meine Praxis. Dort saß ich bis drei oder vier Uhr, ohne daß meine Ruhe je von einem Klingeln gestört wurde. Kann man sich bessere Bedingungen für das Nachdenken und Schreiben wünschen? Sie waren geradezu ideal, und während der völlige Mißerfolg in meinem Arztberuf andauerte, konnte ich mich ganz meiner literarischen Zukunft widmen.«

Freunde der Sherlock Holmes-Abenteuer können sich von hier aus nach Westen wenden und zur Baker Street gehen. Die legendäre Hausnummer 221B war die Adresse des großen Detektivs, und heute befindet sich dort ein Sherlock Holmes-Museum. Von hier kann man über die Baker Street zur Oxford Street zurückkehren.

Wer den Abstecher nach Norden nicht gemacht hat, kann statt dessen von der Oxford Street aus nach Süden gehen und sich in die *Bond Street* begeben. Seit jeher ist diese Straße mit ihren oft unscheinbar wirkenden Geschäften ein Inbegriff von Luxus und Verschwendung. (Gleichwohl, das sei am Rande vermerkt, starb Lawrence Sterne im Februar 1768 im Hause 41 Old Bond Street einsam und in

Armut. Noch während er in den letzten Zügen lag, soll das Hauspersonal ihm seine goldenen Manschettenknöpfe abgenommen haben.) Virginia Woolf beschreibt in einer kleinen Erzählung, die eine Art Vorstudie zu ihrem späteren Roman *Mrs. Dalloway* war, welche Gedanken Clarissa Dalloway durch den Kopf gehen, während sie die Bond Street hinunterschlendert:

»Vor hundert Jahren war ihr Ururgroßvater, Seymour Parry, der mit Conways Tochter durchbrannte, Bond Street hinunter gegangen. Die Bond Street hinunter waren die Parrys hundert Jahre lang gegangen und hätten den Dalloways (Leighs mütterlicherseits) begegnen können, die sie heraufkamen. Dort lag ein Tuchballen im Fenster, und hier stand nichts als ein Krug auf einem schwarzen Tisch, unglaublich teuer; wie der dicke rosa Lachs auf dem Eisblock beim Fischhändler. Der Schmuck war hervorragend – rosa und orangene Sterne, Similisteine, spanisch, dachte sie, und Ketten aus Altgold; Sternenschnallen, kleine Broschen, die von Ladys mit hohen Frisuren auf meergrünem Satin getragen worden waren. Besser gar nicht hinsehen! Man muß sparen. Sie mußte an der Gemäldehandlung vorbei, wo eins dieser komischen französischen Bilder hing, so als hätten die Leute zum Spaß mit Konfetti – rosa und blau – um sich geworfen. Wenn man sein Leben mit Bildern zugebracht hat (und bei Büchern und Musik ist es das gleiche), dachte Clarissa, als sie an der Aeolian Hall vorüber kam, fällt man auf einen bloßen Spaß nicht herein.«

Zu Anfang des Romans *The Golden Bowl* (*Die goldene Schale*, 1909) von Henry James unternimmt Fürst Amerigo einen Spaziergang durch die Straßen des West End,

»und durch Zufall war er in die Bond Street gelangt, wo seine Phantasie, der das Naheliegende genügte, ihn ab und zu veranlaßte, vor einem Schaufenster stehenzubleiben. Allerhand nützliche und unnütze Gegenstände, plump aber aus massivem Silber und Gold in Formen, die Edelsteine zur Geltung bringen, oder aus Leder, Stahl und Messing, lagen dort so achtlos aufgehäuft, als wären es Beutestücke aus Siegen, die das Empire in fernen Ländern errungen hatte.«

Die westliche Hälfte der Oxford Street ist literarisch nicht sehr ergiebig. Erst wenn man *Marble Arch* erreicht, stellen sich wieder Bezüge zu Autoren und ihren Werken her. So findet man gleich hinter Marble Arch und parallel zur Oxford Street verlaufend *Seymour Street*, wo am Haus Nummer 30 eine Gedenktafel darauf hinweist, daß hier für kurze Zeit Edward Lear wohnte, der uns als Verfasser von Nonsens-Gedichten und Limericks wie diesem in Erinnerung ist:

Gelobt sei der Bischof von Lincoln!
Auf seinem gewaltigen Zinken
blies er Posaune.
Bei heiterster Laune
hielt er die Bürger von Lincoln.

Weniger bekannt ist, daß Lear auch Zeichner und Maler war, und die Wohnung in Seymour Street hatte er genommen, weil sie in der Nähe des Zoos im Regents Park liegt, wo er im Auftrag der Königlich Zoologischen Gesellschaft Papageien malte. Ein Stück weiter nördlich von Seymour Street liegt *Montagu Square*, wo im Haus Nummer 39 (Gedenktafel) der Romancier Anthony Trollope bis zu seinem Tod im Jahre 1882 wohnte. Nachdem er mit einer Reihe von Romanen bekannt geworden war, die das Land- und Kleinstadtleben in einer fiktiven Grafschaft Barsetshire schildern, wandte er sich am Montagu Square politischen und sozialkritischen Romanen zu, darunter *The Way We*

Madame Tussaud's Wachsfigurenkabinett

Live Now (*Wie wir heute leben*, 1875). In seiner Autobiographie erinnert sich Trollope:

»Anfang 1873 bezog ich ein Haus am Montagu Square, wo ich nun zu leben und zu sterben hoffe. Unsere erste Arbeit nach dem Einzug bestand darin, neue Regale für die Bücher aufzustellen, die ich in Waltham um mich versammelt hatte. Nur wer es selber durchgemacht hat weiß, wie groß die Mühe ist, einige tausend Bücher zu verpacken und wieder einzuräumen. Zur Zeit besitze ich etwa 5000 Bände, und sie sind mir teurer als meine Pferde und als der Wein in meinem Keller, obwohl ich auch auf diese stolz bin.«

Etwa dort, wo heute Marble Arch steht, befand sich in früheren Jahrhunderten Tyburn, die öffentliche Richtstätte, wo bis 1783 ein Galgen stand. Hinrichtungen waren lange Zeit eine Art Volksbelustigung. Henry Fielding, der Verfasser von Romanen wie *Tom Jones*, daneben aber auch Magistratsrichter war, bemerkte deshalb in seiner »Untersuchung über die Ursachen der jüngsten Zunahme der Räuberei« 1751 kritisch: »Der Tag, den das Gesetz für die Schande des Diebes bestimmt, ist in seinen Augen der Tag seines Triumphs. Seine Prozession nach Tyburn und seine letzten Augenblicke dort sind durchaus triumphal, begleitet vom Mitleid der Schwachen und Weichherzigen und vom Beifall und der neidvollen Bewunderung der Frechen und Hartgesottenen.« Samuel Pepys ließ es sich etwas kosten, um eine Hinrichtung aus der Nähe sehen zu können. Am 21. Januar 1664 schrieb er in sein Tagebuch: »Für einen Schilling bekam ich einen Stehplatz auf dem Rad eines Karrens, verharrte dort eine Stunde, bis es zur Exekution kam. Sehr schmerzhaft. Er zögerte die Sache mit langen Reden und einem Gebet nach dem andern hinaus in der Hoffnung auf Begnadigung. Diese blieb aber aus, und endlich stieß man ihn von seinem Brett.« James Boswell sah zu, wie der Straßenräuber Paul Lewis im Mai 1763 gehängt wurde, und notierte: »Ich war zutiefst entsetzt und verfiel in tiefe Melancholie.«

Nahe bei Marble Arch befindet sich Speakers' Corner [Foto S. 125], wo seit dem Ende des vorigen Jahrhunderts Sonntagsredner das Recht der freien Rede genießen, vorausgesetzt, ihre Äußerungen sind nicht obszön, blasphemisch oder aufrührerisch. Unter der Überschrift »Wie ich ein öffentlicher Redner wurde« schrieb Bernard Shaw 1949:

»Eine meiner besten Reden habe ich bei strömendem Regen im Hyde Park gehalten – vor sechs Polizisten, die den Auftrag hatten, mich zu überwachen, und beschirmt vom Vorsitzenden der Gesellschaft, die mich um diese Rede gebeten hatte. Ich nahm mir vor, diese Polizisten zu überzeugen, aber da sie nur im dienstlichen Auftrag anwesend waren, hörten sie mir gar nicht mehr zu, nachdem sie sich vergewissert hatten, daß ich harmlos war. Mehr als eine Stunde lang habe ich auf sie eingeredet. Wenn ich die Augen schließe, kann ich sie noch vor mir sehen mit ihren Umhängen, die im Regen glänzten.«

An die Oxford Street schließt sich westlich von Marble Arch die Bayswater Road an. Nach einem kurzen Fußweg erreicht man *Hyde Park Place*. Hinter einem Wohnblock befindet sich der Spielplatz eines Kindergartens, und dieser wurde über einem alten Friedhof angelegt, auf dem Laurence Sterne, der Verfasser des *Tristram Shandy* und der *Sentimental Journey* (*Empfindsame Reise*, 1768) beigesetzt war. Sternes Totenruhe wurde zweimal gestört, zuerst von Grabräubern, die den Leichnam des gerade erst Beerdigten ausgruben, um ihn – was damals öfters geschah – einem Anatomen für Sezierzwecke zu verkaufen. Sternes sterbliche

Überreste wurden jedoch erkannt und wieder beigesetzt. Das zweite Mal wurden sie 1969 exhumiert und nach Coxwold in Yorkshire überführt, wo Sterne lange Jahre als Pfarrer tätig war.

Südlich von Hyde Park Place dehnt sich *Hyde Park* aus, der größte der Londoner Parks. In früheren Tagen, als wohlhabende Familien noch »Nannies« hatten, war der Anblick von Kinderwagen und Kindermädchen im Hyde Park eine Selbstverständlichkeit. Wie der Romancier Ford Madox Ford in seiner Autobiographie berichtet, war die vermeintliche Unachtsamkeit dieser Damen dem Franzosen Emile Zola jedoch Grund zur Sorge:

»Ich fand Zola auf einer Bank im Hyde Park sitzen. Er sah düster vor sich hin und stocherte mit seinem Spazierstock im Sand. Schwermütig sagte er: ›Was soll man nur von einem Land halten, in dem die Kindermädchen ihre Frisur so nachlässig herrichten, daß ich an einem einzigen Morgen vor einer Parkbank achtzehn Haarnadeln gefunden habe? Eine Stadt, in der solche Verschwendung herrscht, ist dem Untergang geweiht!‹«

Die Beobachtungen, die Wolfgang Koeppen im Hyde Park gemacht hat, sind demgegenüber viel heiterer:

»Zum Hyde Park sind es wenige Minuten aus städtischster Geschäftigkeit, und der Hyde Park ist Draußen, ist Land, ist England mit sanften grünen Hügeln, schön und frei, soweit man das Auge schweifen läßt. Am Tor stehen auf ihren Kisten die Redner, auch sie Günstlinge der Freiheit. Da wird angeklagt und geschimpft, da wird gerupft und geschmäht, und gelassen vernimmt es der Bobby. Welch kluge Gewalt! Und welche Einsicht in die närrische Natur des Menschen, daß man jeden Narren hier gewähren läßt. Jeder spricht hier für jedermann, und es scheint mit ein

Speakers' Corner, Hyde Park

Akt natürlicher Komplexbefreiung zu sein. Die Gitter des Hyde Park ziert das Wappen der Krone, aber das Königreich ist im Rahmen menschlicher Unzulänglichkeit eine wahre Demokratie.

Vor dem Hyde Park erhebt sich mächtig und düpierend Marble Arch, als Triumphbogen für die Ausfahrten des vierten Georg gedacht, aber mit einer für die goldene Staatskarosse zu engen Passage erbaut, ist der Marmorbogen das sympathische Denkmal einer lieben Schildbürgerei.«

6. BLOOMSBURY

Fitzroy Square
Gower Street
Keppel Street
Montagu Place
Woburn Square
Gordon Square
Tavistock Square
Woburn Place
Coram Street
Brunswick Square

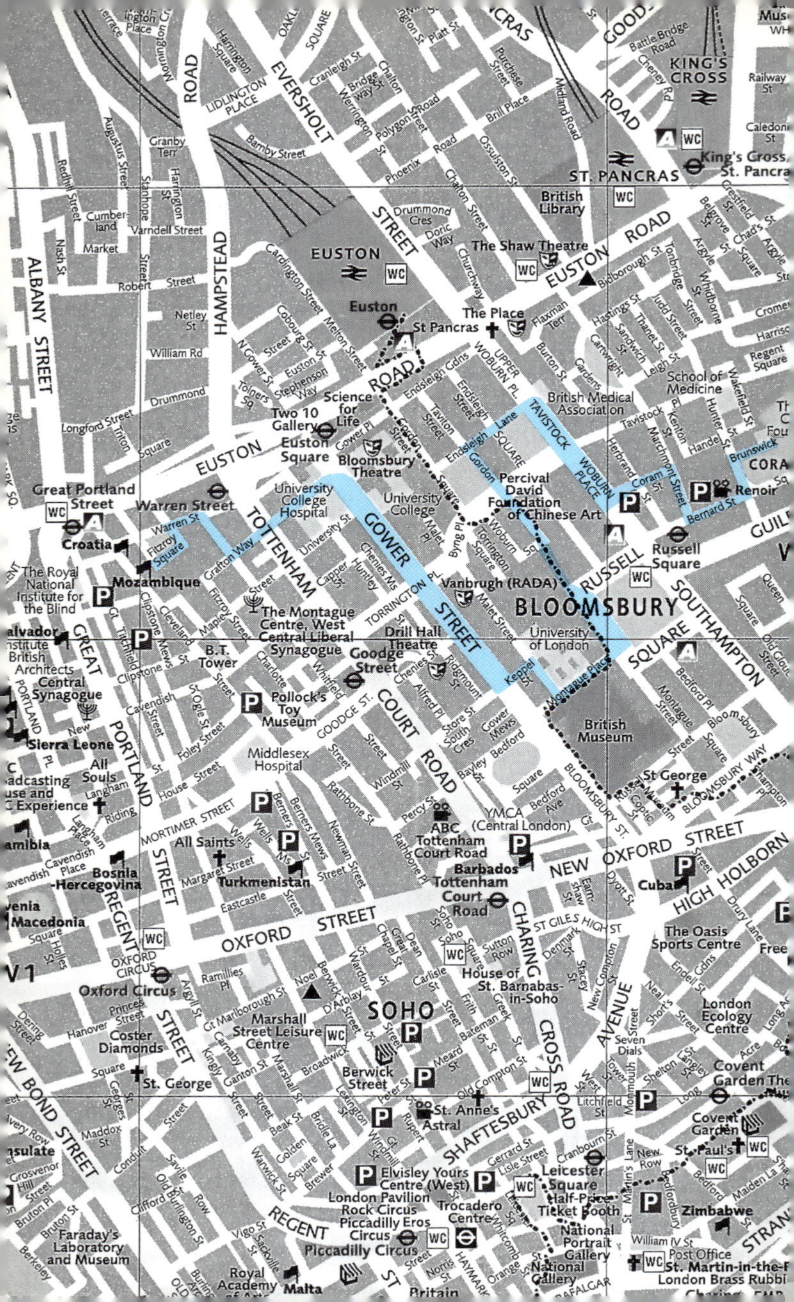

KING'S CROSS
ST. PANCRAS
King's Cross, St. Pancras
British Library
The Shaw Theatre
EUSTON ROAD
EUSTON
Euston
St Pancras
The Place
EVERSHOLT STREET
HAMPSTEAD ROAD
ALBANY STREET
Drummond Street
Science for Life
Two 10 Gallery
Euston Square
Bloomsbury Theatre
EUSTON ROAD
Great Portland Street
Warren Street
University College Hospital
University College
GOWER STREET
TOTTENHAM COURT ROAD
Percival David Foundation of Chinese Art
British Medical Association
School of Medicine
TAVISTOCK SQUARE
WOBURN PLACE
Renoir
Russell Square
RUSSELL SQUARE
SOUTHAMPTON ROW
Croatia
Mozambique
The Royal National Institute for the Blind
Vanbrugh (RADA)
BLOOMSBURY
University of London
The Montague Centre, West Central Liberal Synagogue
Drill Hall Theatre
B.T. Tower
Goodge Street
Central Synagogue
Pollock's Toy Museum
British Museum
Sierra Leone
All Souls
Middlesex Hospital
St George
BLOOMSBURY WAY
GREAT PORTLAND STREET
YMCA (Central London)
ABC Tottenham Court Road
All Saints
MORTIMER STREET
NEW OXFORD STREET
Bosnia -Hercegovina
Turkmenistan
Barbados
Tottenham Court Road
Cuba
HIGH HOLBORN
Macedonia
REGENT STREET
OXFORD STREET
The Oasis Sports Centre
OXFORD CIRCUS
Oxford Circus
House of St. Barnabas-in-Soho
CHARING CROSS ROAD
SOHO
Marshall Street Leisure Centre
London Ecology Centre
Coster Diamonds
Berwick Street
Seven Dials
SHAFTESBURY AVENUE
NEW BOND STREET
St. George
St. Anne's
Astral
Covent Garden
Covent Garden
St. Paul's
Leicester Square
Half-Price Ticket Booth
Elvisley Yours Centre (West)
London Pavilion Rock Circus
Piccadilly Eros
Piccadilly Circus
Trocadero Centre
National Portrait Gallery
National Gallery
Zimbabwe
Faraday's Laboratory and Museum
REGENT ST
Royal Academy
Malta
St. Martin-in-the-Fields
London Brass Rubbing
Post Office
William IV St

Der Stadtteil Bloomsbury reicht im Norden bis zur Euston Road und im Süden bis zur New Oxford Street; im Westen wird er von der Charlotte Street und im Osten von Gray's Inn Road begrenzt. Die Bebauung Bloomsburys erfolgte im wesentlichen im 18. Jahrhundert, und vor allem an den zahlreichen »Squares«, den weiten, um eine Grünanlage herum angelegten Plätzen, die für diesen Stadtteil so typisch sind, findet man noch weitgehend unveränderte Wohn- und Geschäftshäuser im Stil dieser Zeit, dem »Georgian Style«.

Bloomsbury war nie eine vornehme, aber immer eine respektable Adresse. Seit dem frühen 19. Jahrhundert waren es Intellektuelle – Journalisten, Wissenschaftler, Schriftsteller –, die sich hier bevorzugt niederließen und die diesem Teil Londons das Gepräge gaben. Geistige Zentren sind bis heute das British Museum mit seiner Bibliothek, die Universität London und etliche Verlagshäuser. Eine besondere Bedeutung hat der Name Bloomsbury aber durch eine Gruppe junger Künstler und Intellektueller erhalten, die sich zu Anfang des 20. Jahrhunderts eine Zeitlang im Haus der jungen Virginia Stephen, später Virginia Woolf, und ihrer Geschwister trafen

Unser Spaziergang durch Bloomsbury beginnt an der mit der Northern Line zu erreichenden U-Bahn-Station Warren Street. Geht man von dort aus ein kurzes Stück die Warren Street entlang, so erreicht man einen weiten, ruhigen Platz mit einer großen Grünanlage, den *Fitzroy Square*. Es war ein Platz wie dieser, den Virginia Woolf im Sinn hatte, als sie einen Spaziergang durch Bloomsbury an einem späten Winternachmittag beschrieb:

»... dieser leere Boden, der das Land in sich trägt und seinen Frieden, ist nur ein Londoner Platz, umstanden von Büros und Häusern, wo um diese Stunde grelle Lichter über Karten, über Dokumenten brennen, über Schreibtischen, an denen Angestellte sitzen und mit befeuchtetem Zeigefinger die Bündel endloser Korrespondenzen durchblättern; oder gedämpfter flackert der Feuerschein und das Lampenlicht fällt auf die Abgeschiedenheit eines Salons, seine Sessel, seine Zeitungen, sein Porzellan, seinen Tisch mit Einlegearbeit und die Gestalt einer Frau, die sorgfältig die genaue Anzahl von Löffeln Tee abmißt, die – Sie blickt nach der Tür, als hörte sie unten ein Klingeln und jemanden fragen, ob sie zu Hause sei.«

Die an der Ost- und Südseite des Fitzroy Square gelegenen Häuser entstanden in den neunziger Jahren des 18. Jahrhunderts nach Plänen der Brüder Adam. Im Haus Nummer 29 bewohnte George Bernard Shaw mit seiner Mutter in den Jahren 1887 bis 1898 die beiden obersten Stockwerke. Shaws Umzug an den Fitzroy Square waren lange Jahre der beruflichen Erfolglosigkeit und der Armut vorausgegangen, aber nun trat für ihn eine Wende ein: Seine Musikkritiken brachten ihm ein, wenn auch bescheidenes, Einkommen, und es entstanden seine ersten Theaterstücke, die bald erfolgreich aufgeführt wurden: *Widower's Houses (Die Häuser des Herrn Sartorius), The Philanderer (Der Liebhaber), Mrs. Warren's Profession (Frau Warrens Gewerbe), Arms and the Man (Helden)* und *Candida*. Außerdem veröffentlichte Shaw in dieser Zeit seine »Fabian Essays«. Der Fabian Society gehörte er seit 1884 an, einer Vereinigung von sozialistischen Intellektuellen, die an der Entstehung der Labour Party Ende des 19. Jahrhunderts wesentlich beteiligt waren. Die Treffen der Fabian Society fanden in den Jahren, als Shaw am Fitzroy Square wohnte, meist im benachbarten Haus Nummer 17 statt. Über das Leben am Fitzroy Square in den frühen 1890er Jahren schrieb er, wohl etwas überspitzt:

»Ich wohne, wenn ich zu Hause bin, an einem Platz in London, der sich auf einer Entwicklungsstufe befindet, die zwischen der des Russell Square mit seinen Häusern wohlhabender Familien und der von Plätzen wie dem Soho Square oder Golden Square liegt, deren Häuser für verschiedenste Zwecke vermietet werden. Es gibt da ein paar private Klubs mit ›Bars‹, in denen gesellige Musikabende stattfinden, ab und zu aufgelockert durch Volkstänze, die noch eine Viertelmeile entfernt zu hören sind. Dann ist da eine Unterkunft für die Angestellten eines gigantischen Kaufhauses, das hinter seinen Verkaufstischen mehrere begabte Tenöre beschäftigt. Ferner befindet sich dort das Hauptquartier eines Freikorps, dessen Kapelle im ersten Stock übt, während die Einsatzkräfte im Keller Schießübungen abhalten. Und dennoch habe ich an Sommerabenden dagesessen und gearbeitet, während überall am Square die Fenster offenstanden und diese Geräusche ungehindert hinausließen, und ich habe mich dadurch weniger gestört gefühlt als durch die Klänge eines einzigen Flügels in einem britischen Heim, die der Hausherr gern ›brillant‹ nennt, sofern eine weibliche Person sie erzeugt, die zwar völlig unmusikalisch ist, aber glaubt, so etwas ›schicke sich‹, sei es aus Eitelkeit, sei es, weil ihre irregeleitete Mutter ihr das eingeredet hat. Wenn solche Frauenzimmer auf einem Spinett spielten anstatt auf einem Flügel, würde ich sie wahrscheinlich gar nicht wahrnehmen. Oder nehmen Sie die Geige. Zweifellos ist es ein gutes Zeichen, daß sie heute viel verbreiteter ist als früher. Aber sie ist doch ein entsetzlich lautes

Instrument für eine Gegend, in der es sich nur Millionäre leisten können, in einem ruhig gelegenen Einfamilienhaus zu wohnen.«

1898 heiratete der vierzigjährige Shaw die Millionenerbin Charlotte Payne-Townshend und zog in deren Appartement in 10 Adelphi Terrace. Seine Mutter blieb bis 1907 in der Wohnung im Haus 29 Fitzroy Square. Im selben Jahr zogen die damals fünfundzwanzigjährige Virginia Stephen und ihr Bruder Adrian in dieses Haus ein, wo sie bis 1911 das Erdgeschoß und den ersten Stock bewohnten. Hier führten sie die »Donnerstagabende« fort, jene intellektuellen Soiréen, die zunächst am Gordon Square (siehe unten) stattgefunden hatten. Zu dem Freundeskreis, der hier zum Gespräch zusammentraf, gehörten zunächst einmal Virginias Bruder Adrian (ihr Bruder Thoby war kurz vor dem Umzug gestorben) sowie ihre Schwester Vanessa, die seit Februar 1907 mit dem Kunstkritiker Clive Bell verheiratet war und die alte Wohnung der Geschwister am Gordon Square übernommen hatte; weiterhin gehörten zur »Bloomsbury Group« u. a. der Nationalökonom John Maynard Keynes, der sich auch als Biograph einen Namen gemacht hat, der Kulturkritiker Lytton Strachey, der Publizist Leonard Woolf, der 1912 Virginia Stephen heiratete, sowie die Maler Roger Fry und Duncan Grant.

An der Ecke zur Fitzroy Street befindet sich die Fitzroy Tavern. Sie war in den dreißiger und vierziger Jahren Treffpunkt junger Künstler und Intellektueller, unter ihnen der Maler Augustus John, der Bildhauer Jacob Epstein und der Lyriker Dylan Thomas. Als Thomas sich 1953 zu Tode getrunken hatte, hielten seine Freunde in der Saloon Bar eine ergreifende kleine Gedenkfeier ab. Die Gäste der Fitzroy Tavern brachten einen Hauch von Bohème in dieses

Viertel, das zeitweilig – in Anlehnung an Belgravia – als »Fitzrovia« bekannt war.

Verläßt man den Fitzroy Square an seinem südöstlichen Ende und folgt dem Grafton Way, so überquert man zunächst die verkehrsreiche Tottenham Court Road und gelangt dann zur *Gower Street*. Hier befindet sich das University College Hospital, in dem im Januar 1950 George Orwell an Tuberkulose starb. Das kurz zuvor in Amerika entwickelte Medikament Streptomycin erreichte London zu spät, um ihn noch zu retten.

Auf der gegenüberliegenden Straßenseite erstreckt sich die Front des University College. Es wurde 1826 unter der Bezeichnung »University of London« gegründet und ist heute Teil der sehr viel größeren Universität, der jüngsten der großen europäischen Hauptstadtuniversitäten. Sie entstand durch Initiative von liberalen Männern wie James Mill, dem Vater des Philosophen und politischen Schriftstellers John Stuart Mill, gewissermaßen als Gegengründung zu den Universitäten von Oxford und Cambridge. Dort konnte zu dieser Zeit nur studieren, wer sich zur anglikanischen Kirche bekannte, so daß die Söhne von Katholiken oder von Methodisten und anderen »Nonkonformisten« vom Studium ausgeschlossen waren. Die Universität London war also die erste nicht-konfessionelle Universität Englands, und sie war auch die erste, die Frauen gleichberechtigt mit Männern zum Studium zuließ (1878). H. G. Wells reichte hier 1942, als er bereits 76 Jahre alt war, eine Doktorarbeit ein. Der Verfasser zahlreicher utopischer Werke hoffte damit Anerkennung als Naturwissenschaftler zu erlangen. Der Titel seiner Arbeit lautete: »Über die Illusion einer Kontinuität des individuellen Lebens bei den höheren Metazoen unter besonderer Berücksichtigung der Gattung

Homo sapiens«. Die zentrale These, daß der Mensch keine einheitliche Persönlichkeit besitze, sondern eine Vielzahl zum Teil widerstreitender Eigenschaften in sich vereinige, liegt auch mehreren Romanen von Wells zugrunde. Die Dissertation wurde im Juli 1943 angenommen. Nach vorheriger Anmeldung kann man im University College den 1832 verstorbenen Philosophen Jeremy Bentham besuchen, der seinen einbalsamierten, mit einer lebensechten Wachsmaske und seinen eigenen Kleidern versehenen Leichnam hier ausstellen ließ.

Ebenfalls in der nördlichen Gower Street, im Haus Nummer 4, eröffnete Charles Dickens' Mutter 1824, während ihr Mann im Schuldgefängnis saß und der zwölfjährige Charles, um etwas Geld zu verdienen, einige Monate lang in einer Schuhwichsfabrik arbeiten mußte, eine Tagesschule für junge Mädchen, »Mrs. Dickens's Establishment«. Mrs. Micawber in Dickens' Roman *David Copperfield*, die trotz Geldsorgen nie verzagende Familienmutter, trägt Züge von Mrs. Dickens:

»Die arme Mrs. Micawber! Sie habe sich keine Mühe verdrießen lassen, sagte sie, und daran zweifle ich nicht. Die Haustür war halb bedeckt von einer großen Messingplatte mit der Aufschrift ›Mrs. Micawbers Pension für junge Damen‹; aber ich erfuhr nie, daß eine junge Dame Unterricht genommen hatte oder angemeldet worden war oder daß die geringsten Anstalten für den Empfang einer jungen Dame getroffen wurden. Die einzigen Besuche, die ich gesehen oder von denen ich gehört habe, waren Gläubiger.«

Wir folgen der Gower Street in südlicher Richtung, wobei wir an mehreren Universitätsinstituten und einer langen Reihe kleiner Hotels und Pensionen vorbeikommen, bis zur links abbiegenden *Keppel Street*. Kurz vor dieser Ecke liegt linker Hand die 1907 gegründete Royal Academy of Dramatic Art (RADA), deren Studiobühne sehr sehenswerte Aufführungen bietet (Eingang in der parallel verlaufenden Malet Street). George Bernard Shaw hinterließ der RADA ein Drittel seines Vermögens. Eine kleines Stück weiter, am Haus Nummer 10 Gower Street, erinnert eine blaue Plakette daran, daß hier Lady Ottoline Morrell (1873-1938) wohnte. Bevor sie ihr Landhaus Garsington Manor bei Oxford bezog, in dem sie zwischen 1915 und 1927 aufstrebende oder schon bekannte literarische Talente (u. a. D. H. Lawrence, Aldous Huxley, Katherine Mansfield) gastlich aufnahm, veranstaltete sie in der Gower Street literarische Salons, an denen auch Personen aus dem Bloomsbury-Kreis teilnahmen, darunter Virginia Stephen und Clive Bell. Im *Dictionary of National Biography* heißt es über Lady Ottoline: »Sie war eine Gestalt von elisabethanischer Extravaganz und Kraft, mystisch, besitzergreifend, sprunghaft und von unbändigem Temperament. Für die Literatur- und Kunstgeschichte ihrer Zeit war sie von herausragender Bedeutung.«

Wir kehren zurück zur Keppel Street, wo der Romancier Anthony Trollope (1815-1882) geboren wurde. Sein Geburtshaus steht allerdings nicht mehr. Von der Keppel Street aus sieht man auf das 1933-35 errichtete Senatsgebäude der Universität London. Hier war während des Zweiten Weltkriegs u. a. die für Auslandspropaganda zuständige Abteilung der BBC untergebracht, in der auch George Orwell arbeitete. Die Beschreibung, die er in dem Roman *Neunzehnhundertvierundachtzig* vom Gebäude des Wahrheitsministeriums gibt, ist unschwer als die des Senate House zu erkennen:

»Das Wahrheitsministerium – in Neusprech ›Miniwahr‹

Der alte Lesesaal im British Museum

genannt – unterschied sich auffällig von allen anderen Bauten der Umgebung. Es war ein enormes, pyramidenförmiges Gebäude aus leuchtend weißem Beton, das Terrasse um Terrasse 300 Meter in den Himmel ragte ... Es hieß, im Wahrheitsministerium gebe es dreitausend Räume über der Erde und noch einmal soviel Platz darunter.«

Links und rechts des Senatsgebäudes liegen weitere Universitätsbauten. Hier werden die literarischen Nachlässe von James Joyce und George Orwell archiviert.

Biegt man nun nach rechts in die *Malet Street* ein und folgt ihr in südlicher Richtung, so kommt man zum British Museum, das 1753 gegründet und zwischen 1823 und 1860 an der heutigen Stelle errichtet wurde (Nebeneingang vom Montague Place, an der zur Malet Street gelegenen Seite, Haupteingang von der Great Russell Street aus). Zu den vielen berühmten Sammlungen dieses Museums gehört auch eine Autographensammlung, in der Originalmanuskripte vieler englischer, aber auch ausländischer Autoren zusammengetragen und in Wechselausstellungen zu besichtigen sind. Nicht minder berühmt sind die Bibliothek des British Museum und ihr 1857 eröffneter runder Lesesaal [Foto S. 136]. Die Namen der vielen Literaten und Intellektuellen, die hier Studien getrieben haben, lassen sich kaum aufzählen. Nur wenige sollen genannt werden. Karl Marx, seit 1849 im Londoner Exil, brachte jahrelang täglich viele Stunden im Lesesaal zu und schrieb am Manuskript zu *Das Kapital*. Auch andere politische Denker wie Lenin und Gandhi haben in diesem Lesesaal gearbeitet. Charles Dickens gehörte ebenso zu den regelmäßigen Benutzern wie der Romancier George Gissing (1857-1903), der jahrelang in großer Armut lebte und das Leben eines brotlosen Schriftstellers in seinem Roman *New Grub Street (Zeilen-*

geld) schilderte. George Bernard Shaw, der 1876 aus Dublin nach London gekommen war und während der ersten neun Jahre ohne jeden schriftstellerischen Erfolg blieb, verbrachte in dieser Zeit die meisten Tage im Lesesaal und erwarb sich jenes legendäre Wissen, mit dem er als Publizist und Diskussionsredner immer wieder sein Publikum frappierte. Mit William Butler Yeats und Virginia Woolf beginnt im 20. Jahrhundert eine lange Reihe von Literaten, die die British Library benutzten. Inzwischen ist sie aus den traditionsreichen Räumen in einen modernen Bau nahe dem Bahnhof Euston Station umgezogen. Louis MacNeice schrieb im Juli 1939 ein Gedicht über den Lesesaal des British Museum:

The British Museum Reading Room

Under the hive-like dome the stooping haunted readers
Go up and down the alleys, tap the cells of knowledge –
  Honey and wax, the accumulation of years –
Some on commission, some for the love of learning,
Some because they have nothing better to do
Or because they hope these walls of books will deaden
  The drumming of the demon in their ears.

Cranks, hacks, poverty-stricken scholars,
In pince-nez, period hats or romantic beards
  And cherishing their hobby or their doom
Some are too much alive and some are asleep
Hanging like bats in a world of inverted values,
Folded up in themselves in a world which is safe and silent:
  This is the British Museum Reading Room.

Out on the steps in the sun the pigeons are courting,
Puffing their ruffs and sweeping their tails or taking
  A sun-bath at their ease
And under the totem poles – the ancient terror –
Between the enormous fluted Ionic columns
There seeps from heavily jowled or hawk-like foreign faces
  The guttural sorrow of the refugees.

Das Museum selbst hat wohl noch auf jeden seiner Besucher einen tiefen Eindruck gemacht, auch wenn Fürst Pückler von der schieren Menge der ausgestellten Objekte überwältigt war und bemerkte: »Man findet in den verschiedenen Zimmern ohne Zweifel sehr viel Interessantes, ich muß aber zu meiner Schande gestehen, daß ich von dem zu vielen Sehen dergleichen Merkwürdigkeiten, mich jetzt durchaus in sehr savorabler Stimmung befinden muß, um nicht etwas Indigestionsartiges dabei zu empfinden.« Mark Twain jedenfalls war auf seine Weise begeistert:

»Welch eine Stätte! Man braucht nur irgendeine seltene Kuriosität gleich auf welchem Gebiete zu nennen, etwas, über das man schon einmal etwas gelesen, aber das man nie zu Gesicht bekommen hat – schon bekommt man es dutzendweise gezeigt! Sie zeigen einem jede existierende Abart eines Gegenstandes. Sie zeigen einem seltsam geschmiedete, mit Juwelen besetzte Halsbänder aus getriebenem Gold, die von den alten Ägyptern, Assyrern, Etruskern, Griechen, Britanniern getragen wurden – von jeglichen Völkern längst vergessener Zeitalter. Man zeigt einem den Schmuck aller Stämme und Völker, die je gelebt haben oder noch leben. Sie zeigen einem die Totenmaske Cromwells oder die ehrwürdige Urne, die einst die Asche des Königs Xerxes barg; dann gehts in einen anderen Saal, und man stolpert über prähistorische Feuersteine, über Griffe aus Rentiergeweihen, über Steine mit den Abdrücken zierlicher Tierfiguren, über lange Reihen uralter Fischhaken und Nadeln aus Knochen, über alles erdenkliche, was in den Haushalten von Höhlen- und Pfahlbaubewohnern vorkam; und jegliches Objekt so oft wiederholt, vervielfältigt und abermals wiederholt, daß einem alle Zweifel weggewischt werden und man davon überzeugt ist, daß all dieses Zubehör und Zierat kein Sammelsurium von Zufällen darstellt, sondern planmäßig entworfen und sorgsam hergestellt worden und in irgendeinem entlegenen Zeitalter dieser Erde in allgemeinem Gebrauch war. Und die Tatsache, daß viele dieser Sachen in versunkenen Ruinen auf dem Grunde von Seen der Schweiz und viele in Höhlen sonstwo in Europa gefunden wurden, vergraben unter allmählich gewachsenen, dicken Kalksteinschichten, verbietet einem, diese Funde als einigermaßen jung anzusehen.

Dann geht man weiter und erkundigt sich vielleicht einmal, ob sich nicht unter alledem hier eine Mumie befände – und, Gott schütze uns, sie führen einen in einen richtigen Mumienfriedhof hinein: alte Mumien, junge Mumien, männliche und weibliche, elegante Mumien und zerlumpte Mumien, alte Hexen, Mumien in soliden Särgen, Mumien in halber Schale, Mumien mit Geld und Mumien im Pleitezustand, Könige und Kaiser, Strolche und Bummler, alle bequem und friedlich in einem christlichen Museum eingelagert, als hätten sie ihr Nachtzeug mitgebracht und sähen dies als genau das Hotel an, nach dem sie all die Jahrtausende gesucht hatten. Und derweil man noch darüber nachdenkt, ob diese Abgeschiedenen menschliche Gefühle, Sympathien, Emotionen wie man selber gehabt haben mögen, findet man sich plötzlich vor eine beredte Antwort gestellt:

den enormen Haareinsatz einer ägyptischen Dame nebst dem Beutel, worin sie ihn mitführte, wenn sie auf eine Party ging! Am liebsten möchte man diesen armen alten halben Scheffel gelockten und geflochtenen Haares küssen, möchte man den Deckel der Vitrine aufklappen und ein paar Tränen hineinrinnen lassen. Man hat einmal wieder den Beweis, daß in uralten Zeiten das Weib dieselbe schwache, aufregende, exzentrische Närrin war wie heute noch.

Merkwürdige Leute müssen das in jenen verklungenen Tagen gewesen sein. Wissen möcht ich nur, wie die Mumien mit all ihren gewickelten Bandagen haben gehen können.

Tief bin ich dem Britischen Museum dankbar. Keiner macht sich an mir was zu schaffen, stößt und knufft mich, ich habe allen Raum und alles Licht in dem Riesengebäude für mich, kein Lärm stört mich, man hält sich bereit, mir ein Exemplar jedes beliebigen Buches, das je gedruckt ward, zu zeigen, und wenn ich an diesen endlosen Korridoren und Galerien entlangschlendere, liegen die Geheimnisse aller Länder und Zeiten offen vor mir da. Ich weiß nicht, wie ich dem Museum meine Dankbarkeit ausdrücken soll – mir scheint, die Worte, die mir da kommen, sind viel zu schwach und zu dürftig.«

Wir folgen Montague Place und stoßen auf einen weiteren großzügig angelegten Platz, den *Russell Square*. Im Haus Nr. 63 hatte der amerikanische Essayist Ralph Waldo Emerson während seines ersten England-Besuchs im Jahre 1833 eine Wohnung. Etwa 20 Jahre später, 1856, schrieb Emerson ein Buch über die Engländer (*English Traits*), in dem er bemerkt: »Wer London besuchen will, sollte es am besten jetzt tun, denn es gibt Anzeichen dafür, daß es seinen Höhepunkt erreicht hat.« In Nummer 24 hatte T. S. Eliot in den dreißiger Jahren sein Büro. Der »Papst vom Russell Square«, wie er genannt wurde, war in dieser Zeit einflußreicher Lektor und später Mitinhaber des renommierten Verlags Faber & Faber, der sein Domizil heute am nahe gelegenen Queen Square hat. Mit dem Bloomsbury-Kreis und besonders mit den Woolfs hatte Eliot engen Kontakt.

Von der nordwestlichen Ecke des Russell Square erreicht man über den langgestreckten Woburn Square eine von Häusern umgebene baumbestandene Grünanlage, den Gordon Square. Hier, im Haus Nummer 46 (blaue Plakette), zogen im Herbst 1904, ein halbes Jahr nach dem Tod ihres Vaters Lesley Stephen, drei seiner Kinder ein: Vanessa, Thoby und die damals 22 Jahre alte Virginia, die später Leonard Woolf heiratete. In dem hellen, luftigen Haus, das so ganz anders war als das viktorianische Elternhaus am Hyde Park Gate, führten die drei jungen Leute einen vom Generationenkonflikt unbelasteten und recht unkonventionellen Haushalt. Thoby, der damals in Cambridge Jura studierte, lud an Donnerstagabenden einige seiner Studienfreunde nach Hause ein, und bald entwickelte sich daraus ein Jour fixe, an dem begabte junge Intellektuelle ihre unorthodoxen, oft sehr freizügigen Gedanken austauschten. Die Atmosphäre war informell, aber die Schärfe der geistigen Auseinandersetzung war oft unerbittlich. Virginia Woolf schrieb später: »Gordon Square ist dem Raubtierhaus in einem Zoo sehr ähnlich. Man geht von Käfig zu Käfig. Alle Tiere sind gefährlich, mißtrauen einander und sind voller Faszinationskraft und Geheimnis.« Als Vanessa Anfang 1907 Clive Bell heiratete, behielt sie die Wohnung am Gordon Square, während ihre Geschwister an den Fitzroy Square zogen (siehe Seite 132). Gleichwohl blieb das Haus am Gordon Square eins der Zentren der später so genannten »Bloomsbury Group«.

Wenige Schritte östlich vom Gordon Square liegt der ebenfalls um einen kleinen Park angelegte *Tavistock Square*. Charles Dickens bewohnte dort in den Jahren 1851 bis 1860 Tavistock House, ein stattliches, von einem Garten umgebenes Haus, das um die Jahrhundertwende abgerissen wurde und an dessen Stelle heute das Gebäude der British Medical Association steht (blaue Plakette). Die Renovierung des Hauses und der bevorstehende Umzug versetzten Dickens in einige Aufregung, so daß er einem Gönner, der ihn auf seinen Landsitz eingeladen hatte, am 9. Oktober 1851 schrieb:

»Leider besteht für mich keine Aussicht auf einen Urlaub auf dem Lande im November. Ich habe gerade ein neues Buch angefangen, und die Schrecknisse des bevorstehenden Umzugs (nach Tavistock House am Tavistock Square) haben mich sehr mitgenommen. Unser neues Zuhause ist derzeit in der Hand einer Armee von Handwerkern, die mich dermaßen in Panik versetzen, daß ich jedesmal, wenn ich nach London komme, nur vorsichtig um die Ecke zu schielen brauche, um gleich wieder davonzurennen. In einem fort klettern sie Leitern hinauf, von denen sie nie wieder herunterzukommen scheinen. Sie rollen Fässer mit Kalk in den Garten und zapfen sie dutzendweise an, so daß es wie staubiges Bier herausrinnt. Sie schlagen (ohne erkennbaren Grund) mit eisernen Gegenständen auf Mauern ein, die dann zusammenbrechen. Sie reden davon, ›alles zementieren‹ zu wollen. Sie stehen in den privatesten Räumen auf Gerüsten und pfeifen vor sich hin. Nirgends hat man seine Ruhe vor ihnen. Letzte Woche erwischte ich einen struppigen Iren dabei, wie er in dem Zimmer, in dem ich einmal schreiben soll, Mörtel mit einer Schaufel anrührte!«

Am Tavistock Square schrieb Dickens u. a. *Bleak House, Hard Times (Harte Zeiten), Little Dorrit (Klein Dorrit), A Tale of Two Cities (Zwei Städte)* und die ersten Kapitel von *Great Expectations (Große Erwartungen)*. 1857 war der dänische Autor Hans Christian Andersen, der Dickens überaus bewunderte, dort zu Gast. Da er seinem Gastgeber kaum je von der Seite wich und länger blieb als erwartet, fiel Dickens der Abschied nicht schwer. Im ehemaligen Schulzimmer von Tavistock House ließ Dickens, der ein passionierter Laienschauspieler war und gelegentlich kleine Stücke verfaßte, eine Bühne für private Theateraufführungen einrichten. Zu den Freunden, die bei diesen Aufführungen mitwirkten, gehörte der Romancier Wilkie Collins (*The Moonstone [Der Monddiamant], The Woman in White [Die Frau in Weiß]*).

Im Sommer 1852 war Theodor Fontane einige Monate lang Nachbar von Dickens. Fontane, der sich als Korrespondent einer Presseagentur der preußischen Regierung in London aufhielt, wohnte im Haus Nr. 4 am Tavistock Square. Er schrieb in dieser Zeit feuilletonistische Skizzen, die 1854 gesammelt unter dem Titel *Ein Sommer in London* erschienen. Über den Tavistock Square heißt es dort:

»Der Stadtteil, den ich jetzt bewohne, besteht überwiegend aus großen und kleinen Plätzen, so daß die Straßen, die sich vorfinden, weniger um ihrer selbst als vielmehr um der Verbindung willen, die sie zwischen den zahllosen Squares unterhalten, da zu sein scheinen ... Die ganze Gegend hat was Herrschaftliches; das macht, sie war das Westend Londons in der zweiten Hälfte des vorigen Jahrhunderts, und dieselbe Aristokratie, die jetzt auf Belgrave- und Eaton Square ihre town residences hat und sich des Bekenntnisses schämen würde, östlich von Grosvenor Place und Hyde Park Corner zu wohnen, lebte vor 80 Jahren nicht minder selbstbewußt auf Tavistock Square und baute jene fassadengeschmückten Häuser und jene hohen Zimmer, die jetzt nicht mehr passen wollen zu der meist bürgerlichen Schlichtheit ihrer Bewohner. Ich sage ›meist‹, denn wir haben auch Notabilitäten in nächster Nähe, keine Lords und Viscounts, aber Ritter von Gottes statt von Königs Gnaden und Namen, die schwerer wiegen als die Stammbäume von sechs irischen Lords. Sprich selbst, ob ich übertrieben habe, wenn ich Dir sage, daß Boz-Dickens mein nächster Nachbar ist und zehn Schritt von mir einen reizenden, gartenartigen Einbau bewohnt, der zwischen der Pancras-Kirche und unserem Haus gelegen ist. Ich habe noch nicht den Mut gehabt, ihn aufzusuchen, und werd' es vermutlich auch in Zukunft nicht, umso weniger, als ich weiß, daß er von Deutschen überlaufen und mit den üblichen Bewunderungsphrasen gelangweilt wird. Nur den Park vor seinem Hause besuch' ich öfters und niemals, ohne den Wunsch zu hegen, daß die frische Luft, die da weht, mir von dem Geiste leihen möge, der eben an dieser Stätte heimisch und tätig ist.«

Auch Virginia Woolf gehörte zu den Anwohnern am Tavistock Square. Als sie 1924 mit Leonard Woolf von Richmond nach London zurückkehrte, richtete sie im Haus Nr. 52 die Hogarth Press ein, die bis zum Jahre 1939 dort blieb. Die Hogarth Press war zunächst nichts weiter als eine Handpresse und ein Setzkasten, die während des ersten Weltkriegs, als die Woolfs im Hogarth House in Richmond wohnten, für die gemütskranke Virginia Woolf als Beschäftigungstherapie angeschafft wurden. Nachdem sie anfangs eigene kleine Werke gedruckt und veröffentlicht hatte, entwickelte sich im Laufe der Zeit ein veritabler kleiner Verlag, in dem auch Werke T. S. Eliots, Katherine Mansfields und später auch Sigmund Freuds erschienen. James Joyce wollte seinen *Ulysses* in der Hogarth Press publizieren lassen, aber Virginia Woolf hatte Einwände gegen das Buch, und außerdem hätte damals kein Drucker die »unanständigen« four-letter words hingenommen. Virginia Woolf liebte ihren Stadtteil. In einem Brief vom April 1924 heißt es: »London ist unglaublich schön. Bloomsbury hat zwar nicht wie Richmond die sanfte Schönheit der Vororte: Ich finde es schroff und hochmütig und gefühllos, aber dennoch, wie gesagt, so wunderbar und herrlich, daß ich den ganzen Tag lang aus dem Fenster sehe.«

Tavistock Square wird an seiner östlichen Seite von Woburn Place begrenzt. Wir gehen diese Straße ein kurzes Stück in nördlicher Richtung und kommen so rechter Hand zu *Woburn Walk*, einer hübschen kleinen Straße mit Häusern aus dem 18. Jahrhundert. Im Haus Nummer 5 Woburn Walk hatte der junge irische Dichter William Butler Yeats in den Jahren 1895 bis 1919 seine Wohnung, wo er montags literarische Soireen veranstaltete, bei denen er »Zigaretten und Chianti reichte und verkündete, was moderne Dichtung sei«. Zu den Gästen gehörten so gegensätzliche Dichter wie John Masefield und Ezra Pound.

Wir kehren nun zurück, folgen Woburn Place ein Stück weit nach Süden und biegen dann links in die *Coram Street* ein. In Nummer 13 wohnte in den Jahren 1837 bis 1843 der Romanschriftsteller William Makepeace Thackeray, der vor allem mit *Vanity Fair* (*Jahrmarkt der Eitelkeit*, 1847-1848) bekannt wurde. Thackeray war, nebenbei bemerkt, der Schwiegervater von Leslie Stephen, dem späteren Vater Virginia Woolfs.

Von Coram Street erreichen wir nach einer Rechts- und einer anschließenden Linkswendung nochmals einen großen

Platz, *Brunswick Square.* Bis zu ihrer Heirat mit Leonard Woolf bewohnte Virginia Stephen 1911 gemeinsam mit ihrem Bruder Adrian das inzwischen abgerissene Haus Nummer 38 an der Nordseite des Platzes. Der informelle Lebensstil der Bloomsbury Group, der am Gordon Square und Fitzroy Square entwickelt worden war, fand hier seine Fortsetzung. Virginias Schwester Vanessa, die mit dem Kunstkritiker Clive Bell verheiratet war und weiter am Gordon Square wohnte, schrieb später:

»Räume wurden dekoriert, Personen für Porträtsitzungen vorbereitet, Champagner herbeigeholt (den Maynard Keynes, der die meiste Zeit in Cambridge zubrachte, unvorsichtigerweise nicht weggeschlossen hatte), um die Zeit während der Sitzungen erträglicher zu machen – die Luft knisterte vor Spannung. Brunswick kam bei Gordon vorbei, wenn man keine Lust hatte, alleine zu essen. In jenen unkomplizierten Tagen war immer genug in der Speisekammer für zwei oder drei unangemeldete Gäste, und das Personal freute sich sogar über sie. Nichts war daher selbstverständlicher als zu sagen ›Bleib doch zum Essen‹ und sich dann hinzusetzen und wie früher bis tief in die Nacht zu diskutieren, entweder in dem vertrauten Zimmer in No. 46 oder im Garten am Brunswick Square.«

In Jane Austens Roman *Emma* (1816) preist Isabelle Knightley, Emmas ältere Schwester, die Vorzüge des Viertels um Brunswick Square. Isabelle, Mutter von fünf Kindern, ist nach den Worten der Erzählerin »keine Frau von scharfem oder schnellem Verstand«.

»›Nein, wirklich nicht – *wir* haben überhaupt keine schlechte Luft. In unserem Stadtteil ist sie viel besser als in den meisten anderen! Du darfst unsere Wohngegend nicht mit London im allgemeinen verwechseln, lieber Vater. Die

Gegend von Brunswick Square unterscheidet sich von fast allen anderen Stadtteilen ganz erheblich. Bei uns weht immer ein angenehmes Lüftchen. Ich gebe zu, daß ich in einem anderen Stadtteil nicht wohnen möchte; es gibt kaum einen anderen, wo ich meine Kinder aufwachsen ließe. Aber wir haben eine ausgesprochen gute Luft! Mr. Wingfield hält die Gegend um Brunswick Square entschieden für die günstigste, was die Luft angeht.‹«

Hinter Brunswick Square öffnet sich die weite Fläche eines Spielplatzes, *Coram's Fields*, der zu einem 1739 von Captain Thomas Coram gegründeten Heim für Findelkinder (Foundling Hospital, heute Thomas Coram Foundation for Children) gehört. Im Innern des Heims, das besichtigt werden kann, hängen Gemälde von Hogarth, Gainsborough und anderen Wohltätern dieser Stiftung. Auch Charles Dickens, der für Waisenkinder großes Mitgefühl hatte, wie seine Romane zeigen, spendete dem Foundling Hospital beachtliche Summen.

Von hier kann man den literarischen Spaziergang fortsetzen und zum Dickens-Haus in der *Doughty Street* weitergehen, das in wenigen Minuten zu erreichen ist (siehe 7.), oder man kann zum Russell Square zurückkehren, wo es eine U-Bahn-Station gibt.

7. DOUGHTY STREET BIS TEMPLE

Doughty Street
Theobald's Road
Gray's Inn
Holborn
Chancery Lane
Lincoln's Inn
Fleet Street
Temple

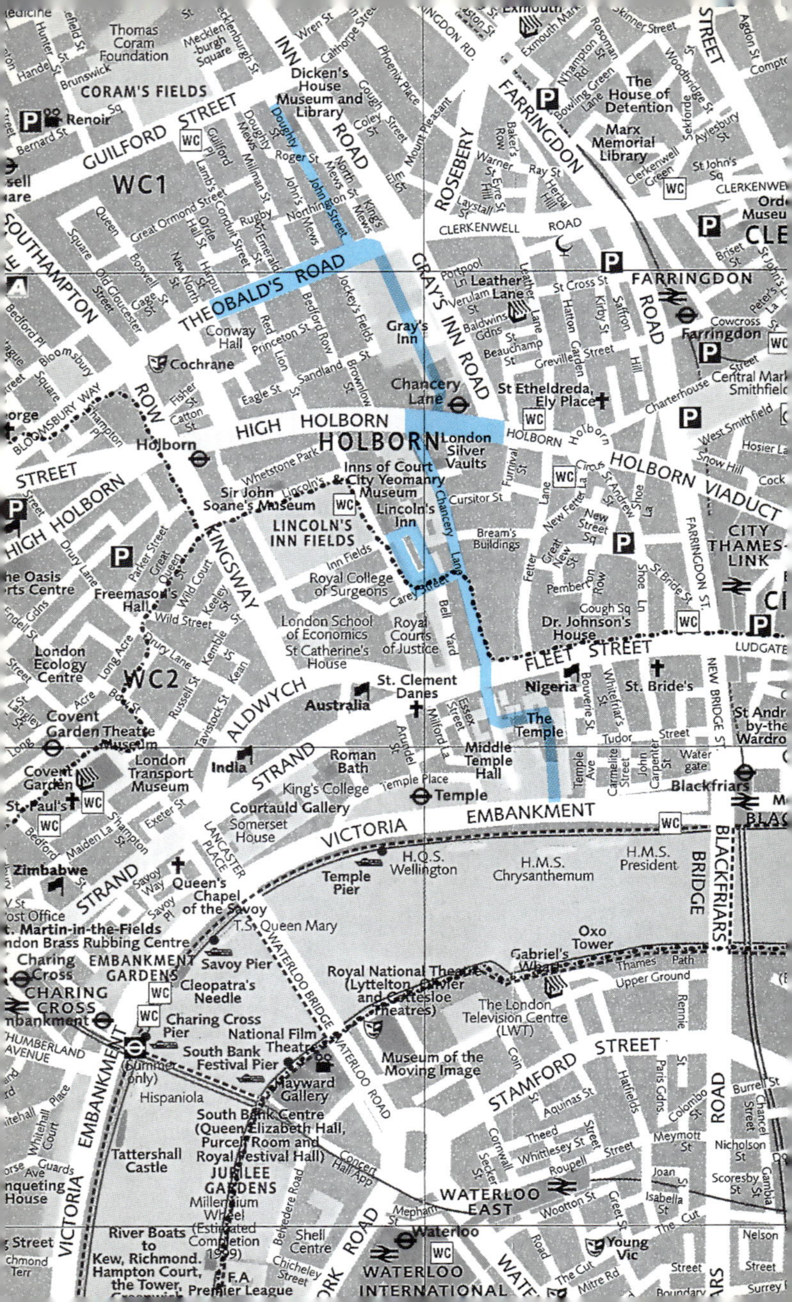

Thomas Coram Foundation
Mecklenburgh Square
Hunter St
Handel St
Brunswick Sq
CORAM'S FIELDS
Renoir
Bernard St
GUILFORD STREET
WC1
SOUTHAMPTON ROW
Wren St
Calthorpe Street
INN ROAD
Dicken's House Museum and Library
Doughty Mews
Doughty St
Guilford Pl
Lamb's Conduit Street
Millman St
Roger St
John's Mews
John Street
North Mews
Northington St
King's Mews
Great Ormond Street
Queen Square
Boswell St
Old Gloucester Street
Orde Hall St
Harpur St
Rugby St
Emerald St
New North St
Gage St
THEOBALD'S ROAD
Conway Hall
Red Lion St
Princeton St
Bedford Row
Jockey's Fields
Sandland St
Eagle St
Fisher St
Catton St
Brownlow St
Cochrane
Bloomsbury Square
Bedford Pl
BLOOMSBURY WAY
Southampton Pl
Holborn
HIGH HOLBORN
HOLBORN
Cough St
Coley St
Phoenix Place
Mount Pleasant
Elm St
ROSEBERY
Gray's Inn
GRAY'S INN ROAD
Chancery Lane
London Silver Vaults
Inns of Court & City Yeomanry Museum
Lincoln's Inn
Whetstone Park
Sir John Soane's Museum
LINCOLN'S INN FIELDS
Inn Fields
Royal College of Surgeons
Carey Street
Chancery Lane
Cursitor St
Bream's Buildings
Bell Yard
London School of Economics
St Catherine's House
Royal Courts of Justice
Exmouth
Exmouth Market
Rosoman St
Skinner Street
N'hampton Rd
Bowling Green Lane
FARRINGDON
The House of Detention
Marx Memorial Library
Woodbridge St
Sekforde St
Aylesbury St
St John's Sq
Clerkenwell Green
CLERKENWELL
CLERKENWELL ROAD
Baker's Row
Warner St
Eyre St Hill
Ray St
Herbal Hill
Laystall St
Portpool Ln
Leather Lane
Verulam St
Baldwins Gdns
St Cross St
Hatton Garden
Kirby St
Saffron Hill
FARRINGDON ROAD
Farringdon
Cowcross Street
Beauchamp St
Greville Street
St Etheldreda, Ely Place
Charterhouse Street
Central Markets Smithfield
West Smithfield
Hosier La
HOLBORN
Holborn Circus
Furnival St
Fetter Lane
New Fetter La
St Andrew St
Shoe La
HOLBORN VIADUCT
Snow Hill
Cock La
New Street Sq
Great New St
Pemberton Row
Gough Sq
Shoe Ln
St Bride St
FARRINGDON ST.
CITY THAMES-LINK
Dr. Johnson's House
FLEET STREET
LUDGATE
Nigeria
St. Bride's
Bouverie St
Whitefriar's St
NEW BRIDGE ST
St Andrew-by-the Wardrobe
The Temple
Tudor Street
Temple Ave
Carmelite Street
John Carpenter St
Water gate
Blackfriars
Middle Temple Hall
Essex Street
Milford La
Arundel St
St. Clement Danes
Australia
ALDWYCH
Roman Bath
Temple Place
Temple
King's College
Courtauld Gallery
Somerset House
India
STRAND
Tavistock St
Kean St
Kemble St
Keeley St
Russell St
Bow St
Drury Lane
Wild Street
Wild Court
Great Queen St
Parker Street
Freemason's Hall
KINGSWAY
WC2
Long Acre
London Ecology Centre
The Oasis Sports Centre
Drury Lane
Covent Garden Theatre Museum
London Transport Museum
Covent Garden
St. Paul's
Exeter St
Maiden La
Southampton St
Bedford St
LANCASTER PLACE
Zimbabwe
Savoy Way
Savoy Pl
Queen's Chapel of the Savoy
Post Office
St. Martin-in-the-Fields
London Brass Rubbing Centre
Charing Cross
EMBANKMENT GARDENS
CHARING CROSS
Embankment
NORTHUMBERLAND AVENUE
VICTORIA EMBANKMENT
Temple Pier
H.Q.S. Wellington
H.M.S. Chrysanthemum
H.M.S. President
BLACKFRIARS BRIDGE
T.S. Queen Mary
Savoy Pier
Cleopatra's Needle
Charing Cross Pier
South Bank Festival Pier
(Summer only)
Hispaniola
Tattershall Castle
WATERLOO BRIDGE
National Film Theatre
Hayward Gallery
South Bank Centre (Queen Elizabeth Hall, Purcell Room and Royal Festival Hall)
JUBILEE GARDENS
Millennium Wheel (Estimated Completion 1999)
Royal National Theatre (Lyttelton, Olivier and Cottesloe Theatres)
Museum of the Moving Image
The London Television Centre (LWT)
Oxo Tower
Gabriel's Wharf
Thames Path
Upper Ground
Coin St
STAMFORD STREET
Rennie St
Paris Gdns.
Hatfields
Aquinas St
Theed St
Whittlesey St
Roupell Street
Cornwall Rd
Secker St
Colombo St
Meymott St
Burrell St
Chancel Street
Nicholson St
Scoresby St
Gambia St
Joan St
Isabella St
The Cut
WATERLOO EAST
Wootton St
Greet St
Young Vic
Nelson
WATERLOO ROAD
Concert Hall App
Mepham St
Waterloo
WATERLOO INTERNATIONAL
Belvedere Road
Shell Centre
Chicheley Street
YORK ROAD
River Boats to Kew, Richmond, Hampton Court, the Tower, Greenwich
F.A. Premier League
Whitehall Place
Whitehall Court
Horse Guards Ave
Banqueting House
Mitre Rd
Boundary
Surrey

Dieser Spaziergang beginnt beim Dickens-Haus in der *Doughty Street*. Wer nicht der Route 6 hierher gefolgt ist, nimmt am besten die U-Bahn bis Russell Square und folgt dann den kleinen braunen Wegweisern durch die Guilford Street. Doughty Street ist eine ruhige Straße, deren Häuser um 1800 gebaut wurden und bürgerlichen Wohlstand ausstrahlen. Eine blaue Hinweistafel am Haus Nummer 48 besagt, daß hier der junge Charles Dickens von März 1837 bis Oktober 1839 lebte. Das Haus ist als Museum eingerichtet und birgt eine Fülle von Gegenständen, die eine Beziehung zum Leben und Werk des Autors haben.

Im April 1836 hatte Dickens Catherine Hogarth geheiratet, die Tochter des Herausgebers der Zeitung Evening Chronicle, für die er unter dem Pseudonym »Boz« Skizzen aus dem Londoner Alltag schrieb. Zunächst wohnte das junge Paar recht beengt in Dickens' Junggesellenwohnung im Furnival's Inn (siehe Seite 159). Als dann aber im Januar 1837 ihr erster Sohn, Charley, geboren wurde, zog die Familie in dieses Haus. Dickens war zu dieser Zeit bereits ein bekannter Schriftsteller, dessen *Pickwick Papers (Die Pickwickier)* seit 1836 in monatlichen Fortsetzungen erschienen. Dieses Buch stellte er in der Doughty Street fertig, während er gleichzeitig schon an seinem nächsten Roman schrieb, nämlich *Oliver Twist*. Trotz der harten Arbeit war dies wohl die glücklichste Zeit in Dickens' Leben. Sie fand ein jähes Ende, als seine Schwägerin Mary Hogarth, die ebenfalls im Hause lebte und an der Dickens sehr hing, im Alter von nur 17 Jahren plötzlich starb. Es dauerte viele Jahre, bis er diesen Schmerz verwunden hatte.

Dickens liebte Geselligkeit und führte in der Doughty Street wie auch in seinen späteren Wohnungen ein gastfreies Haus. Zu den Besuchern zählten Schriftsteller wie Harrison Ainsworth und der junge William Thackeray, Maler wie William Macready und andere Persönlichkeiten seiner Zeit. In einem Brief aus dem Jahre 1843 beschreibt Jane Welsh Carlyle, die mit dem Schriftsteller Thomas Carlyle verheiratet war, wie Dickens während einer Weihnachtsfeier seine Gäste eine Stunde lang mit Zauberkunststücken unterhielt und am Ende »einen Plumpudding aus Mehl und Eiern und den üblichen Zutaten in einem Herrenhut zusammenrührte, kochte und dann duftend herausrollen ließ – und das alles innerhalb von einer Minute vor den Augen der staunenden Kinder und staunenden Erwachsenen. Mit diesem Trick und jenem anderen, bei dem er Damentaschentücher in Süßigkeiten und eine Schachtel Kleie in eine Schachtel voller Meerschweinchen verwandelte, könnte er ein hübsches Einkommen erzielen, wenn es mit dem Buchhandel einmal bergab ginge.«

Doughty House ist das einzige von Dickens' Londoner Wohnhäusern, das noch erhalten ist. Seit 1902 gehört es der Dickens Fellowship, die es als Museum eingerichtet und der Öffentlichkeit zugänglich gemacht hat. Unter den vielen Gegenständen, die an Dickens erinnern, befinden sich zahlreiche Briefe, Teile der Manuskripte von *Pickwick Papers* und *Nicholas Nickleby*, das Stehpult, an dem er als Schreiber in der Anwaltskanzlei von Ellis und Blackmore im Gray's Inn arbeitete, und das Lesepult, das Dickens in späteren Jahren bei öffentlichen Vorträgen benutzte.

Er schrieb in diesem Haus in den Jahren 1838/39 den Roman *Nicholas Nickleby* und begann *Barnaby Rudge*, bevor er mit seiner Familie in den Stadtteil Marylebone umzog.

Folgt man der Doughty Street in südlicher Richtung, so gelangt man, nachdem sie den Namen John Street angenommen hat, zur *Theobalds Road*. Diese Gegend war im Zweiten Weltkrieg stark zerstört, so daß hier nüchterne Bürohäuser vorherrschen. Zu den wenigen Bürgerhäusern aus dem 18. Jahrhundert, die die Zeiten überdauert haben, gehört das Haus 22 Theobalds Road, in dem 1804 Benjamin Disraeli geboren wurde. Disraeli zählt zu den großen viktorianischen Politikern und war zweimal, 1868 und von 1874 bis 1880 Premierminister. Er war aber auch, was bei englischen Politikern nicht selten ist, ein erfolgreicher Schriftsteller. Seine erste Kurzgeschichte erschien, als er 15 Jahre alt war, und sein erster Roman, *Vivian Grey* (1826-27), war ein Bestseller. Ihm folgten *Coningsby* (1844), *Sybil* (1845) und *Tancred* (1847), politische Romane, mit denen Disraeli für soziale Reformen plädierte. Sie verraten beachtliches literarisches Talent, wenngleich Zeitgenossen wie der alternde Wordsworth sie »wertlos« oder, wie Anthony Trollope, »verlogen« nannten.

Geht man die Theobalds Road ein Stück weit nach Westen, kommt man zum Red Lion Square. Dieser Platz wurde 1684 auf einem Gelände angelegt, von dem es heißt, dort seien die Leichen Oliver Cromwells und zweier seiner Gefolgsleute zur Schau gestellt worden, nachdem man sie aus ihren Gräbern in Westminster Abbey entfernt hatte. Im Haus Nummer 17 an der Südseite des Platzes weist eine blaue Tafel darauf hin, daß hier im Jahre 1851 der junge Dichter Dante Gabriel Rossetti und einige Jahre später, 1856 bis 1859, die Künstler William Morris und Edward Burne-Jones wohnten.

Wir überqueren Theobalds Road und gelangen zu einem der vier Inns of Court, dem *Gray's Inn*. Die anderen, zu denen dieser literarische Spaziergang noch führen wird, sind Lincoln's Inn, Middle Temple und Inner Temple. Die Inns of Court entstanden gegen Ende des 13. Jahrhunderts als Ausbildungsstätten für die sogenannten »barristers«, d. h. Anwälte, die vor den höheren Gerichten plädieren dürfen. Heute haben viele Anwälte ihre Kanzlei und sogar ihre Wohnung in den Inns.

Besonders bemerkenswert an Gray's Inn sind seine Gartenanlagen, die, anders als in den übrigen Inns, der Öffentlichkeit zugänglich sind. Sie wurden 1606 von Sir Francis Bacon angelegt, und schon bald waren sie ein beliebter Ort für Spaziergänge. Samuel Pepys beispielsweise erwähnt in seinem berühmten Tagebuch des öfteren, er habe sich hier »der frischen Luft erfreut«. Auch Duellanten sollen sich in diesen Gärten häufig getroffen haben. An der Nordostseite von Gray's Inn Square stehen die Verulam Buildings, die ihren Namen von Sir Francis Bacon (1561-1626), dem späteren Lord Verulam haben, der hier fast fünfzig Jahre lang wohnte. Bacon trat 1576 als Student der Jurisprudenz in Gray's Inn ein, wurde 1586 Anwalt und übernahm 1608 das Amt des Schatzmeisters von Gray's Inn. Er bekleidete im Laufe seines Lebens verschiedene Staatsämter, betätigte sich daneben aber auch als Verfasser juristischer und biographischer Werke. Von seinen literarischen Schriften ist das utopische Werk *New Atlantis* (*Das neue Atlantis,* postum 1627 veröffentlicht) bekannt, vor allem aber seine *Essays*, die schon zu seinen Lebzeiten viel gelesen wurden. Es sind Essays voller Lebensweisheit, die sich vorwiegend mit der Frage befassen, wie man ein gutes Leben führen und wie man sich anderen Menschen gegenüber verhalten sollte. Daneben enthalten sie aber auch Prosastücke wie das »Über Gärten«, die seine Liebe zur Natur widerspiegeln.

Great Conservatory im Garten von Syon House bei Brentford

Es heißt, Bacon sei an den Folgen eines seiner wissenschaftlichen Experimente gestorben. In der Nähe von Highgate soll er ein geschlachtetes Huhn mit Schnee ausgestopft haben, um festzustellen, wie sich Kälte auf die Konservierung von Fleisch auswirkt. Dabei habe er sich eine Erkältung zugezogen, an deren Folgen er starb. Im South Square von Gray's Inn steht sein Denkmal, unweit der »Hall«, also des Versammlungs- und Speisesaals. In dieser »Hall«, die durch deutsche Luftangriffe schwer beschädigt und 1951 originalgetreu wiederaufgebaut wurde, fand 1594 die erste Aufführung von Shakespeares *Comedy of Errors* (*Komödie der Irrungen*) statt.

Ebenfalls am South Square, im Haus Nr. 1, befand sich die Kanzlei der Anwaltsfirma Ellis and Blackmore, wo in den Jahren 1827-28 der damals fünfzehnjährige Charles Dickens als Gehilfe arbeitete. Sein Schreibpult aus diesen Tagen ist im Dickens-Haus in der Doughty Street zu sehen. Weitere Mitglieder von Gray's Inn, die zu literarischem Ansehen gelangten, sind Sir Philip Sidney, Robert Southey und Lord Macaulay. Sidney (1554-86) erlangte mit seiner Romanze *Arcadia* großen Ruhm zu Lebzeiten, aber dieser Ruhm verblaßte allmählich, obwohl *Arcadia* auch heute noch auf den Lehrplänen der höheren Schulen in England steht. T. S. Eliot nannte es »ein Werk von monumentaler Langeweile«. Robert Southey (1774-1843) begann 1797 eine Anwaltsausbildung in Gray's Inn, fand dies aber »ein mühsames Geschäft« und brach sein Studium ab, um sich der Dichtung zu widmen. Er ließ sich im Lake District, dem seenreichen Nordwesten Englands nieder, wo auch William Wordsworth und zeitweise William Taylor Coleridge lebten. Zusammen mit diesen zählt Southey in der Literaturgeschichte zu den »Lake Poets«, auch wenn die

Qualität seiner Gedichte nicht an die von Wordsworth und Coleridge heranreicht. Statt dessen ist er wegen der literarischen Fehde in Erinnerung geblieben, die er sich mit Lord Byron lieferte, und wegen der spöttischen Seitenhiebe, die Byron im *Don Juan* gegen Southey austeilt. Lord Macaulay (1800-1859) schließlich wurde zwar, wie man im Englischen sagt, zum Anwalt berufen, aber auch er wandte sich schon bald dem Schreiben vor allem historischer Werke zu. Seine fünfbändige *History of England* (*Geschichte Englands,* 1855) war eins der am meisten verkauften englischen Bücher des 19. Jahrhunderts und wird noch heute aufgelegt. Es brachte Macaulay ein Vermögen und einen Adelstitel ein. Er lebte im Haus Nummer 8 South Square.

Man verläßt Gray's Inn durch einen hübsch verzierten Torbogen, in dem sich eine juristische Buchhandlung befindet, und gelangt so aus der Abgeschiedenheit und Stille der Kanzleien in die verkehrsreiche Straße *Holborn*. Wendet man sich nach links und überquert die Gray's Inn Road, dann stößt man nach wenigen Metern linker Hand auf die *Brooke Street*. Am Haus Nummer 39 erinnert eine blaue Plakette an den Dichter Thomas Chatterton, der sich hier 1770 im Alter von nur 17 Jahren vergiftete. Chatterton stammte aus Bristol, wo er 1752 in ärmlichen Verhältnissen zur Welt kam. Mit 14 Jahren, während er bei einem Anwalt in die Lehre ging, fing er an, Prosastücke in einem altertümlichen Englisch zu verfassen, die er, wie er behauptete, in einer alten Truhe in der Kirche St. Mary Redcliffe gefunden hatte. Wenig später legte er Gedichte eines Mönchs aus dem 15. Jahrhundert namens Rowley vor, die angeblich aus derselben Quelle stammten. Diese Werke erregten einiges Aufsehen, und 1770 begab sich Chatterton nach London in der Hoffnung, dort sein Glück zu machen. Der erhoffte Erfolg stellte sich jedoch nicht ein, der mittellose Chatterton war dem Verhungern nahe, und am 24. August 1770 nahm er sich das Leben. 1777 wurden die Rowley-Gedichte gedruckt, und sofort entbrannte ein leidenschaftlicher Streit darüber, ob sie echt seien. Es dauerte fast hundert Jahre, bis Walter Skeat, Professor für Altenglisch an der Universität Cambridge, 1871 nachwies, daß es sich um Fälschungen handelte. Das Leben und der tragische Tod des jungen Chatterton erregten derweilen die Gemüter der englischen Romantiker. William Wordsworth nannte ihn »den wundervollen Knaben, die ruhelose Seele, zugrunde gegangen in ihrer Blüte«, und John Keats widmete sein Gedicht »Endymion« (1818) dem Andenken Chattertons, von dem er sagte, er habe »das reinste Englisch geschrieben«. Der Maler Henry Wallis schuf 1856 das Bild »Der Tod des Chatterton«, das in der Tate Gallery zu sehen ist. Da kein Porträt Chattertons überliefert ist, nahm Wallis den Dichter und Romancier George Meredith als Modell. Der letzte öffentliche Vortrag, den Oscar Wilde hielt, hatte ebenfalls Thomas Chatterton zum Gegenstand, und auch ein deutscher Autor hat sich dieser Gestalt angenommen: 1928 erschien Ernst Penzoldts Roman *Der arme Chatterton. Geschichte eines Wunderkindes.*

Das Gedicht »Sentiment« (»Empfindung«) gehört zwar nicht zu den mittelalterlichen Plagiaten, ist aber in seiner romantischen Todessehnsucht doch charakteristisch für Chatterton:

Since we can die but once, what matters it
If rope or garter, poison, pistol, sword,
Slow-wasting sickness, or the sudden burst
Of valve arterial in the noble parts,

Curtail the miseries of human life?
Though varied is the cause, the effect's the same:
All to one common dissolution tends.

Hinter der Brooke Street erhebt sich der neugotische Backsteinbau der Versicherungsgesellschaft Prudential Assurance. Er steht an der Stelle des Furnival's Inn, in dem der junge Charles Dickens 1834-37 logierte. Eine Tafel und eine Büste im Innenhof erinnern an ihn. Hier schrieb er seine Skizzen aus dem Londoner Leben, die zunächst im Morning Chronicle abgedruckt wurden, bevor sie 1836 und 1837 unter dem Titel *Sketches by Boz* gebunden herauskamen. Auch die ersten Kapitel der *Pickwick Papers (Die Pickwikkier)*, des ersten Romans von Charles Dickens, wurden noch in Furnival's Inn geschrieben. Da er mittlerweile aber Catherine Hogarth geheiratet hatte und die Unterkunft nach der Geburt ihres ersten Kindes zu eng wurde, zog er mit seiner Familie im Januar 1837 in das Haus in der Doughty Street.

Geht man nun zurück, dann sieht man auf der gegenüberliegenden Seite von Holborn mehrere spitzgiebelige Fachwerkhäuser aus dem Jahre 1586 vor sich. Sie haben als einzige ihrer Art die Jahrhunderte und sogar die Bomben des Zweiten Weltkriegs überdauert und gehörten zum *Staple Inn*, einer weiteren Ausbildungsstätte für Anwälte, die 1884 aufgelöst wurde. Samuel Johnson, der Schriftsteller und einflußreiche Kritiker des 18. Jahrhunderts, hatte in den Jahren 1759-60 eine Wohnung im Staple Inn. Dort soll er innerhalb einer einzigen Woche den Roman *Rasselas* geschrieben haben, um mit dem Honorar die Beerdigung seiner Mutter bezahlen zu können.

Nathaniel Hawthorne (1804-64), der amerikanische Erzähler, hielt sich in den Jahren 1853-60 in England auf und schrieb in seinen *English Notebooks (Notizen aus England)* über seinen Besuch des Anwaltsviertels und besonders über Staple Inn:

»Ich durchschritt einen Torbogen (was ich fast immer tue, wenn ich einen sehe) und stand gleich darauf in einem weiten, mit Kies bestreuten Geviert, das von schlichten, ernst und abweisend wirkenden Bauten aus dunklem Ziegelstein eingefaßt war. Dies war Gray's Inn, wo zahlreiche Anwälte ihren Sitz haben. Im Weitergehen sah ich über einem anderen Tor die Inschrift ›Furnival's Inn‹, aber da dieser auf der anderen Straßenseite lag, ging ich nicht hin, sondern folgte Holborn weiter und trat dann durch einen breiten Torbogen, über dem ›Staple Inn‹ stand. Auch dort befanden sich offenbar Kanzleien, aber etwas abseits, in einem dahinter gelegenen ruhigen Innenhof standen Wohnhäuser, und außer Rasenflächen gab es dort auch hübsche grüne Sträucher und viele Sonnenblumen in voller Blüte. Die Fenster standen offen; es war ein lieblicher Sommernachmittag, und mir ist, als wären Bienen umhergesummt, aber vielleicht habe ich mir das nur eingebildet, weil es so schön ins Bild gepaßt hätte. In einem der Fenster saß ein Junge und las. In ganz England hätte man keinen stilleren Winkel finden können, und es mutete mich sonderbar an, von Holborn mit seinem lauten Treiben so unversehens hierher geraten zu sein und diese Abgeschiedenheit dann ebenso plötzlich wieder hinter mir zu lassen, sobald ich den äußeren Hof durch den Torbogen verließ. In all den Jahrhunderten seit der Erbauung Londons hat die Stadt diese kleine Insel der Ruhe nicht mit ihrem Lärm überfluten können. In Holborn sah ich anschließend die altertümlichsten Häuser, die ich bis jetzt in London entdeckt habe, aber besonders bemerkenswert fand ich sie nicht.«

Gleich neben den Fachwerkhäusern aus der Tudorzeit biegt man in die schmale *Chancery Lane* ein. Juristische Buchhandlungen und Geschäfte, in denen es Talare, Perücken und andere Insignien des Anwalts- und Richterstandes gibt, deuten darauf hin, daß man sich hier mitten im Juristen- und Gerichtsviertel befindet. John Clare, der Dichter, der zeitlebens unter schizophrenen Zuständen litt und schließlich in geistiger Umnachtung starb, beschreibt in seiner Autobiographie aus dem Jahr 1824, wie Chancery Lane auf ihn wirkte:

»Ich konnte es nicht ertragen, durch die dunkle Enge von Chancery Lane zu gehen. Es war genauso schlimm, als wollte man einen Ort betreten, an dem es spukt, und eines Nachts nahm ich es sogar lieber in Kauf, mich zu verirren, als dort hindurchzugehen. Es half nichts, daß ich meinen ganzen Mut aufbot, um diese Straße zu betreten: Mir ging der Gedanke nicht aus dem Sinn, daß ich dort ganz gewiß den Tod finden oder dem Teufel begegnen würde. So ging ich also daran vorüber und versuchte, auf einem anderen Weg in die Fleet Street zu gelangen, aber schon bald hatte ich mich verirrt, und je mehr ich mich bemühte, den richtigen Weg zu finden, umso mehr ging ich in die Irre. Schließlich bot ich einem Wachmann einen Shilling, wenn er mich hinführte, aber er entgegnete, dafür würde er sich den Weg nicht machen, und verlangte eine halbe Krone, die ich ihm auch bereitwillig gab.«

Auf der rechten Seite von Chancery Lane gelangt man durch einen unscheinbaren Torbogen auf einen weiten Platz, New Square, der zu einem weiteren Inn of Court, nämlich *Lincoln's Inn* gehört. Am anderen Ende des New

Leadenhall Market

Square liegt Old Hall, ein Bau aus dem späten 15. Jahrhundert. Hier hatte zwischen 1733 und 1873 das Kanzleigericht (Court of Chancery) seinen Sitz. Dieser Gerichtshof, der u. a. für Erbschafts- und Vormundschaftsangelegenheiten zuständig war, stand im Ruf, Prozesse endlos in die Länge zu ziehen und jeden Sachverhalt mit einem undurchsichtigen Nebel von juristischen Spitzfindigkeiten zu umgeben. Ein solcher Vormundschaftsprozeß steht im Mittelpunkt des Romans *Bleak House* von Charles Dickens, und der berühmte Anfang dieses Romans macht den berüchtigten Londoner Nebel zum Sinnbild für die Verschleierungen des Kanzleigerichts.

»London. Der Michaelitermin ist vorüber, und der Lordkanzler sitzt in Lincoln's Inn Hall. Abscheuliches Novemberwetter. So viel Schmutz in den Straßen, als wenn sich die Wasser eben erst von der Erde verlaufen hätten und es gar nicht verwunderlich wäre, einem vierzig Fuß langen Megalosaurus zu begegnen, der wie eine elefantengroße Eidechse Holborn Hill hinaufwatschelt. Der Rauch senkt sich von den Schornsteinen nieder in einem feinen schwarzen Regen, mit Rußflocken, so groß wie ausgewachsene Schneeflocken – die, so könnte man sich einbilden, in Schwarz um den Tod der Sonne trauern. Hunde, vor Schmutz unkenntlich, Pferde, nicht viel besser und bis an die Scheuklappen mit Schmutz bespritzt, Fußgänger, die sich, von einer allgemeinen Seuche übler Laune angesteckt, mit ihren Regenschirmen durcheinanderdrängen und an Straßenecken ausgleiten, wo Zehntausende von Fußgängern seit Anbruch des Tages (wenn er überhaupt angebrochen ist) ausgeglitten sind und neue Schichten auf die Rinden Schmutz gehäuft haben, die an diesen Stellen zäh am Pflaster kleben und wie mit Zins und Zinseszins anwachsen.

Nebel überall. Nebel stromaufwärts, wo der Strom zwischen Buschwerk und Auen fließt; Nebel stromabwärts, wo er sich schmutzig zwischen Reihen von Schiffen und dem Uferunrat einer großen – und schmutzigen – Stadt hindurchwälzt. Nebel auf den Sümpfen von Essex und Nebel auf den Höhen von Kent. Nebel kriecht in die Kabusen der Kohlenschiffe; Nebel liegt draußen auf den Rahen und klimmt empor durch das Tauwerk großer Schiffe; Nebel senkt sich auf die Bollwerke von Barken und kleinen Booten. Nebel dringt in die Augen und Kehlen der alten Greenwich-Invaliden, die am Kamin in ihrem Kämmerchen keuchen; Nebel dringt in das Rohr und in den Kopf der Nachmittagspfeife des grimmigen Schiffsherrn unten in seiner engen Kajüte; und Nebel schleicht sich unbarmherzig an Finger und Zehen des fröstelnden kleinen Schiffsjungen auf dem Deck. Vorübergehende schauen von der Brücke über das Geländer hinunter in einen Nebelhimmel und sind rings von Nebel umgeben, als ob sie in einem Luftballon in den grauen Wolken hingen.

Da und dort in den Straßen blinzeln trübäugige Gaslaternen durch den Nebel, so wie jetzt der Ackersmann und der Pflügerjunge von den durchweichten Feldern aus die Sonne sehen. Die meisten Läden haben zwei Stunden vor der Zeit Licht angezündet – was das Gaslicht zu wissen scheint, denn es scheint bleich und widerwillig.

Der rauhe Nachmittag ist am rauhesten, der dicke Nebel am dicksten und die schmutzigen Straßen am schmutzigsten in der Nähe jenes bleiköpfigen alten Ungetüms, das eine passende Zier für die Schwelle einer bleiköpfigen alten Institution ist: Temple Bar. Und dicht bei Temple Bar, in Lincoln's Inn Hall, mitten im Herzen des Nebels, sitzt der Lord Oberkanzler in seinem hohen Kanzleigerichtshof.

Nie kann der Nebel zu dick, nie können Schmutz und Kot zu tief sein, um dem umnachteten und verschlammten Zustand zu entsprechen, in dem sich dieser hohe Kanzleigerichtshof, dieser schlimmste aller alten Sünder, an einem solchen Tag dem Himmel und der Erde darstellt.«

Gegenüber der Stelle, wo Chancery Lane auf die *Fleet Street* stößt, gelangt man durch einen Torbogen zu zwei weiteren Inns of Court, *Inner und Middle Temple*, die der Einfachheit halber auch als »The Temple« bezeichnet werden. Der Name leitet sich von den Tempelrittern her, einem Kreuzritterorden, der im 12. Jahrhundert auf diesem Gelände eine Kirche und ein Kloster errichtete. Der Templerorden ist freilich längst untergegangen, nur sein Name ist geblieben und einige seiner alten Gebäude. Über den Wandel, der sich hier vollzogen hat, sinniert Herman Melville in seinem Prosastück »The Paradise of Bachelors« (Das Paradies der Junggesellen):

»Der Eisenschuh hat sich in einen Lederstiefel verwandelt und das Langschwert in einen Federkiel; der einstige Verteidiger des Sarkophags tritt jetzt (wenn er mit seinen Waffen gut umzugehen versteht) in mehr als einem Fall als Verteidiger vor Gericht auf; er, der dazumal geschworen hatte, den Zugang zum Heiligen Grab freizumachen und offenzuhalten, sieht es heute als seine vornehmste Aufgabe an, den Gang der Gerechtigkeit zu behindern und zu blockieren; der Ritter, der sich bei Akkra mit den Sarazenen geschlagen hat und spitzen Speeren widerstand, schlägt sich in unseren Tagen in Westminster Hall mit juristischen Spitzfindigkeiten herum. Sein Helm ist jetzt eine Perücke. Wie durch Zauberei ist aus dem Tempelritter ein Anwalt geworden ...«

Zu den besonderen Sehenswürdigkeiten des Temple gehört Temple Church, eine von nur sechs Rundkirchen, die es in England noch gibt. Sie lehnt sich in ihrer Form an die Grabeskirche in Jerusalem an. Vor der Kirche befindet sich der Grabstein Oliver Goldsmiths, die genaue Lage seines Grabes ist jedoch unbekannt. Wie viele andere Reisende besuchte auch der amerikanische Romancier William Dean Howells, ein Freund von Mark Twain und Henry James, den Temple:

»Wir verließen unsere Kutsche am Embankment und gingen zu Fuß hinauf zur Temple Church. Ich will es dem Leser ersparen, mit uns diese Kirche zu besichtigen, und will ihn lediglich auf eine Merkwürdigkeit hinweisen, welche die Bildnisse der Tempelritter betrifft, die mit übereinandergeschlagenen Beinen auf dem Boden des Rundbaus ruhen, den man vom Kircheneingang her betritt. Einer unserer Begleiter äußerte nämlich die felsenfeste Überzeugung, diese Kreuzfahrer hätten, seit er sie zuletzt sah, ihre Lage unverkennbar geändert. Nicht etwa, daß sie die Beine jetzt andersherum gekreuzt hätten oder etwas ähnlich Nichtiges – vielmehr lägen sie nun Seite an Seite, während sie vormals, dem Grundriß des Baus entsprechend, in einem Kreis gelegen hätten, wobei ihre langen Fußspitzen nach innen wiesen. Wir konnten uns diese Veränderung nicht erklären. Der Küster behauptete, es sei alles beim alten, aber er war ein träger, trüber Geist und vor allem darauf bedacht, die Tür verschlossen zu halten, so daß man ohne seine Hilfe nicht hinaus konnte und ihm entweder ein Trinkgeld zahlen oder die Dreistigkeit aufbringen mußte, es ihm zu verweigern.«

William Makepeace Thackeray, Zeitgenosse von Dickens und vor allem bekannt als Autor von *Vanity Fair (Jahrmarkt der Eitelkeit)*, trat 1831 als Student in den Middle Temple ein, gab aber die Juristerei schon bald zugunsten eines

Kunststudiums und journalistischer Arbeit wieder auf. Dennoch scheint er den Temple und seine Verbindung mit literarischen Größen des 18. Jahrhunderts in angenehmer Erinnerung behalten zu haben, denn im 29. Kapitel seines Romans *The History of Pendennis (Die Geschichte von Pendennis)* liest man:

»Ich weiß nicht, ob ein Student der Rechte sich je von Gefühlen der Begeisterung fortreißen läßt oder sich poetischen Reminiszenzen hingibt, wenn er an einer Reihe altehrwürdiger Anwaltskanzleien vorübergeht, aber ein Schriftsteller muß diesen Ort einfach lieben, an dem so viele seiner Zunftgenossen gewohnt und den so viele ihrer Schöpfungen bevölkert haben, die uns bis heute nicht minder wirklich erscheinen wie die Autoren, deren Kinder sie waren – und Sir Roger Coverley, der durch die Gärten des Temple spaziert und sich dabei mit Mr. Spectator über die hübschen Damen mit ihren Reifröcken und Schönheitspflästerchen unterhält, welche auf dem Gras lustwandeln, ist für mich eine genauso lebendige Gestalt wie der alte Samuel Johnson, der, dicht gefolgt von dem schottischen Gentleman, durch den Nebel stapft auf dem Weg zur Wohnung Dr. Goldsmiths im Brick Court; oder Harry Fielding mit tintenbespritzten Manschetten und einem feuchten Handtuch um die Stirn, der noch um Mitternacht hastig Artikel für das Covent Garden Journal verfaßt, während der Laufjunge des Druckers draußen vor der Tür schläft.«

Oliver Goldsmith, der Dramatiker und Romancier, wohnte von 1765 bis zu seinem Tod im Jahre 1774 in 2 Brick Court. Er war eng mit Samuel Johnson befreundet, der den in praktischen Dingen hilflosen Goldsmith vor Ruin und Elend dadurch bewahrte, daß er dessen Manuskript zu *The Vicar of Wakefield (Der Pfarrer von Wakefield,*

1766) einem Verleger verkaufte. Johnson sagte von seinem Freund: »Ohne seine Schreibfeder ist er der dümmste aller Menschen, aber mit ihr ist er der klügste«, und erklärend fügte er hinzu: »Goldsmith sollte niemals versuchen, brillante Konversation zu machen: er hat nicht das Talent dazu und ist zutiefst beschämt, wenn es ihm mißlingt.«

Ganz in der Nähe, in 4 Middle Temple Lane, hatte Henry Fielding eine Wohnung, nachdem er 1737 in den Middle Temple eingetreten war, um Jurisprudenz zu studieren und Anwalt zu werden. Seine Theaterstücke hatten ihm nicht viel Geld eingebracht, aber auch als Anwalt war er nicht sehr erfolgreich. Ruhm erlangte er schließlich mit dem Roman *Tom Jones* (1749).

Ähnlich liebevoll wie die Erinnerungen Thackerays sind jene, die Charles Lamb (1775-1834), der Essayist und Verfasser der *Tales from Shakespeare (Shakespeare nacherzählt)*, mit dem Temple verbindet. Sein Vater war Kanzleischreiber im Inner Temple, und Lamb kam in 2 Crown Office Row zur Welt, wo eine Gedenkplakette an ihn erinnert. In einem seiner Essays heißt es:

»Ich wurde im Temple geboren und verbrachte dort die ersten sieben Jahre meines Lebens. Seine Kirche, seine Hallen, seine Gärten, sein Brunnen – fast hätte ich hinzugesetzt: sein Fluß, denn in diesen Kindertagen war der königliche Fluß für mich ja nichts weiter als der Spender des Wassers für unsere lieblichen Anlagen –, sie gehören zu meinen frühesten Erinnerungen.

Zweifellos ist der Temple einer der schönsten Orte in der Metropole. Wie muß es einen Mann vom Lande überraschen, der zum ersten Mal London besucht und aus dem Gewühl des Strand oder der Fleet Street über versteckte Zugänge plötzlich auf weite, prachtvolle Plätze und grüne

Winkel von klassischer Schönheit stößt! Welch einen freundlichen, großzügigen Anblick bietet jener Teil des Temple, der den größeren der Gärten von drei Seiten umschließt, jener schöne Bau ›mit starken Mauern, auch wenn er Papier im Namen führt‹ (das Paper Building), und ihm gegenüber das zierliche ältere, malerisch überwucherte Gebäude, das nach Harcourt benannt ist, während die heitere Crown Office Row, wo ich liebenswürdigerweise gezeugt wurde, auf den Fluß hinabschaut, der, an dieser Stelle noch kaum vom Gewerbe verschmutzt, vielmehr gerade erst den Najaden von Twickenham entwachsen, das untere Ende des Gartens benetzt. Wer wäre nicht gern hier geboren! Als gehörte sie zu einem College, so sieht die prächtige Halle aus elisabethanischer Zeit aus, vor welcher der Springbrunnen steht, den ich wer weiß, wie oft zum Erstaunen der Kinder, meiner Spielgefährten habe steigen und fallen lassen, und da sie seine wunderliche Mechanik nicht kannten, waren sie fast geneigt, dieses seltsame Geschehen für Zauberei zu halten. Wie altertümlich wirkten die nun kaum noch lesbaren Sonnenuhren mit ihren sinnigen Inschriften, die fast so alt wirkten wie die Zeit, welche sie maßen, und die ihr Wissen um die Vergänglichkeit der Stunden unmittelbar vom Himmel zu haben schienen, mit dessen Lichtspender sie in enger Beziehung standen. Wie unmerklich stahl sich die dunkle Linie immer weiter, von kindlichen Augen genau beobachtet, die ihren Fortgang zu entdecken trachteten und ihn doch nie ausmachen konnten, da er so ungreifbar war wie eine flüchtige Wolke oder die ersten Anfänge des Schlafs.

Was für ein totes Ding ist dagegen doch eine mechanische Uhr mit ihren schwerfälligen Innereien aus Blei und Messing, wie eintönig sind ihre geschwätzigen oder feierlichen Mitteilungen, verglichen mit der schlichten, altargleichen

Lagerhaus in der Tavistock Street nahe Covent Garden

Form und der stummen, zu Herzen gehenden Sprache einer alten Sonnenuhr! Gleich einem Gartengott des christlichen Gartens stand sie da. Warum nur ist sie fast überall verschwunden?

Auch die künstlichen Brunnen verschwinden schnell aus der großen Stadt, die meisten sind ausgetrocknet oder zugeschüttet. Im Hof von Lincoln's Inn standen vier kleine Marmorknaben mit Flügeln, die selbstvergessen spielten und aus ihren unschuldig-kecken Mündern endlose Wasserstrahlen spien, als ich kaum größer war als sie. Sie sind nicht mehr, und der Brunnen ist zugeschüttet. Man sagt, so etwas sei nicht mehr modern und gelte heute als kindisch. Aber warum tut man den Kindern nicht den Gefallen, sie stehenzulassen? Anwälte waren doch auch einmal Kinder, und die Figuren könnten Erinnerungen in ihnen wecken. Warum muß denn alles so ernst, so bitterernst sein? Oder findet sich in den Herzen der Klügsten und Besten nicht doch noch etwas Kindliches, das für den Zauber der frühen Jahre empfänglich geblieben ist? Gewiß, die Figuren waren grotesk. Aber sind die lebenden Figuren mit ihren steifen Perükken, die noch heute auf diesem Gelände einherflattern, etwa weniger bizarr anzusehen? Und ist der Fluß ihrer Beredsamkeit auch nur halb so erquickend und unschuldig wie das kühle Naß, das diese rundlichen Cherubim im Spiel verspritzten?«

In der »prächtigen Halle aus elisabethanischer Zeit«, die Lamb erwähnt, nämlich der Middle Temple Hall, wurde am 12. Februar 1601 William Shakespeares Komödie *Twelfth Night (Was ihr wollt)* uraufgeführt. Die Halle, 1573 fertiggestellt, ist in der Tat prächtig mit ihrer reich verzierten Decke, den eichengetäfelten Wänden und der 10 Meter langen Tafel für die »Bencher«, die älteren Mitglieder des

Middle Temple, die aus einer einzigen Eiche gefertigt wurde und der Überlieferung zufolge von Elisabeth I. gestiftet wurde. Heute nehmen dort die Anwälte des Middle Temple ihr Mittagessen ein, und die Studenten, die ihre Ausbildung beendet haben, werden in der Middle Temple Hall in einer feierlichen Zeremonie in den Anwaltsstand berufen. Der Garten, der sich zum Embankment erstreckt und vor 1860 bis zur Themse reichte, soll der Ort sein, an dem die Anhänger der Häuser Lancaster und York weiße beziehungsweise rote Rosen pflückten, Symbole ihres Streits um die Thronfolge, der zu jenem Rosenkrieg führte, den Shakespeare in den Historienstücken *Henry VI (Heinrich VI.)* und *Richard III.* dramatisiert hat. In *Heinrich VI.* prophezeit Warwick: »... der heut'ge Zank, / Der zur Parteiung ward im Tempel-Garten, / Wird zwischen roter Rose und der weißen / In Tod und Todsnacht tausend Seelen reißen.«

8. STRAND UND FLEET STREET

Charing Cross
Villiers Street
Craven Street
Strand
Adelphi
Waterloo Bridge
Fleet Street
Gough Square
Ludgate Circus
Blackfriars

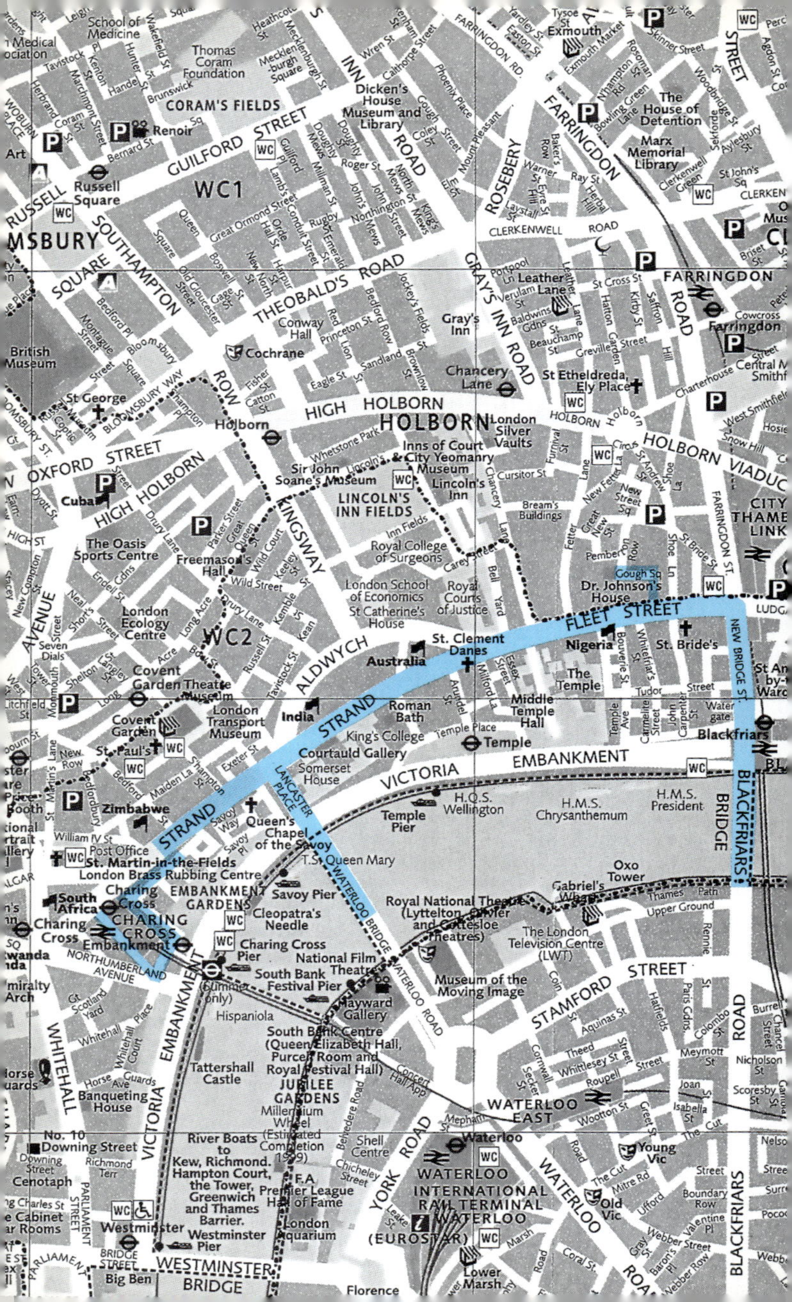

School of Medicine
Thomas Coram Foundation
CORAM'S FIELDS
Dicken's House Museum and Library
FARRINGDON RD.
Exmouth
Exmouth Market
The House of Detention
Marx Memorial Library
Renoir
GUILFORD STREET
WC1
Russell Square
RUSSELL
MSBURY
SOUTHAMPTON
SQUARE
THEOBALD'S ROAD
GRAY'S INN ROAD
ROSEBERY
FARRINGDON
CLERKENWELL ROAD
Leather Lane
FARRINGDON ROAD
Farringdon
Gray's Inn
Conway Hall
Cochrane
British Museum
St George
BLOOMSBURY WAY
Chancery Lane
St Etheldreda, Ely Place
HIGH HOLBORN
HOLBORN
Holborn
London Silver Vaults
HOLBORN VIADUCT
Inns of Court & City Yeomanry Museum
Sir John Soane's Museum
Lincoln's Inn
LINCOLN'S INN FIELDS
OXFORD STREET
HIGH HOLBORN
Cuba
KINGSWAY
Royal College of Surgeons
The Oasis Sports Centre
Freemason's Hall
CITY THAMES LINK
London School of Economics
St Catherine's House
Royal Courts of Justice
Dr. Johnson's House
Gough Sq
FLEET STREET
London Ecology Centre
WC2
AVENUE
Seven Dials
ALDWYCH
St. Clement Danes
Australia
Nigeria
St. Bride's
NEW BRIDGE ST.
Covent Garden Theatre Museum
The Temple
Covent Garden
London Transport Museum
India
STRAND
Roman Bath
Middle Temple Hall
Blackfriars
King's College
Temple
St. Paul's
Courtauld Gallery
Somerset House
VICTORIA EMBANKMENT
Zimbabwe
STRAND
LANCASTER PLACE
Queen's Chapel of the Savoy
Temple Pier
H.Q.S. Wellington
H.M.S. Chrysanthemum
H.M.S. President
BLACKFRIARS BRIDGE
Post Office
St. Martin-in-the-Fields
London Brass Rubbing Centre
T.S. Queen Mary
Oxo Tower
South Africa
Charing Cross
EMBANKMENT GARDENS
Savoy Pier
WATERLOO BRIDGE
Royal National Theatre (Lyttelton, Olivier and Cottesloe Theatres)
Gabriel's Wharf
CHARING CROSS
Embankment
Cleopatra's Needle
The London Television Centre (LWT)
Charing Cross Pier
National Film Theatre
NORTHUMBERLAND AVENUE
South Bank Festival Pier
Museum of the Moving Image
STAMFORD STREET
Hayward Gallery
EMBANKMENT
Hispaniola
South Bank Centre (Queen Elizabeth Hall, Purcell Room and Royal Festival Hall)
WATERLOO ROAD
WHITEHALL
Tattershall Castle
JUBILEE GARDENS
Millennium Wheel (Estimated Completion 1999)
Banqueting House
VICTORIA
WATERLOO EAST
No. 10 Downing Street
River Boats to Kew, Richmond, Hampton Court, the Tower, Greenwich and Thames Barrier.
Shell Centre
Waterloo
Young Vic
Cenotaph
PARLIAMENT STREET
F.A. Premier League Hall of Fame
WATERLOO INTERNATIONAL RAIL TERMINAL
WATERLOO (EUROSTAR)
YORK ROAD
WATERLOO
Old Vic
Cabinet War Rooms
London Aquarium
Westminster
Westminster Pier
Lower Marsh
BLACKFRIARS
Big Ben
WESTMINSTER BRIDGE
Florence

Unser Spaziergang beginnt an *Charing Cross Station* [Foto S. 106]. Der Schriftsteller William Dean Howells (1837-1926), um die Jahrhundertwende aus Amerika zu Besuch in London, schildert die Vorzüge dieses Bahnhofs:

»Charing Cross unterscheidet sich von den anderen Bahnhöfen dadurch, daß er als einziger einen Eingang für den König besitzt. Zweifellos gibt es dafür einen Grund, aber da die Angehörigen des königlichen Haushalts immerzu in alle Himmelsrichtungen verreisen, ist es schwer einzusehen, warum die übrigen Bahnhöfe nicht eine ebensolche Einrichtung haben. Man kann sich kaum vorstellen, daß der König und die Königin einen gewöhnlichen Bahnhofseingang benutzen, und doch ist es überall so außer in Charing Cross, ungeachtet der Beschwerlichkeiten, die das für gekrönte Häupter bedeuten muß. Auch besitzt kein anderer Bahnhof die moderne Nachbildung eines Königin-Eleonore-Kreuzes, aber das liegt natürlich daran, daß nirgendwo sonst die Stelle war, wo ihr Sarg auf dem Weg von Lincoln zu seiner letzten Ruhestätte in Westminster ein letztes Mal abgesetzt wurde. Dieser Mangel ist freilich zu verschmerzen, wenn man eines der originalen Kreuze wie etwa das in Northampton gesehen hat, denn auch wenn es die Viktorianer gut gemeint haben, als sie das Denkmal von Charing Cross nachbilden ließen, so ist es eben doch kein Kunstwerk des Jahres 1291 geworden. Der fanatische Eifer, dem das alte Kreuz 1647 zum Opfer fiel, kommt einem nicht brutaler vor als die steinerne Detailgenauigkeit des modernen Werks, die dem Auge wehtut und auch durch das milde Londoner Licht nicht erträglicher wird. Da steht es in Sichtweite der vorbeieilenden Droschken, der schwerfälligen Omnibusse und der wie Regentropfen prasselnden Schritte der Passanten und ist so unverkennbar neuzeitlich wie nur irgend etwas am Strand. Es ist lediglich eines von vielen Beispielen für die Vergeblichkeit des Restaurierens, das zwar in einer so zerstörerischen oder vielleicht auch nur sich verschleißenden Welt wie der unseren notwendig ist und doch bloß leblose Kopien des Vergangenen zustande bringt und nichts Lebendiges.

Glücklicherweise ändert das nichts an der Vorrangstellung des Charing Cross-Bahnhofs vor anderen Bahnhöfen, die hauptsächlich auf seiner Lage im betriebsamen Herzen der Stadt und auf einer gewissen Weiträumigkeit beruht, die mitunter, wie etwa an Hyde Park Corner, die Helligkeit des Sonnenscheins zu ersetzen vermag. Je nachdem, wo man wohnt, mag Charing Cross näher oder weiter entfernt liegen, aber von den wichtigen Punkten der Stadt ist er nicht so entrückt wie zum Beispiel der Bahnhof Waterloo, der einen bei der Ankunft an die Peripherie verweist, oder Vauxhall, der irgendwo am Rande der Zivilisation verborgen ist, oder King's Cross, der im Straßengewirr jenseits des finstersten Bloomsbury eingezwängt liegt. Selbst Paddington, das in einer besseren Gegend gelegene Tor zum schönen Westen Englands, hat nicht den Reiz von Charing Cross. Und auch Euston, wo die altmodische Dampferreise von New York nach Liverpool schließlich endet und das Schiff einem bis zuletzt ein Gefühl von Heimat vermittelt, hält einen eben durch diese liebenswürdige Verzögerung vom eigentlichen London fern. Nur in Charing Cross ist man augenblicklich und unzweifelhaft mitten im London seiner Träume.«

Gleich links neben dem Bahnhof (wenn man auf seine Fassade sieht) verläuft eine schmale, leicht abschüssige Straße: *Villiers Street*. Hier wohnte zwischen 1889 und

1891 im Haus Nummer 43 Rudyard Kipling, der Autor des *Jungle Book (Dschungelbuch)*. In seiner Autobiographie beschreibt er das Milieu dieser Straße:

»Ich nahm mir eine Wohnung in der Villiers Street nicht weit vom Strand, wo die Menschen und ihre Sitten vor sechsundvierzig Jahren noch roh und leidenschaftlich waren. Die Zimmer waren eng und nicht sonderlich sauber und ordentlich, aber von meinem Schreibtisch aus konnte ich durch die Oberlichter von Gattis Varieté, das genau gegenüber auf der anderen Straßenseite lag, fast bis auf die Bühne sehen. Durch meine Träume rumpelten auf der einen Seite die Züge des Charing Cross-Bahnhofs, auf der anderen die Fahrzeuge vom Strand, und vor meinem Fenster zogen die Schiffe auf der Themse vorüber.

Unter meiner Wohnung befand sich eine Imbißstube von Harris, dem Wurstkönig, wo man für zwei Pence so viel Wurst mit Kartoffelbrei bekam, daß man vom Frühstück bis zum Abendessen satt war – vorausgesetzt, man saß zufällig mit jemandem am selben Tisch, der sich nicht allein von Wurst ernähren mußte. Guter Tabak kostete in jenen Tagen zwei Pence die halbe Unze, sofern man sich nicht zu billigem Shag genötigt sah oder zu türkischem Tabak für sechs Pence aufschwingen konnte. Und vier Pence kostete der Eintritt bei Gatti. Dort lauschte ich in Begleitung einer schon älteren, aber rechtschaffenen Kellnerin aus einer nahe gelegenen Kneipe hingerissen den schmissigen Couplets der *Lion and Mammoth Comiques* und den etwas schrilleren, aber nicht minder schmissigen Darbietungen der Bessies und Bellas, die ich oft unter meinem Fenster mit den Droschkenkutschern streiten hörte, wenn sie in aller Eile von einer Varietévorstellung zur nächsten fahren wollten. Eine dieser Damen entzückte uns manchmal mit kleinen Stegreifgeschichten, die sie mit den entrüsteten Worten ›Ihr werdet's nicht glauben, was mir gerade passiert ist!‹ begann. Na, und ob wir ihr glaubten! Schließlich hatten ja manche von uns einen Teil des Streits mitbekommen, kurz bevor sie hereingestürmt war.«

Wer nun einen kleinen Umweg nicht scheut, um das Haus zu sehen, in dem Heinrich Heine 1827 wohnte, geht die Villiers Street in Richtung zur Themse hinunter und nimmt die erste Gelegenheit wahr, nach rechts unter den Bahngleisen hindurch abzubiegen. Eine weitere Rechtswendung bringt einen dann in eine schmale Sackgasse, die parallel zum Bahnhof verläuft, *Craven Street*. Hier wohnten, worauf Tafeln an den Häusern hinweisen, zum einen im Haus Nummer 36 der amerikanische Diplomat, Wissenschaftler und Verfasser einer Autobiographie, Benjamin Franklin (1724-26) und dann in Nummer 32 Heinrich Heine. Wie man in seinen *Reisebildern* nachlesen kann, war Heine von London nicht sehr angetan:

»Ich habe das Merkwürdigste gesehen, was die Welt dem staunenden Geiste zeigen kann, ich habe es gesehen und staune noch immer – noch immer starrt in meinem Gedächtnisse dieser steinerne Wald von Häusern und dazwischen der drängende Strom lebendiger Menschengesichter mit all ihren bunten Leidenschaften, mit all ihrer grauenhaften Hast der Liebe, des Hungers und des Hasses – ich spreche von London.

Schickt einen Philosophen nach London; beileibe keinen Poeten! Schickt einen Philosophen hin und stellt ihn an eine Ecke von Cheapside, er wird hier mehr lernen, als aus allen Büchern der letzten Leipziger Messe; und wie die Menschenwogen ihn umrauschen, so wird auch ein Meer von neuen Gedanken vor ihm aufsteigen, der ewige Geist, der darüber schwebt, wird ihn anwehen, die verborgensten Geheimnisse der gesellschaftlichen Ordnung werden sich ihm plötzlich offenbaren, er wird den Pulsschlag der Welt hörbar vernehmen und sichtbar sehen – denn wenn London die rechte Hand der Welt ist, die tätige, mächtige rechte Hand, so ist jene Straße, die von der Börse nach Downingstreet führt, als die Pulsader der Welt zu betrachten.

Aber schickt keinen Poeten nach London! Dieser bare Ernst aller Dinge, diese kolossale Einförmigkeit, diese maschinenhafte Bewegung, diese Verdrießlichkeit der Freude selbst, dieses übertriebene London erdrückt die Phantasie und zerreißt das Herz. Und wolltet ihr gar einen deutschen Poeten hinschicken, einen Träumer, der vor jeder einzelnen Erscheinung stehenbleibt, etwa vor einem zerlumpten Bettelweib oder einem blanken Goldschmiedladen – oh! dann geht es ihm erst recht schlimm, und er wird von allen Seiten fortgeschoben oder gar mit einem milden God damn! niedergestoßen. God damn! das verdammte Stoßen! Ich merkte bald, dieses Volk hat viel zu tun. Es lebt auf einem großen Fuße, es will, obgleich Futter und Kleider in seinem Lande teurer sind als bei uns, dennoch besser gefüttert und besser gekleidet sein als wir; wie zur Vornehmheit gehört, hat es auch große Schulden, dennoch aus Großprahlerei wirft es zuweilen seine Guineen zum Fenster hinaus.«

Wir kehren nun zum Bahnhofsvorplatz zurück, der von hier aus leichter zu finden sein dürfte als umgekehrt Craven Street von dort aus, und blicken auf den *Strand*. Für deutsche Ohren klingt der Name dieser belebten Straße, Strand, eigentümlich, und ein Strand in unserem Sinne war dort auch nie. Wohl aber war hier – oder jedenfalls ganz in der Nähe – jahrhundertelang das Ufer der Themse, bis der Fluß 1860 reguliert und eine Ufertrasse, das »Embankment« aufgeschüttet wurde. Am Strand wechseln sich Geschäfte aller Art, Theater und Lokale in bunter Folge ab, ähnlich wie 1782, als Karl Philipp Moritz, der Verfasser des *Anton Reiser*, London besuchte:

»Gar bequem deucht einem Fremden der mit breiten Steinen gepflasterte Weg an beiden Seiten der Straßen, wo man vor der entsetzlichen Menge von Wagen und Kutschen auf den Straßen so sicher ist, wie in seiner Stube; denn kein Rad darf nur um einen Fingerbreit hinüber kommen. Zudes erfordert es die Höflichkeit, eine Dame oder jemand, den man ehren will, nicht etwa wie bei uns immer zur Rechten, sondern an der Seite der Häuser (*wall-side*), es sei nun übrigens die rechte oder linke, gehen zu lassen, weil diese die bequemste und sicherste ist. Mitten auf der Straße wird man in London nicht leicht einen vernünftigen Menschen gehen sehen, ausgenommen, wenn man quer über Charing Cross muß, welches bei Charing Cross und andern Plätzen, wo sich verschiedne Straßen durchkreuzen, wirklich gefährlich ist.

Sehr auffallend ist es, wenn man, besonders auf dem Strand, wo ein Kaufmannsgewölbe an das andere stößt und oft Leute von sehr verschiednem Gewerbe in einem Hause wohnen, die Häuser oft von unten bis oben mit großen, an aufgehängte Tafeln gemalten Buchstaben beschrieben sieht. Alles, was in dem Hause lebt und webt, prangt auch mit einem Schilde vor der Türe, und da ist in der Tat kein Schuhflicker, dessen Namen und Gewerbe nicht mit großer goldner Schrift von jedermann zu lesen ist. Es ist hier gar nichts Ungewöhnliches, hintereinander an den Türen zu lesen: hier werden Kinder erzogen, hier Schuhe geflickt, hier fremde Liqueurs verkauft, hier Begräbnisse veranstaltet. *Dealer in Foreign Spirituous Liquors* oder *Hier sind fremde Liqueure zu verkaufen* ist unter allen die häufigste Inschrift, die ich gefunden habe. Auch soll die Begierde zum Branntetweintrinken besonders bei den gemeinen Engländern außerordentlich weit gehen, und es ist eine englische Phrase, daß man von jemandem sagt *He is in liquor* (Er ist in Branntewein), wenn man bezeichnen will, daß er betrunken ist. Auch sind bei dem letzten großen Aufruhre, der noch jetzt immer der zweite oder dritte Gegenstand ist, worauf sich die gewöhnlichen Konversationen zu lenken pflegen, mehr Menschen bei den ausgeleerten Branntweinfässern auf den Straßen als durch die Musketenkugeln der eingerückten Regimenter tot gefunden wurden.«

James Boswell, der einem amourösen Abenteuer nie abgeneigt war, hält in seinem Tagebuch vom April 1763 eine Begegnung fest, die am Strand stattfand:

»Ich vergaß gestern abend noch zu erwähnen, daß ich auf dem Strand einer enorm fetten Hure begegnete, die ich gerne, wie man zu sagen pflegt, angefeuchtet hätte. Ich ging also mit ihr in eine Schenke, wo sie mich sämtliche Teile ihres kolossalen Leibes in Augenschein nehmen ließ, mußte dann aber feststellen, daß ihre Geldgier genauso groß war wie ihr Hintern, denn sie wollte sich partout nicht mit dem zufrieden geben, was ich ihr anbot. Darauf läutete ich ganz seelenruhig dem Kellner und beglich die Rechnung, was sie so in Erstaunen und Verlegenheit versetzte, daß sie mich gerne dazu herausgefordert hätte, einen Streit mit ihr anzufangen und allgemeines Aufsehen zu erregen. Ich aber schritt mit der Würde eines Bischofs von Barcelona von dannen. Heute abend hatte ich Gelegenheit, mich von der Verworfenheit der Kellner in dieser Art Spelunke zu überzeugen. Sie stecken mit den Huren unter einer Decke und tun, was sie nur können, um feine Herren auszunehmen. Ich war aber auf der Hut und kam ungeschoren davon. Da die Lüsternheit so in mir brannte, daß ich ganz ruhelos war, nahm ich ein kleines Mädchen mit in eine Seitengasse, war dann aber kraftlos. Ich ging deshalb nach Hause und beschloß, von Hurereien auf der Straße abzulassen.«

Wir biegen nun noch einmal in die Villiers Street ein, nehmen diesmal aber gleich die erste Straße links, *John Adam Street*, die parallel zum Strand verläuft. Die nächste Querstraße rechts in Richtung zur Themse ist *Buckingham Street*. Am Haus Nummer 12 findet sich eine runde Plakette, die besagt, daß hier in den Jahren 1679-88 Samuel Pepys lebte. Pepys bekleidete verschiedene Staatsämter, darunter das des Sekretärs der Admiralität. Er ist uns aber vor allem in Erinnerung geblieben als der Verfasser eines Tagebuchs, das er in den Jahren 1659 bis 1669 führte, also bevor er mit seiner Familie in die Buckingham Street zog. Dieses Tagebuch ist eine faszinierende Chronik seiner Zeit und enthält Schilderungen so dramatischer Ereignisse wie des großen Brandes von 1666, dem vier Fünftel der Stadt innerhalb der alten Mauern zum Opfer fielen.

Wir folgen weiter der John Adam Street, benannt nach einem von vier schottischen Brüdern, die sich um die Mitte des 18. Jahrhunderts als Architekten einen Namen machten. Sie planten 1768 eine groß angelegte, elegante Wohnanlage mit Blick auf die Themse, das »Adelphi«, das dem kleinen Viertel noch heute seinen Namen gibt. Der ehrgeizige Plan wurde nur teilweise ausgeführt, und vom Adelphi sind am Ende dieser Straße nur wenige, allerdings sehr schöne, Häuser übriggeblieben. Zahlreiche Künstler wohnten im Adelphi, darunter der Schauspieler David Garrick, einer der großen Shakespeare-Darsteller des 18. Jahrhunderts, für kurze Zeit auch der junge Charles Dickens, ferner

Royal Courts of Justice, Strand

Bernard Shaw, der dort nach seiner Heirat 1899 in die Wohnung seiner Frau einzog und mit ihr bis 1927 dort wohnen blieb, sowie H. G. Wells und John Galsworthy.

Wir wenden uns nun nach links, zurück zum Strand, und erreichen schon bald auf der rechten Straßenseite das Savoy Hotel und das gleichnamige Theater. Claude Monet bewohnte 1902 eine Suite im fünften Stock des Savoy und malte mehrere Bilder von dem Blick auf die Themse, der sich ihm von seinem Balkon aus bot. 1926 war es Oskar Kokoschka, der im Savoy wohnte, diesmal im achten Stock, von wo er ebenfalls den Blick auf den Fluß und die Waterloo Bridge malte. Das Savoy Theatre war lange Zeit die Spielstätte für die in England so beliebten komischen Opern von W. S. Gilbert und Sir Arthur Sullivan, die der Besitzer des Savoy-Hotels, D'Oyly Carte, großzügig förderte. Das 1889 eröffnete Hotel bot für seine Zeit allen erdenklichen Luxus. Nicht nur war César Ritz dort der Küchenchef, sondern es gab – für die damalige Zeit unerhört – siebzig Bäder! Arnold Bennett macht dieses Hotel zum Schauplatz seines Romans *Imperial Palace* (1930):

»Das Hotel war in etwa dreißig Abteilungen untergliedert, und deren Chefs waren jeder für sich davon überzeugt, daß der wirtschaftliche Erfolg des Hauses allein von seiner Abteilung abhing. Evelyn Orcham [der Direktor] war ein Machiavellist und bestätigte jeden von ihnen in diesem Glauben, aber er sorgte dafür, daß sich auf dem Boden des Wetteifers, den er fleißig düngte, das unvermeidliche Unkraut des Neids und der Eifersucht nicht allzu sehr ausbreitete. So machte der Oberkellner kein Hehl aus seiner Überzeugung, daß der Zimmerservice die Grundlage allen Wohlstands sei; der Restaurantchef wußte, daß das Überleben des Hauses allein von seinem Restaurant abhing; der

Chef des Grill Room war sich nicht minder sicher, daß der Grill, wo die Zahl der berühmten und berüchtigten Gäste mittags wie abends weit größer war als im Restaurant (und wo nicht einmal Kosten für eine Kapelle anfielen), die wesentliche Einnahmequelle war; der Hauptbuchhalter war sich darüber im klaren, daß das Hotel, wenn es seine Abteilung nicht gäbe, innerhalb von sechs Monaten ruiniert wäre; der Rechnungschef hatte es gar nicht nötig, auf seine Vorrangstellung hinzuweisen; der Empfangschef, der aus dem Gedächtnis einen Plan jedes einzelnen Zimmers mit sämtlichen Einrichtungsgegenständen zeichnen konnte; der das Gesicht, den Namen und die Zimmernummer sämtlicher Gäste kannte; der für jeden Gast eine Karteikarte hatte, auf der Einzelheiten wie Aufenthaltsdauer, besondere Wünsche, Schrulligkeiten und Zahlungsgewohnheiten (bis hin zu ungedeckten Schecks) vermerkt waren und der je nachdem herzlich, höflich, reserviert oder abweisend, dabei aber stets korrekt sein konnte, und dies in mehreren Sprachen – dieses Juwel hegte keinerlei Zweifel daran, wer in der Hierarchie dieses Hotels derjenige war, auf den man ganz unmöglich verzichten konnte. Und so weiter...«

Gleich hinter dem Savoy geht es rechts über Lancaster Gate zur *Waterloo Bridge*. Die heutige Brücke wurde Ende 1945 eingeweiht. Fürst Pückler hatte ihre 1817 fertiggestellte Vorgängerin vor Augen, als er schrieb:

»Unter den neuen Brücken steht die Waterloobrücke oben an, bei der die Unternehmer jedoch 500 000 Pfund Sterling verloren haben sollen. 1200 Fuß lang und mit einem gediegenen Geländer aus Granit versehen, dabei fast immer verhältnismäßig einsam, bietet sie einen anmutigen Spaziergang dar, mit den schönsten Flußaussichten auf ein stolzes Gemisch von Palästen, Brücken, Schiffen und

Türmen, insofern nämlich der Nebel solche zu sehen gestattet. Die Vorrichtung, welche hier stattfindet, die Einnehmer des Brückengeldes zu kontrollieren, war mir neu. Der eiserne Dreher, durch den man gehen muß, und der die gewöhnliche Kreuzesform hat, ist so eingerichtet, daß er nur ein Viertel des Zirkels jedesmal weicht, gerade so viel als nötig ist, um eine Person hindurchzulassen, und in demselben Augenblick, wo er in diese Viertel-Wendung einschlägt, fällt durch einen Mechanismus unter der Brücke eine Marke in einen verschlossenen Behälter. Eine ähnliche Vorrichtung findet sich daneben für die Wagen, und die Eigentümer brauchen daher nur abends die Marken nachzuzählen, um genau zu wissen, wieviel Fußgänger und Pferde täglich über die Brücke passiert sind. Man zahlt einen Penny für den Fußgänger und drei Pence für ein Pferd, wobei man auf 500 Pfund Sterling tägliche Einnahme gerechnet hatte; diese übersteigt jedoch selten 50.«

Gegen Ende des Jahrhunderts beschrieb Oscar Wilde den Blick von dieser Brücke in einem kleinen Gedicht,

Symphony in Yellow

An omnibus across the bridge
Crawls like a yellow butterfly,
And, here and there, a passer-by
Shows like a little restless midge.

Big barges full of yellow hay
Are moored against the shadowy wharf
And, like a yellow silken scarf,
The thick fog hangs along the quay.

The yellow leaves begin to fade
  And flutter from the Temple elms,
  And at my feet the pale green Thames
Lies like a rod of rippled jade.

Überquert man Lancaster Place und folgt dem Strand weiter, dann erreicht man auf der rechten Seite Somerset House, einen Bau, der größtenteils aus dem 18. Jahrhundert stammt und Sitz von Regierungsbehörden ist. Hier befindet sich eine der schönsten Sammlungen von Bildern der Postimpressionisten, die des Courtauld Institute.

Von hier sind es nur einige Schritte zur Kirche St. Clement Danes, die zu beiden Seiten vom Verkehr umbrandet wird. Einem alten Kindervers zufolge kann man aus dem Geläut ihrer Glocken bestimmte Worte heraushören: »Oranges and lemons, say the bells of St. Clement's.« Vor der Kirche erinnert ein Denkmal an Samuel Johnson, der hier regelmäßig den Gottesdienst zu besuchen pflegte. Johnsons kernige Aussprüche sind uns vor allem durch seinen getreuen Begleiter und Biographen James Boswell überliefert. Einer dieser Aussprüche lautet: »Wer Londons überdrüssig ist, der hat auch das Leben satt, denn in London gibt es alles, was das Leben zu bieten vermag.«

Die Gegend um St. Clement Danes war zu Johnsons Zeit bekannt für ihre Kaffeehäuser, die damals ein beliebter Treffpunkt eines zeitungslesenden, räsonierenden, politisch aufgeklärten Publikums waren. So trafen sich im Grecian Coffee House in der Essex Street die Publizisten Addison und Steele, der Schriftsteller und Dramatiker Oliver Goldsmith und Mitglieder der königlichen Naturforschenden Gesellschaft, unter ihnen Sir Isaac Newton und Dr. Halley, der Entdecker des nach ihm benannten Kometen.

Wir setzen unseren Weg fort und sehen schon bald auf der linken Straßenseite den neugotischen Bau der Gerichtshöfe [Foto S. 183]. Gegenüber, in der Mitte des Strand, steht ein Denkmal, auf dem ein Drachen sitzt. Der Drachen ist eins der Wahrzeichen der City of London, und das Denkmal markiert die Stelle, an der bis 1878 Temple Bar stand, ein Torbogen, der die Straße überspannte und die Grenze markierte zwischen der City of London, dem Sitz der Kaufleute und des Geldes, und der City of Westminster, dem Sitz des Monarchen, des Parlaments und der Macht. Als Temple Bar zunehmend zu einem Hindernis für den Verkehr wurde, trug man das Bauwerk kurzerhand ab. Es wurde später in einem Park im Norden Londons wieder aufgestellt.

Etwa auf der Höhe von Temple Bar mündet links Chancery Lane, während sich rechts der Torbogen befindet, der in den Temple führt (siehe Spaziergang 7). Wir gehen geradeaus weiter und stellen fest, daß die Straße ihren Namen gewechselt hat und nun *Fleet Street* heißt. Diese Straße war, man kann fast sagen: seit der Erfindung des Druckerhandwerks, die Straße der Buchdrucker und dann 200 Jahre lang die der Zeitungsmacher, bis in den achtziger Jahren der große Exodus begann und die Zeitungsverlage sich weiter östlich in den neu gestalteten Docklands niederließen. Seither ist es etwas stiller geworden in dieser einst pulsierenden Straße, von der Charles Lamb 1802 in einem Essay über die Londoner sagte: »Der Leidenschaft für das Getümmel wird nirgends so gefrönt wie in London. Man muß schon ein ganz besonderes Rezept für Melancholie haben, um sich in Fleet Street zu langweilen.« Der deutsche Entdeckungsreisende und Schriftsteller Georg Forster, der 1790 gemeinsam mit Alexander von Humboldt London besuchte, schrieb über die Fleet Street und den schon damals gepflegten Sensationsjournalismus:

»Wie sich die Neuigkeiten hier jagen! Wie immer frische Nahrung für das gefräßige Tier mit achtmal hunderttausend Schlünden herbeigeschafft werden muß! Gestern ist der König von Schweden an einem Gallenfieber gestorben; heute ersticht man die Kaiserin von Rußland; die Spanier haben Jamaika weggenommen; Frankreich rüstet zwanzig Linienschiffe aus. Bald erschallen wieder durch die ganze Stadt lauter Friedensgerüchte! Diese widersprechenden Erdichtungen sind auf den nächsten Kreis um die Londoner Börse berechnet; die öffentlichen Fonds steigen und fallen, je nachdem man dieses oder jenes Gerücht wahrscheinlich zu machen weiß; authentische Briefe, gerichtliche Aussagen von Schiffskapitainen, Ministerconfidencen, nichts wird dabei gespart, um Wirkung hervorzubringen; und wenn es endlich nun einmal gelingt, diejenigen, die sich die Weisesten und Vorsichtigsten dünken, zu übertölpeln, so ist der Gewinn schon entschieden. – Man fragt sich also schon immer bei jeder neuen Märe, wohin sie zielt, und welchen Effekt auf die Barometer des öffentlichen Kredits sie haben könne; und wahrlich! künstlich muß der Mäkler sein, der jetzt noch seinen Zweck erreichen will. – Allein der größere Kreis des Publikums, der zur bestimmten Stunde seines Frühstücks die Zeitung liest, und die Zeit teils mit dieser Lektüre, teils mit der Konversation, wozu sie den Stoff hergibt, zu töten sucht, hat noch einen ganz anderen Heißhunger nach Neuigkeiten, und eine gesegnete Gabe der Verdauung, die mit dem Wunderglauben in eine Klasse gesetzt zu werden verdient. Seit vier Wochen spricht ganz London von dem Ungeheuer; die Zeitungen sind voll davon; die Theaterdichter unterhalten das Volk davon auf der Bühne;

Trafalgar Square und St. Martin-in-the-Fields

die Damen fürchten sich davor; der Pöbel sieht jeden Vorübergehenden schärfer darauf an, ob er nicht in ihm das Ungeheuer entdecken könne; alle Wände sind mit Ankündigungen und Darbietungen einer Belohnung für denjenigen, der das Ungeheuer greifen wird, beklebt; freiwillige Subskriptionen sind eröffnet worden, um es fangen zu lassen; Mrs. Smith, eine Dame *du bon ton*, hat es mit einem Pistol hinters Ohr geschossen, – es hat sich verkleidet, geht in vielerlei Gestalt umher, verwundet schöne Frauenzimmer mit einem eigens erfundenen Instrument, mit Haken in Blumensträußen verborgen, mit Packnadeln u. s. f. – und dieses Ungeheuer ist nichts mehr und nichts weniger als – ein Unding, womit man die müßigen Einwohner von London amüsiert. Ein Taschendieb, der vermittelst eines Instruments die Taschen umzukehren und auszuleeren gelernt hatte, konnte vielleicht eine Dame verletzt haben, indem er dieses Kunststück an ihren Taschen probierte; dieser unbedeutende Zufall war hinreichend, um eine ganze Geschichte von einem Ungeheuer darauf zu gründen, welches gegen weibliche Schönheit wütete, und eine Verschwörung zwischen mehreren Geschöpfen dieser Art wahrscheinlich zu machen, die aus Bosheit, oder Rache, oder verkehrtem Geschmack, das ganze Geschlecht, oder doch den schöneren Teil desselben, vernichten sollten.«

In einem ganz anderen Licht sieht Georg Christoph Lichtenberg diese Straße. Lichtenberg, der in Göttingen Professor für Philosophie war, wurde 1774 von König Georg III., der ja aus dem Hause Hannover stammte, nach London eingeladen, um dort eine Zeitlang an der königlichen Sternwarte tätig zu sein. Anfang 1775 schrieb er einem Freund über die »liederlichen Mädchen« in der Fleet Street:

»Man wird alle 10 Schritte angefallen, zuweilen von Kindern von 12 Jahren, die einem gleich durch ihre Anrede die Frage ersparen, ob sie auch wüßten, was sie wollten. Sie hängen sich an einen an, und es ist oft unmöglich von ihnen loszukommen, ohne ihnen wenigstens etwas zu schenken. Sie packen einen zuweilen auf eine Art an, die ich Ihnen dadurch deutlich genug bezeichne, daß ich sie Ihnen nicht sage. Dabei sehen sich die Vorbeigehenden nicht einmal um, da ist *liberty* und *property*. Solang einem dieses neu ist, so lacht man wohl darüber, zumal da die meisten wie Christtagspuppen gekleidet und, wenn sie wollen und Gehör finden, hundertmal mehr belebt sind, als manche unserer lebendigen vornehmen Christtagspuppen, hingegen ist man es einmal gewohnt, und ist mehr auf seine Geschäfte als auf dieses Hexenwesen bedacht, so ist es höchst unangenehm, und ich kann nicht begreifen, warum man diesem Unheil kein Einhalt zu tun sucht. Ich habe von einigen, die wie Fräuleins aussahen, Fragen an mich tun hören, bei welchen ein junger Student durch sein sohlendickes Fell rot geworden wäre.«

Folgt man der Fleet Street ein Stück weit auf der linken Seite, so stößt man, nachdem man Fetter Lane überquert hat, auf mehrere enge Gäßchen, von denen eins *Johnson's Court* ist. Zwar hat Samuel Johnson tatsächlich einige Jahre, von 1765 bis 1776, hier gelebt (das Haus steht nicht mehr), aber die Gasse hatte ihren Namen schon lange vorher erhalten. Johnson's Court führt zu dem engen *Gough Square*, und hier steht noch das Haus, das Dr. Johnson von 1749 bis 1758 bewohnte. Es ist als Museum eingerichtet, und im Dachgeschoß kann man sehen, wo sein berühmtes Wörterbuch der englischen Sprache entstand. Die Mühe, die Johnson auf dieses Werk verwendete, ist kaum zu überschätzen. Für mehr als 40 000 Wörter hat er Erläuterungen verfaßt und etwa 114 000 Belege aus allen Wissensgebieten zusammengetragen. Hier und da hat er seine Definitionen mit Selbstironie gewürzt, etwa wenn er einen Lexikographen als »Verfasser von Wörterbüchern, harmlosen Zeilenschinder« bezeichnet. Seine Abneigung gegen alles Schottische kommt in der Erläuterung des Wortes »Hafer« zum Vorschein: »Ein Getreide, mit dem man in England üblicherweise die Pferde füttert, das aber in Schottland die Menschen ernährt.« Und das Stichwort »Pension« definiert er sarkastisch als »Zahlung, die jemand ohne Gegenleistung erhält. In England versteht man darunter im allgemeinen Geld, das der Staat einem Mietling für Verrat an seinem Land zahlt«. Johnsons Aussehen und Gebaren waren in hohem Maße auffällig, und sein Leben war alles andere als konventionell. Mit Anfang Zwanzig heiratete er eine Witwe, die zwanzig Jahre älter war als er und der er völlig ergeben war. Tetty verbrachte ihre Tage meist im Bett, wo sie Gin trank, Laudanum nahm und billige Romane las. Als sie 1752 starb, war dies ein schwerer Schlag für Johnson, und er trauerte viele Jahre um sie. In dem Haus hielten sich stets Menschen auf, die in Not waren und die Johnson nach Kräften unterstützte, obgleich er in diesen Jahren selber kaum etwas besaß. Daß er 1758 nicht ins Schuldgefängnis gehen mußte, verdankte er dem Buchdrucker und Romanautor Samuel Richardson, der ihm mit sechs Guineen aushalf. Geldmangel war es auch, der Johnson im selben Jahr veranlaßte, das Haus am Gough Square aufzugeben und in eine billigere Wohnung im Staple Inn umzuziehen. Ein deutscher Besucher, Helferich Peter Sturz, schrieb 1768 über ihn:

»Sein Anstand ist bäurisch und sein Auge kalt wie sein

Spott; nie tagt ein Blick darin auf, der Scharfsinn oder Schalkheit verriete; er scheint immer zerstreut und ist es nicht selten... Er empfing uns freundlich, ob ihn gleich nie eine gewisse Feierlichkeit verließ, die in seine Sitten wie in seinen Stil verwebt ist. Er ründet auch im Umgange seine Perioden mit fühlbarer Mühe und spricht beinah im Theaterton; aber was er sagt, wird durch ein gewisses eigenes Gepräge interessant.«

In dem benachbarten *Wine Office Court*, der ebenfalls von der Fleet Street abgeht, befindet sich ein schon wegen seines Alters sehenswertes Wirtshaus, The Old Cheshire Cheese, in dem Johnson und sein Biograph James Boswell regelmäßig eingekehrt sein sollen. Belegt ist das freilich nicht, wohl aber, daß spätere Generationen von Schriftstellern (deren Namen an den Wirtshauswänden nachzulesen sind) hierher kamen, unter ihnen Dickens, Thackeray, Wilkie Collins, Conan Doyle und Chesterton. 1891 gründete der Ire William Butler Yeats im Cheshire Cheese den Rhymers' Club, in dem er andere junge Dichter um sich versammelte. Man traf sich zum Essen im Erdgeschoß und begab sich danach in den ersten Stock, wo jeder seine neuesten Gedichte vortrug. Eines Abends sah Yeats in die Runde seiner Freunde und bemerkte: »Keiner von uns kann sagen, wer einmal Erfolg haben wird. Wir wissen nicht einmal, wer wirklich begabt ist und wer nicht. Nur eins ist sicher: Wir sind zuviele.« In der Tat hat aus dieser Runde nur der Name von Yeats die Zeiten überdauert

Fleet Street endet an einer verkehrsreichen Kreuzung, *Ludgate Circus*. Hier floß einst das Flüßchen Fleet vorüber, das der Straße der Zeitungsverlage seinen Namen gab. 1734 wurde es zugemauert und überbaut. Zu dieser Zeit war es schon eher ein Abwasserkanal, wie die folgenden Verse

Tower Bridge

aus Alexander Popes epischem Spottgedicht *The Dunciad (Die Dummkopfiade)* zeigen:

> ... Fleet-ditch with disemboguing streams
> Rolls the large tribute of dead dogs to Thames,
> The King of dykes! than whom no sluice of mud
> With deeper sable blots the silver flood.

Linker Hand stößt die *Farringdon Road* auf Ludgate Circus. Etwa auf der Höhe der Fleet Lane stand bis zur Mitte des 19. Jahrhunderts eins der ältesten Londoner Gefängnisse, Fleet Prison, in dem vor allem Schuldner eingesperrt wurden. Auch Mr. Pickwick, die Hauptfigur in Charles Dickens' *Pickwick Papers (Die Pickwickier)*, mußte dort einsitzen, und der Erzähler berichtet über diesen düsteren Ort:

»Die meisten unsrer Leser werden sich erinnern, daß bis vor wenigen Jahren in der Mauer des Fleetgefängnisses eine Art eiserner Käfig angebracht war, in den ein Mensch von hungrigem Aussehen hineingesteckt wurde, der von Zeit zu Zeit in kläglichem Tone rief: ›Erbarmet euch der armen Schuldner! Erbarmet euch der armen Schuldner!‹ Was in die Kasse einging, wurde unter die armen Gefangenen verteilt, die einander in diesem erniedrigenden Geschäft ablösten.«

Da die Haftbedingungen hier weniger streng waren als etwa im Gefängnis von Newgate (siehe Spaziergang 9), hatten die Insassen Gelegenheit für Betätigungen aller Art. John Cleland zum Beispiel schrieb während seiner Haftzeit im Fleet Prison den erotischen Roman *Fanny Hill*.

Wendet man sich am Ludgate Circus nach rechts, so kommt man über die New Bridge Street zum Bahnhof *Blackfriars* und zur Themse. Der kleine David Copperfield aus Dickens' gleichnamigem autobiographisch gefärbten Roman mußte in dieser Gegend eine Zeitlang in der Weinhandlung seines Stiefvaters, Mr. Murdstone, arbeiten und Flaschen etikettieren und verpacken. In die Beschreibung der folgenden Szene ist viel von Dickens' eigenem Erleben eingeflossen. Auch er mußte als Elfjähriger einige Monate arbeiten gehen, um zum Unterhalt der hoch verschuldeten Familie beizutragen. Zwar war es in seinem Fall eine Schuhwichsfabrik, und sie lag ein Stück flußaufwärts etwa dort, wo heute die Eisenbahnbrücke zum Charing Cross-Bahnhof führt, aber die Beschämung des jungen Charles über diese niedere Tätigkeit war nicht geringer als die des David Copperfield.

»Murdstone & Grinbys Warenlager war an der Themse in Blackfriars.

Neubauten haben den Ort sehr verändert; aber damals war es das letzte Haus in einer engen Straße, die zum Fluß hinabführte und an ihrem Ende ein paar Stufen hatte, bei deren letzter man ein Boot nehmen konnte. Es war ein altes, wackliges Haus mit einer engen Werft, das während der Flutzeit im Wasser und während der Ebbe im Schlamme stand und buchstäblich von Ratten in Besitz genommen war. Seine getäfelten Zimmer, schwarz von dem Schmutz und Rauch von hundert Jahren; die halbverfallenen Fußböden und Stiegen; das Quieken und Rascheln der alten grauen Ratten unten in den Kellern; der Schmutz und die Fäulnis des ganzen Ortes – das alles sind Dinge, die vor meinen Augen nicht als vor längerer Zeit, sondern wie eben erlebt auftauchen. [...] Eine Anzahl Männer und Knaben war beschäftigt, Flaschen gegen das Licht zu halten, die beschädigten beiseite zu legen und die übrigen zu spülen. Wenn die leeren Flaschen erledigt waren, hatte man gefüllte Flaschen mit Zetteln zu bekleben, zu verkorken, zu versiegeln oder in Kisten zu packen. Ich war einer der Knaben, denen diese Arbeit zugewiesen war. Wir waren unser drei oder vier. [...] Keine Worte können die geheime Seelenqual beschreiben, als ich zu dieser Gesellschaft herabsank, als ich in meiner Brust die Hoffnung ganz vernichtet fühlte, einst zu einem gelehrten, ausgezeichneten Mann heranzuwachsen. Ich kann gar nicht beschreiben, wie ich mich meiner Stellung schämte, welche Pein es meiner jungen Seele verursachte, mir sagen zu müssen, daß mit jedem Tag von dem, was ich gelernt und gedacht, was meine Phantasie und mein Streben angeregt hatte, immer mehr entschwinden und mir unwiederbringlich verlorengehen würde.«

Die Themse wird hier von der Blackfriars Bridge überspannt und daneben von einer Eisenbahnbrücke, die in den Jahren 1862-64 gebaut wurde. Der zu seiner Zeit sehr einflußreiche Kunstkritiker John Ruskin, der den gotischen Baustil und die natürlichen Formen seiner Ornamente bevorzugte, schrieb über diese Gußeisenkonstruktion:

»Einer der klarsten Beweise für die Vergeblichkeit aller Hoffnung, daß die Anforderungen, die die Kunst stellt, mit den Bedürfnissen dieser Stadt in Einklang gebracht werden könnten, wurde kürzlich mit dem Bau der neuen Eisenbrücke über die Themse bei Blackfriars erbracht.

Dort war man offensichtlich bestrebt, architektonische Wirkung durch die Größe des Maßstabs zu erzielen, und nichts an der gestellten Aufgabe war geeignet, den Erfolg eines solchen Versuchs zu vereiteln. Bauten werden ja nicht dadurch in ihrer Schönheit beeinträchtigt, daß sie aus Eisen oder Glas sind, oder daß ein neuer Zweck neue Formen erforderlich macht, sondern dadurch, daß jeglicher Wunsch nach Schönheit, jegliche Freude an Phantasie und jegliche

Freiheit des Denkens fehlen. Hätte man von einem griechischen, ägyptischen oder mittelalterlichen Baumeister verlangt, eine solche Brücke zu entwerfen, so hätte sich dieser als erstes die wichtigsten Voraussetzungen für ihre Konstruktion besehen und wäre dann mit schöpferischer Freude darauf eingegangen. Er hätte erkannt, daß es hauptsächlich darauf ankommt, eine waagerecht angeordnete Reihe von Eisenträgern fest und gerade über einige Steinpfeiler zu verlegen. Dann hätte er sich gesagt oder, ohne es auszusprechen, gefühlt: ›Es ist dieser Halt, dieser sichere Verlauf, der erschüttert werden könnte, so daß ich darauf achten muß, daß er nicht erschüttert werde.‹ Also hätte er die Eisenverstrebungen mit Leben erfüllt.

Wie ein Grieche seinen Säulen menschliches Leben eingab und so die Karyatide schuf, und ein Ägypter seinen Säulen das Leben der Lotospflanze eingab, so hätte auch hier jeder von ihnen diesen enormen Sockeln etwas vom Leben eines Giganten oder Engels verliehen. Er hätte vielleicht riesige geflügelte Statuen aus Bronze aufgestellt, die ihre Schwingen ausbreiten und die eisernen Schienen mit ihren Händen ergreifen; gewaltige Adler, die sich festkrallen, sich windende Schlangen, mächtige kauernde Vierbeiner, die mit den Klauen oder in wilder heftiger Bewegung mit den Zähnen zupacken. Tausende bizarrer oder schöner Gedanken wären vor ihm aufgestiegen, und die Bronzegestalten, Tier oder Mensch, hätten symbolisch oder augenfällig etwas ausgedrückt, das auf anmutige Art und Weise vom Zweck des Werkes und von den Regionen, in die es führt, erzählt. Wohingegen sich nun die gesamte Erfindung des Konstrukteurs darin zu erschöpfen scheint, daß ein schwächliches Gebilde aus Eisenschrauben zu einer gewaltigen Größe aufgebauscht wird. Auf diesem wird in riesigen Lettern verkündet, das Bauwerk befinde sich im Besitz der London, Chatham und Dover-Eisenbahngesellschaft.«

Hier kann man nun an Blackfriars die U-Bahn besteigen oder zur Fleet Street zurücklaufen und einen Bus in Richtung Charing Cross nehmen. Man kann sich aber auch am *Ludgate Circus* nach rechts wenden und dem Weg folgen, der im Spaziergang 9 beschrieben wird.

9. ST. PAUL'S UND CITY

Ludgate Circus
Old Bailey
Smithfield
Little Britain
St. Paul's Cathedral
Cheapside
Bank
King William Street
Monument
London Bridge
Thames Street
Tower of London

10
Finsbury Leisure Centre
Old Street
OLD STREET
CLERKENWELL
Order of St. John's Museum and Library
Wesley's Chapel, House and Museum of Methodism
The Honourable Artillery Company HQ
Whitecross St
Barbican Exhibition Hall A
Barbican Exhibition Hall B
EC2
BEECH STREET
CHISWELL ST.
Farringdon
Barbican
BARBICAN
The Pit
Whitbread Brewery
Barbican Centre
St. Giles
Museum of London
MOORGATE
Moorgate
Central Markets Smithfield
St Bartholomew-the-Great
St Bartholomew's Hospital
National Postal Museum
LONDON WALL
St Anne and St Agnes
Clockmakers Company Museum Guildhall
Liverpool Street
All Hallows-on-the-Wall
Broadgate Ice Rink and Arena
(Shuttle Bus to London City Airport)
HOLBORN VIADUCT
CITY THAMESLINK
Old Bailey
CITY
NEWGATE ST.
KING EDWARD ST
St Paul's
St Martins
LUDGATE HILL
St. Paul's Cathedral
ST PAUL'S CHURCHYARD
NEW CHANGE
CHEAPSIDE
Poultry
Goldsmiths Hall
St Lawrence Jewry
St Mary le-Bow
St. Margaret, Lothbury
Stock Exchange
Bank of England Museum
THREADNEEDLE ST.
International Financial Centre
St Helens
Merchant Taylors' Hall
Royal Exchange
Bank
St Peter Upon Cornhill
Leadenhall Market
Lloyds of London
EC4
St Andrew by-the-Wardrobe
CANNON STREET
Mansion House
St Stephen Walbrook
KING WILLIAM ST.
LOMBARD ST.
GRACECHURCH ST.
FENCHURCH
EC3
St Margaret Pattens
QUEEN VICTORIA
St Benet
Mansion House
Cannon Street
Blackfriars
Mermaid
UPPER THAMES
BLACKFRIARS
St James Garlickhythe
CANNON STREET
EASTCHEAP
Monument
GT. TOWER ST
LWR. THAMES ST.
St Magnus the Martyr
Custom House
RIVER THAMES
Globe Pier
Swan Lane Pier
SOUTHWARK BRIDGE
LONDON BRIDGE
BLACKFRIARS BRIDGE
Bankside Gallery (Estimated Completion mid 2000)
Globe Theatre & Exhibition
Globe Education Centre
Vinopolis
Clink Prison Museum
Golden Hinde
London Bridge, City Pier
Tower (Ferry)
H.M.S. Belfast
HMS Belfast
SOUTHWARK
SOUTHWARK
Southwark Cathedral
Hay's Galleria
Winston Churchill's Britain at War Museum
Borough
London Bridge
London Dungeon
LONDON BRIDGE
Operating Theatre Museum and Herb Garret
ST. THOMAS ST.
TOOLEY
Southwark Playhouse
George Inn
Guy's Hospital
SE1
BOROUGH HIGH STREET
St George the Martyr
Borough
LONG LANE
10

Die City of London, der historische Kern der Stadt, hat zwar keine äußerlich sichtbaren, aber dennoch klar definierte Grenzen. Sie erstreckt sich von Temple Bar am westlichen Ende der Fleet Street bis Aldgate und Tower im Osten und von Southwark südlich der Themse bis zur City Road im Norden. Sie bedeckt eine Fläche von etwas mehr als einer Quadratmeile. Seit Jahrhunderten ist die Londoner City gleichbedeutend mit Handel und Finanzgeschäften, und unser literarischer Spaziergang wird dementsprechend zu verschiedenen Orten führen, die mit Gelderwerb und Wohlstand in Verbindung stehen.

Unser Ausgangspunkt ist *Ludgate Circus*, wo Fleet Street und Farringdon Street zusammentreffen. Von der U-Bahnstation Blackfriars ist diese Kreuzung leicht zu erreichen. Von Ludgate Circus sind es nur einge Schritte den Ludgate Hill hinauf zur Straße *Old Bailey*, in der sich das gleichnamige Kriminalgericht befindet, das Freunden von englischen Kriminalromanen und -filmen wohlbekannt sein dürfte. An der Stelle des Gerichtsgebäudes stand bis 1902 das berühmt-berüchtigte Gefängnis von Newgate, in dem nicht nur die elisabethanischen Dramatiker Christopher Marlowe und Ben Jonson sowie der Verfasser des *Robinson Crusoe*, Daniel Defoe zeitweilig inhaftiert waren, sondern auch der später hingerichtete Verbrecher Jonathan Wild, dem Henry Fielding einen satirischen Roman gleichen Titels widmete. Ein Besuch von Newgate gehörte zum Besichtigungsprogramm vieler Reisenden, darunter Heinrich Heine und Fürst Pückler. Auch Charles Dickens, dem nicht nur die Bekämpfung des Verbrechens, sondern auch ein humanerer

Strafvollzug ein Anliegen war, suchte Newgate Prison mehrmals auf, das für ihn eine »schreckliche Anziehungskraft« besaß.

»Wir folgten unserem Führer und gelangten in einen kleinen Raum, in dem sich nichts weiter befand als ein kleiner Schreibtisch mit einem Buch, in das die Besucher sich einzutragen hatten, ein Regal, in dem ein paar Kästen für Akten standen, sowie die Gipsmasken der berüchtigten Mörder Bishop und Williams. Kopfform und Gesichtszüge vor allem des ersteren hätten jederzeit eine ausreichende moralische Rechtfertigung für seine sofortige Hinrichtung dargestellt, auch wenn sonst keine Beweise gegen ihn vorgelegen hätten.«

Hermann Fürst von Pückler-Muskau beobachtete im Gefängnis von Newgate

»viel Milde in der Behandlung, und dabei eine musterhafte Reinlichkeit. Das Gouvernement gibt jedem Verbrecher früh eine halbe Kanne dicke Gerstenschleim-Suppe, mittags, den einen Tag ein halbes Pfund Fleisch, den andern Fleischbrüh-Suppe, und täglich ein Pfund gutes Brot. Außerdem ist ihnen auch noch anderes Essen und eine halbe Flasche Wein täglich zu kaufen erlaubt. Sie beschäftigen sich den Tag über, wo sie sich in besonderen Höfen, die zu einer gewissen Anzahl Stuben gehören, aufhalten können, wie und womit sie wollen. Für diejenigen, welche arbeiten wollen, gibt es Werkstätten; viele aber rauchen und spielen nur von Früh bis Abend im Hofe. Um 9 Uhr morgens müssen sich alle zum Gottesdienst versammeln. Gewöhnlich wohnen 7-8 in einer Stube. Zum Schlafen erhalten sie jeder eine Matratze und zwei Decken, auch Kohlen zum Kochen, und im Winter zum Heizen, soviel nötig ist. Die zum Tode Verurteilten kommen in besondere, etwas weniger kommode Zellen, wo zwei bis drei in einer schlafen. Am Tage haben indes auch diese ihren Hof zur Rekreation und zum Essen eine besondere Stube. Ich sah sechs Knaben, wovon der älteste kaum vierzehn Jahre zählte, und die alle unter Todesurteil schwebten, sehr lustig hier rauchen und spielen. Das Urteil war indessen noch nicht bestätigt, und sie daher noch mit den übrigen Gefangenen zusammen. Man glaubte, sie würden begnadigt und nur zeitlebens nach Botany Bay geschickt werden.

Vier Ältere, die sich in derselben Lage befanden, nur mit dem Unterschied, daß sie wegen zu schwerer Verbrechen auf keine Begnadigung hoffen durften und ihr Lebensende in wenig Wochen erwarten mußten, nahmen demohngeachtet ihr Schicksal noch humoristischer auf als jene, denn drei davon spielten sehr geräuschvoll unter Späßen und Gelächter Whist mit dem toten Mann, der vierte aber saß auf dem Fensterbrett, wo er eifrig in einer Grammatik studierte, um – Französisch zu lernen! *C'était bien un philosophe sans le savoir.*«

Während von dem Gefängnis nichts übriggeblieben ist, steht das Kriminalgericht, nunmehr in einem neuen, zu Anfang des 20. Jahrhunderts errichteten Bau, noch an der alten Stelle. Der Bau wird überragt von einer kupfergedeckten Kuppel, auf der die Figur der Justitia steht, in einer Hand die Waage, aber nicht mit verbundenen Augen. Heinrich Heine, der sich 1827 in London aufhielt, besuchte Old Bailey und schrieb darüber in seinen *Reisebildern*:

»Schon der Name Bailey erfüllt die Seele mit Grauen. Man denkt sich gleich ein großes, schwarzes, mißmütiges Gebäude, einen Palast des Elends und des Verbrechens. Der linke Flügel, der das eigentliche Newgate bildet, dient als Kriminalgefängnis, und da sieht man nur eine hohe

Wand von wetterschwarzen Quadern, worin zwei Nischen mit ebenso schwarzen allegorischen Figuren, und, wenn ich nicht irre, stellt eine von ihnen die Gerechtigkeit vor, indem, wie gewöhnlich, die Hand mit der Waage abgebrochen ist, und nichts als ein blindes Weibsbild mit einem Schwerte übrigblieb. Ungefähr gegen die Mitte des Gebäudes ist der Altar dieser Göttin, nämlich das Fenster, wo das Galgengerüst zu stehen kommt, und endlich rechts befindet sich der Kriminalgerichtshof, worin die vierteljährlichen Sessionen gehalten werden. Hier ist ein Tor, das gleich den Pforten der Danteschen Hölle die Inschrift tragen sollte:

Per me si va nella città dolente,
Per me si va nell' eterno dolore,
Per me si va tra la perduta gente.

(...) Im Gerichtssaale selbst, der nicht besonders groß ist, ist unten, vor der sogenannten Bar (Schranken) wenig Platz für das Publikum; dafür gibt es aber oben, an beiden Seiten, sehr geräumige Galerien mit erhöhten Bänken, wo die Zuschauer, Kopf über Kopf, gestapelt stehen ...

Auch hier, wie in den anderen Gerichtshöfen Londons, sitzen die Richter in blauschwarzer Toga, die hellviolett gefüttert ist, und ihr Haupt bedeckt die weißgepuderte Perücke, womit oft die schwarzen Augenbrauen und schwarzen Backenbärte gar drollig kontrastieren. Sie sitzen an einem langen grünen Tische, auf erhabenen Stühlen, am obersten Ende des Saales, wo an der Wand mit goldenen Buchstaben eine Bibelstelle, die vor ungerechtem Richterspruch warnt, eingegraben steht. An beiden Seiten sind Bänke für die Männer der Jury, und Plätze zum Stehen für Kläger und Zeugen. Den Richtern gerade gegenüber ist der Platz der Angeklagten; diese sitzen nicht auf einem

Armesünderbänkchen, wie bei den öffentlichen Gerichten in Frankreich und Rheinland, sondern aufrecht stehen sie hinter einem wunderlichen Brette, das oben wie ein schmalgebogenes Tor ausgeschnitten ist. Es soll dabei ein künstlicher Spiegel angebracht sein, wodurch der Richter imstande ist, jede Miene der Angeklagten deutlich zu beobachten. Auch liegen einige grüne Kräuter vor letzteren, um ihre Nerven zu stärken, und das mag zuweilen nötig sein, wo man angeklagt steht auf Leib und Leben. Auch auf dem Tische der Richter sah ich dergleichen grüne Kräuter und sogar eine Rose liegen. Ich weiß nicht wie es kommt, der Anblick dieser Rose hat mich tief bewegt. Die rote blühende Rose, die Blume der Liebe und des Frühlings, lag auf dem schrecklichen Richtertische von Old Bailey!«

Zu den berühmten Prozessen, die im Old Bailey stattfanden, gehört der gegen Oscar Wilde (1885), der mit Wildes Verurteilung wegen »unsittlicher Handlungen« und mit seiner zweijährigen Haft, zuerst in verschiedenen Londoner Gefängnissen und dann im Zuchthaus von Reading führte. Auch der Prozeß gegen den Verlag Penguin Books von 1960 verdient hier erwähnt zu werden. Der Verlag hatte eine ungekürzte Fassung des Romans *Lady Chatterley's Lover (Lady Chatterley)* von D.H. Lawrence veröffentlicht und mußte sich wegen »Verbreitung einer pornographischen Schrift« verantworten. Das Verfahren, in dem mehrere namhafte Autoren als Sachverständige aussagten, endete mit einem Freispruch, der zugleich das Ende der Zensur in England einleitete.

Überquert man beim Kriminalgericht die Newgate Street und folgt auf der anderen Seite der Giltspur Street, dann kommt man nach *Smithfield.* Jahrhundertelang fand hier um den 24. August, den Tag des Heiligen Bartholomäus, ein Jahrmarkt statt, Bartholomew Fair. Dies ist auch der Titel eines Theaterstücks von Ben Jonson, dem Zeitgenossen Shakespeares, das vor dem Hintergrund dieses alljährlichen Treibens spielt. Samuel Pepys vermerkte am 1. September 1668 in seinem Tagebuch:

»Zum Bartholomäus-Markt, und dort allerlei gesehen, darunter das Pferd, welches Geld und anderes sehr artig zu zählen versteht; und als es geheißen wurde, zu demjenigen unter den Umstehenden zu gehen, der einem in einer Ecke stehenden jungen Frauenzimmer besonders zugeneigt sei, kam es zu mir. Das kostete mich 12 Pence, die ich dem Pferd schon zuvor gegeben hatte, und gab mir Gelegenheit, eine prachtvolle ›belle fille‹ zu küssen, die zwar überaus häßlich war, jedoch ›fort belle‹.«

Bei E. M. Forster, dem Autor von *A Passage to India (Auf der Suche nach Indien)* und anderen Romanen, weckte Smithfield Erinnerungen an Daniel Defoe und an Moll Flanders, eine seiner Schöpfungen. Moll ist für Forster der Inbegriff des Cockney: nicht ehrbar, aber warmherzig, kriminell und doch von einem ausgeprägten Gerechtigkeitssinn.

»Wie rechtschaffen sind ihre Gedanken, als sie einem kleinen Mädchen, das gerade aus der Tanzstunde kommt, ein goldenes Halskettchen stiehlt! Dies geschieht übrigens in der engen Gasse, die zu St. Bartholomew, Smithfield, führt (man kann den Ort noch heute aufsuchen – Defoes Geist ist überall in London lebendig). Sie erwägt sogar, das Kind zu töten, läßt davon aber ab, und als ihr zu Bewußtsein kommt, in welcher Gefahr das Mädchen geschwebt hat, wird sie sogar böse auf dessen Eltern, ›die das arme Lämmchen ganz allein nach Hause haben gehen lassen, und das soll ihnen eine Lehre sein, das nächste Mal besser auf sie achtzuhaben.‹«

Smithfield – der Name leitet sich von »smooth field« (flaches Feld) her – war lange Zeit nicht nur Festplatz, sondern auch Richtstätte und bis Mitte des 19. Jahrhunderts der größte Londoner Viehmarkt. In Shakespeares *Henry IV (Heinrich IV.)* kauft dort der Diener Bardolph ein Pferd für seinen Herrn, Sir John Falstaff.

Falstaff: Wo ist Bardolph?

Page: Er ist nach Smithfield gegangen, um Euer Edlen ein Pferd zu kaufen.

Falstaff: Ich kaufte ihn in der Paulskirche, und er will mir nun ein Pferd zu Smithfield kaufen. Könnte ich nur ein Weib im Bordell kriegen, so wäre ich bedient, beritten und beweibt.

Theodor Fontane, an Geschichte und Gegenwart Smithfields gleichermaßen interessiert, geht in seinen Berichten aus dem London des Jahres 1852 auf beides ein:

»Unter allen Plätzen Londons ist keiner mit der Geschichte des Landes inniger verwebt als Smithfield. Hier war es, wo der Fanatismus Maria Tudors in kurzer aber blutiger Regierung 277 Protestanten den Scheiterhaufen besteigen ließ, und um vieles früher schon, zu den Zeiten des Schwarzen Prinzen und während der Kämpfe der beiden Rosen, turnierte hier die englische Ritterschaft unter den Augen des Hofs.

Seitdem hat Smithfield viel von seinem Glanz verloren. Aus jener Zeit her hat es nur noch das Privilegium mit herübergenommen, der Markt- und Verkaufsplatz für ungetreue, des Ehebruchs überführte Frauen zu sein. Sie wurden hier – noch im vorigen Jahrhundert – von ihren beleidigten Männern mit einem Strick um den Hals öffentlich feilgeboten, und wenn ich recht berichtet bin, ist das betreffende Gesetz so wenig aufgehoben, daß sich vor wenig Jahren noch eine derartige Szene dem Auge des Smithfield-Publikums darstellen durfte. Dem Verkäufer wurde einfach bedeutet, daß die Innehaltung solcher Gesetze nicht mehr zeitgemäß sei. (Dies erinnert lebhaft an eine Anekdote vom walachischen Kriegsschauplatz. Albanesen, die Russenköpfe mit heim ins Lager brachten, wurden bedeutet, ›daß das aus der Mode sei‹.) *Relata refero.*

Finstre, häßliche, allerhand Winkel und Buchten bildende Häuser schließen jetzt den Platz ein, und zu welcher Zeit auch man ihm nahe kommen mag, immer findet man denselben unerträglich tierischen Geruch vor, der von jenen 20 000 Schafen herrührt, die hier allmonatlich zu Markte getrieben, montags und freitags nacht in unzählige, das Auge verwirrende Hürden eingepfercht und dann am nächsten Morgen verkauft werden. Mich brachte der Besuch des widerlichen Platzes zwei Tage lang um allen Appetit, und ich fand wieder einmal Gelegenheit, mich in Kraftausdrükken über jenes englische Buchstabenrecht auszulassen, das unter anderen die Bewohner von Smithfield unwandelbar mit dieser Marktplage beglücken zu wollen scheint. Zur Zeit Karl Stuarts wurde ein Gesetz erlassen, das jeden mit harter Strafe belegte, der innerhalb der Stadt Vieh schlachten würde; woran sich ein zweiter Erlaß schloß, dem zufolge Smithfield in der nordöstlichen Vorstadt von London als Viehmarkt für die City festgesetzt wurde. Smithfield hat seitdem längst aufgehört, innerhalb einer Vorstadt von London zu liegen, aber noch immer beruft sich die City-Verwaltung auf ihr verbrieftes Recht und respektiert weder die Nasen noch die Gesundheit jener Tausende, die diesen Platz und seine Nähe bewohnen.«

Durch die Straße *Little Britain* kommt man von Smithfield zur St. Paul's Cathedral [Foto S. 212]. Die Straße, die ihren Namen von einem Haus der Herzöge der Bretagne hat, das einst hier stand, war im 16. und 17. Jahrhundert eine Straße der Buchhändler. Der Dichter John Milton wohnte 1662 hier und 1724 Benjamin Franklin. Mr. Jaggers, der Anwalt aus Charles Dickens' *Great Expectations (Große Erwartungen)*, hat seine finstere Kanzlei in Little Britain. In dem *Sketch Book (Skizzenbuch)* des Amerikaners Washington Irving, der ebenfalls eine Zeitlang hier lebte, heißt es über Little Britain und das umliegende Viertel:

»Little Britain kann mit gutem Grund als das Herz der City bezeichnet werden, als der innerste Kern dessen, was den John Bull ausmacht. Mit seinen altmodischen Bewohnern und Sitten ist es ein Stück London, wie es in besseren Tagen einmal war. Hier leben alte Festtagsbräuche fort. Gewissenhaft halten die Einwohner daran fest, am Fastnachtsdienstag Pfannkuchen und am Karfreitag Hot Cross Buns zu verzehren und an Michaeli sei eine Gans zu braten. Am Valentinstag verschicken sie Liebesbriefe, am fünften November verbrennen sie den Papst, und an Weihnachten küssen sie alle Mädchen unter einem Mistelzweig. Roastbeef und Plumpudding werden ebenfalls in Ehren gehalten, und Port und Sherry behaupten sich als die einzig wahren englischen Weine, während man alle anderen als fremdländisch und ungenießbar ansieht.«

St. Paul's, das Werk des großen Architekten Sir Christopher Wren, entstand zwischen 1675 und 1710 an der Stelle einer gotischen Kathedrale, die im Großen Feuer von 1666 zerstört wurde. In seiner *Journey through the Whole Island of Great Britain (Reise durch die ganze Insel von Groß-*

St. Paul's Cathedral

britannien), einem in den Jahren 1724-26 entstandenen landeskundlichen Werk, schreibt Daniel Defoe:

»Sir Christophers Pläne wurden auf sehr bedauerliche Weise in mehreren Punkten verändert, und zwar hinsichtlich des Standorts wie auch der Vollendung seines Werks. Da nur wenige davon gehört haben, will ich das, was ich aus dem Munde des Meisters vernommen habe, hier der Öffentlichkeit bekanntmachen.

1. Hinsichtlich des Standorts: Er wollte die Kirche ein wenig weiter nördlich errichten lassen, auf dem Gelände, das nun von der Straße namens Paternoster Row eingenommen wird, so daß die Nordseite der Kirche sich zu der Straße hin geöffnet hätte, die jetzt Newgate Street heißt, und die Südseite zu dem Platz, auf dem die Kirche heute steht. Dadurch wäre der Ostteil der Kirche, welcher sehr schön ist, von der Hauptstraße der City, nämlich Cheapside, sehr gut zu sehen gewesen. Auch wäre dadurch die große Verkehrsstraße der City etwas weiter entfernt gewesen und man müßte nicht so dicht an der alten Stadtmauer entlanggehen, wodurch die Proportionen des Bauwerks verzerrt werden. Dies ist der hauptsächliche Einwand, denn aus einer gewissen Entfernung hätte sich der Bau weitaus günstiger dargestellt.

Die Umstände haben diesen edlen Plan jedoch vereitelt, denn die City war bereits fast vollständig wieder aufgebaut, bevor er die Erlaubnis zur Grundsteinlegung erhielt, und so mußte er mit dem engen Bauplatz vorlieb nehmen, auf dem sein Werk nunmehr steht.

Eine zweite Behinderung erfuhr Sir Christopher, wie gesagt, bei der Vollendung seines Werks, nämlich bei der Dekkung der Kuppel. Diese wünschte sich Sir Christopher aus Kupfer, das doppelt mit Blattgold belegt werden sollte. Eine gewisse Partei hat dies jedoch abgelehnt und damit die City des prächtigsten Anblicks der Welt seit dem des Tempels Salomos beraubt.«

Franz Grillparzer, der London 1836 besuchte, war von St. Paul's weniger beeindruckt und notierte am 24. Mai lakonisch in sein Tagebuch: »Gebäude in neuerem Geschmack. Prächtig, ungeheuer, ohne sonderlichen Eindruck von außen und innen.« Theodor Fontane räumte immerhin ein, London besitze zwei »großartige Bauten von mindestens relativer Makellosigkeit«, von denen einer die Kathedrale sei. (Der andere war in seinem Urteil das Britische Museum.) Weiter schrieb Fontane:

»St. Paul, wenngleich nur eine Nachahmung St. Peters, wird unter diesen Nachahmungen immer den ersten Rang einnehmen. Es ist in höchstem Maße bedauerlich, daß die Beengtheit des Platzes, auf dem dieser Riesenbau steht, einen Totalanblick unmöglich macht, aber auch was wir sehen, reicht aus, um uns den Namen Christopher Wren mit Ehrfurcht sprechen und jener Grabschrift desselben (in der Kirche selbst) beipflichten zu lassen, die da heißt:

Si monumentum requiris – circumspice!«*

Der vielgereiste Mark Twain hat mehrere überaus unterhaltsame Reisebeschreibungen verfaßt, nur nicht über seinen Englandaufenthalt im Jahre 1872. Die Notizen, die er sich in London gemacht hat, lassen ahnen, was für ein Buch daraus hätte werden können: eine boshafte Parodie auf gewisse Führer, die eine Fülle trivialer Fakten für bildungsbeflissene Touristen bereithalten:

»Nähert man sich der Kathedrale, so ist der erste Eindruck, der sich dem Betrachter aufdrängt, der des Hinterhofes. Dieses schöne Kunstwerk ist 43 Fuß lang und 34einhalb

* Wenn du sein Denkmal suchst – sieh dich um.

breit, all dies von einem Eisengitter umschlossen. Die Pflasterung besteht aus Kalkstein oder irgendeinem anderen Gestein derselben geologischen Periode, und ist teilweise fast flach auf dem Boden aufgelegt. Die Quadern sind genau viereckig, und man nimmt an, daß sie so im Entwurf vorgesehen waren, obwohl hierüber natürlich, wie in allen Fragen der Antiquitätenkunde, verschiedene Meinungen herrschen. Der Baumeister der Pflasterung hieß Morgan Jones, wohnhaft Piccadilly No. 4, Cheapside, Islington. Er starb während der Regierung Richards III. an einem verbreiteten Übel, indem nämlich eine Axt auf seinen Nacken fiel. Die Farben der Pflasterung sind sehr schön und ziehen die Aufmerksamkeit des Betrachters unmittelbar auf sich. Sie sind zum einen Teil weiß und zum anderen schwarz. Der weiße Teil ist einer Waschung unterzogen worden. Dies geschah bei Gelegenheit der Krönung Georgs II., und die Persönlichkeit, die die Waschung vornahm, wurde, wie der Leser bereits ahnt, in den Adelsstand erhoben.«

Während in Westminster Abbey eine große Zahl von Literaten beigesetzt oder zumindest durch Gedenktafeln repräsentiert sind, liegen in St. Paul's Cathedral überwiegend Personen, die auf anderen Gebieten zu Ruhm gelangt sind: Kriegshelden, Maler, Politiker, Wissenschaftler. Dennoch sind auch einige Autoren darunter, allen voran John Donne, der große Dichter und Zeitgenosse Shakespeares, der Dechant von St. Paul's war. Im südlichen Chorumgang steht sein Denkmal, das einzige aus der alten gotischen Kathedrale, das einigermaßen unbeschadet den Brand von 1666 überstanden hat. Unter der großen Kuppel befindet sich ein Standbild für Samuel Johnson, und in der Krypta findet man u. a. Gedenktafeln für William Blake (gest. 1827) und T. E. Lawrence, der als Lawrence von Arabien bekannt wurde (gest. 1935). Vieles im Innern der Kirche kann man nur gegen Entgelt sehen. Diese Praxis kommentiert Thomas de Quincey in seiner Autobiographie von 1854:

»Eines jedoch beeinträchtigte unsere Freude: Die wundervollen Sehenswürdigkeiten im Innern der Kathedrale waren jeweils nur gegen eine Gebühr zu besichtigen. Alles in allem waren es, glaube ich, sieben, und jede einzelne konnte man unabhängig von den anderen für ein paar Pence ansehen. Der Betrag war insgesamt nicht groß, vierzehn Pence, wenn ich mich nicht irre, aber wir wurden geradezu verfolgt: Ob wir nicht die Glocke sehen wollten? Ob wir nicht das Modell zu besichtigen wünschten? Wir wollten doch nicht etwa schon gehen, ohne die Flüstergalerie besucht zu haben? Diese beständigen Aufforderungen störten die Stille und Andacht des Ortes und mußten anderen ebenso mißfallen wie uns, die wir in Ruhe dieses Denkmal nationaler Größe betrachten wollten, das zu jener Zeit im Begriff war, die letzte Ruhestätte der Helden des Landes zu werden.«

Am nordöstlichen Ende von St. Paul's befindet sich der ehemalige Kirchhof, heute eine öffentliche Anlage, und auch die Straße, die in einer leichten Kurve an der Kathedrale vorbeiführt, heißt noch *St. Paul's Churchyard.* Hier hatten in der Frühzeit des Buchdrucks zahlreiche Buchhändler und Drucker ihre Geschäftsräume. So tragen zum Beispiel viele der frühen Shakespeare-Ausgaben den Vermerk »printed in St. Paul's Churchyard«. Nach dem Großen Feuer von 1666 zogen die meisten Buchhändler in die Gegend nördlich der Kathedrale, vor allem in Paternoster Row, bis auch dort durch die Luftangriffe 1941 die Bücher brannten.

Wer St. Paul's und die moderne Architektur in seiner Umgebung heute sieht, kann sich kaum vorstellen, daß dieser Teil Londons im Zweiten Weltkrieg Ziel schwerer Bombenangriffe war und zu etwa einem Drittel zerstört wurde. Auch die Kathedrale erhielt Treffer. In Stephen Spenders Gedicht »Epilogue to a Human Drama« (Epilog zu einem menschlichen Drama) finden sich die Zeilen

London burned with the unsentimental dignity
Of resigned kingship: those stores and Churches
Which had glittered century-long in dusty gold
Stood near the throne of domed St. Paul's
Like courtiers round the Royal sainted martyr.
August shadows of night
And bursting shells of concentrated light
Dropped from the skies to paint a final scene
Illuminated agony of frowning stone.
Who then can wonder that each word
In burning London, stepped out of a play?

Wir folgen nun den Wegweisern zur U-Bahnstation St. Paul's. Von hier führt *Cheapside* nach Osten zur Bank von England. »Chepe« war das alte englische Wort für »Markt«, und Cheapside war im mittelalterlichen London der größte Marktplatz, um den herum sich verschiedene Handwerker und Handwerksgilden ansiedelten: die Bäcker in der Bread Street, Milchhändler in der Milk Street, Goldschmiede in Goldsmiths Row, Fischhändler in Friday Street, Geflügelhändler in Poultry usw. In Bread Street wurden übrigens John Donne (1571 oder 1572) und John Milton (1608) geboren, und Thomas Morus, der Verfasser der *Utopia*, kam 1478 in der Milk Street zur Welt. Ein Mittelpunkt des Handels blieb Cheapside auch in späteren Zeiten, aber die Waren, die George Borrow in seinem Roman *Lavengro* (1851) so hymnisch preist, sind inzwischen eher in den eleganten Läden des West End zu sehen:

»›O Cheapside! Cheapside!‹ rief ich aus, während ich diese große Verkehrsstraße hinaufging. ›Es ist wahrlich wundervoll, wieviel Eile, Lärm und Reichtum es hier gibt! Die Leute reden immer von den Basaren des Orients. Zwar habe ich sie nie gesehen, aber ich wage zu behaupten, daß sie verglichen mit dir arm und verlassen sind, übersät mit leeren Kisten. O du Stolz des Londoner Ostens, mächtiger Handelsplatz von alters her, denn dich gibt es ja nicht erst seit gestern: du warst schon da, lange bevor die roten und die weißen Rosen im schönen England miteinander kämpften – ein Ort, wo sich alles drängte und schob, ein Ort von Gold und Silber, Düften und feinstem Leinen.‹«

Rechter Hand gelangt man in die *Bread Street*, wo sich einst unweit der Ecke zur Cheapside ein berühmtes Wirtshaus befand, die Mermaid Tavern, die dem Großen Feuer von 1666 zum Opfer fiel. In der Mermaid Tavern, 1411 erstmals urkundlich erwähnt, verkehrten unter anderem die Dramatiker William Shakespeare, Christopher Marlowe sowie Beaumont und Fletcher, ferner die Dichter John Donne, Michael Drayton, John Selden und William Browne. Die meisten von ihnen waren Mitglieder eines von Sir Walter Raleigh um 1603 gegründeten Klubs, der sich hier an jedem ersten Freitag eines Monats traf.

Die an Cheapside gelegene Kirche St. Mary-le-Bow stammt aus dem 11. Jahrhundert; ihre heutige Gestalt verdankt sie Entwürfen von Christopher Wren. Eine alte Regel besagt, daß nur diejenigen als Cockneys, also als Ur-Londoner gelten können, die in Hörweite der Glocken von St.

Mary-le-Bow geboren wurden. Es ist klar, daß diese Regel aus Zeiten stammen muß, als der Verkehrslärm noch nicht die heutigen Ausmaße hatte und in der City, in der heute fast ausschließlich Geschäfts- und Bürohäuser stehen, noch viele Menschen wohnten. Als Cockney im Sinne dieser Faustregel ist jedenfalls der romantische Dichter John Keats anzusehen, der 1795 in der City zur Welt kam und 1816 für eine Weile im Haus Nr. 76 Cheapside wohnte, bevor er in den nördlichen Vorort Hampstead zog. Keats starb fünfundzwanzigjährig in Rom an der Schwindsucht. An seinem Grab, das die Inschrift trägt »Allhier liegt einer, dessen Name ward geschrieben ins Wasser« schrieb Oscar Wilde die Verse

> O hold'ster Mund, den England je gekannt!
> Und wenn dein Namenszug im Wasser schwand,
> So mag er neu aus unsern Träumen grünen
> Und blüh'n hinfort gleichwie ein Rosenstrauch.

Cheapside geht an ihrem östlichen Ende in Poultry über und trifft dann mit mehreren Straßen zusammen, die einen verkehrsreichen kleinen Platz bilden. An diesem Platz, der durch die U-Bahnstation Bank markiert ist, oder genauer gesagt an der angrenzenden *Threadneedle Street* liegen die Bank von England und das alte Gebäude der 1566 für den Außenhandel gegründeten Börse, der Royal Exchange [Foto S. 220]. Hermann Fürst von Pückler-Muskau, der sich 1828 in London aufhielt (unter anderem, wie es heißt, um eine reiche englische Erbin zu finden, die er zwecks Tilgung seiner hohen Schulden heiraten könnte), beschreibt die beiden Gebäude in seinen *Briefen eines Verstorbenen*:

»An anderen Orten hat die Börse gewöhnlich nur ein kaufmännisches Ansehen, hier durchaus ein historisches.

Bank of England und Royal Exchange

Die imposanten Statuen englischer Herrscher rund umher, unter denen sich Heinrich VIII. und Elisabeth besonders auszeichnen, wie die altertümliche und würdige Bauart erwecken poetische Gefühle, denen der Gedanke eines so unvermeßlichen Welthandels, dessen Hauptplatz London ist, eine noch tiefere Bedeutung gibt. Die Menschen jedoch, die das Gemälde beleben, ziehen einen bald wieder in das Reich des Alltäglichen hinab, denn hier leuchtet Eigennutz und Interesse zu lebhaft aus jedem Auge, so daß in dieser Hinsicht der Ort, wie die ganze City, einen fast unheimlichen Anblick darbietet, der dem rast- und trostlosen Gewühle verdammter Geister nicht ganz unähnlich erscheint.

Der große Hof der Börse wird von bedeckten Arkaden umgeben, wo Inschriften den Kaufleuten aller Nationen ihren Versammlungsort anweisen. In der Mitte des Hofs steht eine Statue Karls II., der den Palast erbaute. Sie drückt in Haltung und Gebärde ganz den Mann aus, wie ihn die Geschichte beschreibt, nicht schön, aber doch nicht ohne Grazie, und mit einem festgewurzelten Leichtsinn in den, wie zum Spott, bald gravitätischen Zügen, den nichts bessern kann, weil er aus Mittelmäßigkeit entspringt, und daher auch aus diesem König einen ebenso liebenswürdigen und sorglosen Roué, als schlechten Regenten machte. In Nischen, die rund um den zweiten Stock angebracht sind, stehen die Büsten anderer Herrscher Englands. Ich habe schon die Heinrichs VIII. und der Königin Elisabeth genannt. Sie würden auch ohne die sich ihnen beimischende Erinnerung auffallen. Heinrich fett und behaglich, und sozusagen gemütlich grausam aussehend, Elisabeth männlich großartig, und doch auch weiblich boshaft. Die Büsten sind gewiß nach den besten Holbeinischen Gemälden gemacht. In diesem Stocke befindet sich das berühmte Lloyd's Coffeehouse, das schmutzigste Lokal dieser Art in London, dem man es nicht ansieht, daß hier täglich über Millionen verhandelt wird. Doch sind offenbar mehr Papier und Federn als Erfrischungen sichtbar.

Nahe dabei ist das schöne und ungeheure Gebäude der Bank von England, mit einer Menge großer und kleiner Säle, die größtenteils von oben beleuchtet und zur Aufnahme der verschiedenen Comptoirs bestimmt sind. Hunderte von Clerks arbeiten hier nebeneinander, und führen mechanisch die kolossalen Geschäfte, bei denen das *nil admirari* dem ohnedies gern bewundernden armen Deutschen oft schwer werden mag, besonders wenn er im *Bullion office*, wo die Lingots aufbewahrt werden, die Goldhaufen und Silberfässer anstaunt, die ihm die Schätze der tausend und einen Nacht zu realisieren scheinen.«

Einige Jahre zuvor, 1791, schrieb ein anderer deutscher London-Besucher, Friedrich Wilhelm von Schütz, über Lloyd's Coffee House, aus dem sich später ein großes Bank- und Versicherungsunternehmen entwickelte:

»Wer deutsche Kaffeehäuser gewohnt ist, wird in den englischen wohl wenig Unterhaltung finden. Lloyd's Kaffeehaus über der Börse ist eins der berühmtesten. Hier werden Geschäfte des Staats und der Politik abgehandelt, und eine Neuigkeit, die von Lloyd's Kaffeehaus herrührt, hat eine Art von Autorität, der nur selten widersprochen wird. Was sagt man bei Lloyd's? Das ist die gewöhnliche Frage, deren man sich bedient, um den Grund oder Ungrund auswärtiger Neuigkeiten bestimmen zu können.«

Zur Blütezeit des englischen Handels war die Royal Exchange, die Londoner Börse geradezu ein Sinnbild der weltumspannenden Geschäftsbeziehungen, die hier zusammenliefen. Joseph Addison, der Herausgeber der aufgeklärten Wochenschrift The Spectator, schrieb 1711 enthusiastisch:

»Keinen anderen Ort in der ganzen Stadt suche ich so gerne auf wie die Royal Exchange. Es verschafft mir eine stille Genugtuung und schmeichelt, da ich Engländer bin, in gewissem Maß meiner Eitelkeit, eine so wohlhabende Versammlung von Landsleuten und Fremden zu sehen, wie sie miteinander über die privaten Geschäfte der Menschheit beraten und diese Metropole zu einer Art Marktplatz der ganzen Welt machen. Ich gestehe, daß ich die Börse als große Beratungskammer ansehe, in welcher alle maßgebenden Nationen vetreten sind. Kaufleute sind in der Welt des Handels das, was Gesandte in der Welt der Politik sind: Sie führen Verhandlungen, schließen Verträge und unterhalten gute Beziehungen zwischen wohlhabenden menschlichen Gesellschaften, die durch Gewässer und Meere voneinander getrennt sind oder an einander entgegengesetzten Enden eines Kontinents leben.«

Vor der Royal Exchange steht ein Reiterstandbild des Herzogs von Wellington. Theodor Fontane bemerkte dazu, es sei »ein anständiges Mittelgut, zu gut für den Spott und zu schlecht für die Bewunderung«. Die Straßen, die an Bank und Börse zusammenlaufen – Threadneedle Street, Cornhill, Lombard Street und andere –, verzweigen sich in viele kleine Seitenstraßen, die zumindest wegen der Höhe der Geschäftshäuser mitunter eng und dunkel wirken. Diesem Eindruck widerspricht jedoch ein amerikanischer Besucher des 19. Jahrhunderts, Nathaniel Hawthorne:

»Ich fand die alten Straßen in der City gar nicht so krumm und eng wie erwartet. Die Hauptstraßen sind sogar recht breit, und nur wenige Häuser sehen alt aus, da sie vermutlich moderne Fassaden erhalten haben, sofern sie nicht überhaupt ganz neu erbaut worden sind. Auf Äußerlichkeiten oder Zurschaustellung legt man in diesem Teil Londons so gut wie keinen Wert. Es herrscht eine nüchterne, geschäftsmäßige Atmosphäre – die angenehme Atmosphäre des Alltags, wie sie einer Metropole wohl ansteht, in der schon seit Jahrhunderten zielstrebig Handel getrieben wird. Auf den Firmenschildern liest man ›Seit 90 Jahren in der Threadneedle Street‹ oder ›Gegründet 1709‹, was auf die großen Stammbäume der Seiden- und Textilhändler hinweist: Zeitgenossen Defoes sind noch durch ihre Nachfahren vertreten, welche die ererbte Elle im Laden von ehedem handhaben.«

Von der U-Bahnstation Bank führt in südöstlicher Richtung die *King William Street* zur London Bridge. Bevor man diese jedoch erreicht, stößt man auf eine Säule, das *Monument*, von dem gleich noch die Rede sein wird. Am Monument treffen sich mehrere Straßen, von denen eine die in östliche Richtung führende Eastcheap ist. Hierher kam Georg Weerth in der Hoffnung, etwas von dem wiederzufinden, was er bei Shakespeare gelesen hatte. Weerth, seit 1843 in verschiedenen englischen Textilunternehmen tätig, war mit Friedrich Engels und Karl Marx befreundet und wurde 1849 wegen eines satirischen Romans über das preußische Junkertum vorübergehend inhaftiert. In seinen »Sozialkritischen Skizzen« schrieb er:

»›Eastcheap‹ las ich an der nächsten Ecke und wäre fast vor Freude in die Höhe gesprungen. Du bist auf romantischem Boden! Du stehst an einem Orte, der nicht weniger berühmt ist als das Marmorpflaster der alten Abtei; und die zehn Akte des vierten Heinrich gingen mir plötzlich so klar an der Seele vorüber, daß nicht viel fehlte und ich hätte den ersten besten Gentleman gefragt, wo die Frau Hurtig wohne. – Jeden Augenblick meinte ich auch, gleich müßte mir Bardolph mit seiner flammenden Nase begegnen oder er, der unvergleichliche Sir John Falstaff, an der nächsten Haustür stehn, einen Becher Sekt in der Hand und – alles Täuschung, nichts als Täuschung! Wo das lustige Alt-England seine Späße getrieben hatte, herrschte jetzt der feierlichste Ernst ... So ändert sich alles in der Welt ... wo sich Dortchen Lakenreißer ihres Lebens freute, da sitzt jetzt Herr Fridolin Bach und spekuliert in Baumwolle und Indigo!«

Doch kehren wir zurück zu der Säule, die unweit der Kreuzung von Eastcheap, King William Street und mehreren anderen Straßen steht und von Theodor Fontane folgendermaßen beschrieben wird:

»Wir kommen von der Londonbrücke und haben zur Rechten das ›Monument‹, die berühmte Denksäule, die im Jahre 1677 zur Erinnerung an das große City-Feuer (dem Londonbrücke und Paulskirche zum Opfer fielen) errichtet wurde. Ich habe nichts gegen diese Säule – wiewohl ich nicht recht fasse, was man mit ihrer Aufstellung und der steten Vergegenwärtigung eines großen Unglücks bezweckte –, muß aber feierlichst protestieren gegen die 42 Fuß hohe Flammenurne, womit eine konfuse Pietät und der barste Ungeschmack den Knauf jener Säule geschmückt haben. Die vorgeblichen Flammenbüschel dieser Urne sind alles Mögliche, nur eben keine Flammen, und da es dieser goldenen Kuriosität gegenüber, ähnlich wie beim Bleigießen in der Neujahrsnacht, der Phantasie jedes einzelnen überlassen bleiben muß, was sie aus diesen Ecken und Spitzen herauszulesen für gut befindet, so mach' ich kein Hehl daraus, daß ich die Flammenurne für ein riesiges Kissen mit hundert goldnen Nadeln und infolge davon die berühmte Säule selbst für ein Wahrzeichen der ehrsamen Schneiderzunft gehalten habe, dessen historische Begründung mir leider nicht gegenwärtig sei. Das Piedestal trägt neben Basreliefs, die sich's angelegen sein lassen, den komischen Eindruck des Ganzen nicht zu stören, die Anzeige: daß es erlaubt sei, gegen Zahlung eines Sixpence, die Säule zu besteigen. Hat diese Erlaubnis den Zweck, die wunderliche Flammenurne auch in der Nähe bewundern zu können, so wird man durch solch humane Fürsorge in seiner guten Laune nicht wenig bestärkt; indes es handelt sich wohl um die Aussicht, um das London-Panorama, dessen man von oben genießen soll, und hier wolle mir der Leser erlauben, abzuschweifen und ihn vor dem Erklettern von Türmen und Säulen ein für allemal zu warnen ... Der Turm führt uns nur dem Himmel näher, und diesem denn doch nicht nah genug, um eine Reiseausbeute davon zu haben; von allem andern entfernt er uns, die Ferne bleibt Ferne, und die Nähe wird zur Ferne.«

Das verheerende Feuer, an das diese Säule, »The Monument«, erinnert, brach in der Nacht des 2. September 1666 in einer Bäckerei in Pudding Lane aus, einem Gäßchen, das nur wenige Schritte vom Monument entfernt ist. Begünstigt durch eine anhaltende Trockenheit und angefacht durch kräftige Winde, breiteten sich die Flammen rasch aus und legten innerhalb von fünf Tagen vier Fünftel des mittelalterlichen London in Schutt und Asche. Mehr als 100 000 Menschen wurden obdachlos, aber wunderbarerweise kam niemand ums Leben. Samuel Pepys, der zu dieser Zeit in der Nähe des Tower wohnte, schildert in seinem Tagebuch sehr anschaulich, wie er jene Nacht des 2. September erlebte:

»Heute früh gegen drei Uhr weckte uns Jane wegen eines großen Feuers in der City. Mir schien es weit genug weg, und so ging ich wieder schlafen. Um sieben Uhr sah ich es noch weiter weg, und dann kam Jane und erzählte, es seien über dreihundert Häuser heute nacht verbrannt, und jetzt brenne die Fish Street nahe der London Bridge. So machte ich mich auf zum Tower und sah zu beiden Seiten der Brücke die Häuser brennen. Der Leutnant im Tower sagte mir, es habe heute früh beim Hofbäcker begonnen. Die Magnuskirche und fast die ganze Fish Street seien bereits niedergebrannt. Nun nahm ich mir ein Boot und fuhr durch die Brücke; dort sah ich ein fürchterlich großes Feuer. Michells Haus brannte schon, das Feuer eilte weiter und war in kurzer Zeit im Stahlhof. Jeder suchte seine Sachen wegzubringen, auch auf Leichtern, arme Leute blieben in den Wohnungen, bis das Feuer kam, dann sprangen sie in Boote oder klommen von einer Treppe zur anderen. Die armen Tauben schwärmten um Fenster und Balkone, bis sie sich die Schwingen versengten und herabfielen. Und niemand war da zum Löschen, alle wollten nur retten. Da ich nun sah, es war bis zum Stahlhof gedrungen, der Wind trieb es der City zu, und alles brannte bei der langen Trockenheit, sogar die Steine des Kirchturms, wo mein Freund Elborough Pfarrer ist – da eilte ich vom Tower aus nach Whitehall und gab ihnen einen Bericht, der alle erschreckte, und man ließ es dem König sagen. Der befahl nun, ich solle zum Lord Mayor gehen und ihm sagen, er solle nach jeder Richtung vor dem Feuer her die Häuser niederreißen lassen. Nun fuhr ich in Kapitän Cocks Kutsche fort, und schließlich trafen wir den Bürgermeister, wie einen Erschöpften mit einem Tuch um den Hals. Bei der Botschaft des Königs schrie er wie eine Frau, die in Ohnmacht fällt: ›Gott, was kann ich tun? Ich bin verloren, das Volk gehorcht mir nicht. Ich habe Häuser niederreißen lassen, aber das Feuer ist schneller als wir.‹ Soldaten brauche er keine, und er müsse gehen und sich erholen, denn er sei die ganze Nacht aufgewesen. So verließen wir einander. Ich sah, daß die Menschen ganz toll waren, und es gab keine Möglichkeit zu löschen.«

Die Brücke, die Pepys erwähnt, ist natürlich *London Bridge*. Seit dem zweiten Jahrhundert, als London eine römische Siedlung war, hat es an dieser Stelle eine Brücke gegeben, und sie blieb die einzige Brücke über die Themse, bis 1750 Westminster Bridge in der Nähe der heutigen Parlamentsgebäude eröffnet wurde. Zu Pepys' Zeit standen auf London Bridge noch Häuser, die erst Mitte des 18. Jahrhunderts abgerissen wurden. Diese historische Brücke wurde 1823-31 durch eine neue ersetzt, und diese wiederum mußte schließlich der heutigen Betonkonstruktion weichen, die aus den Jahren 1967-72 stammt. In *Oliver Twist* (1846) gibt Charles Dickens eine stimmungsvolle Beschreibung der alten London Bridge um Mitternacht:

»Die Turmuhren schlugen drei Viertel zwölf, als zwei Gestalten auf der London Bridge auftauchten. Die eine, die sich mit schnellen Schritten vorwärts bewegte, war die einer Frau, die sich aufmerksam umblickte, als suchte sie jemanden, den sie erwartete; die andere Gestalt war die eines Mannes, der im tiefsten Schatten, den er nur finden konnte, einherschlich und in einiger Entfernung seine Schritte denen der Frau anpaßte: blieb sie stehen, so hielt auch er inne, und wenn sie sich weiter vorwärts bewegte, so schlich auch er verstohlen weiter, jedoch ließ er es im Eifer der Verfolgung niemals so weit kommen, die Entfernung zwischen sich und ihr zu verringern. So überquerten sie die Brücke vom Middlesexufer zum Surreyufer, als die Frau, offensichtlich enttäuscht in ihrer sorgsamen Betrachtung der Vorübergehenden, sich rückwärts wandte. Die Bewegung geschah plötzlich, aber jener, der sie beobachtete, war auf der Hut; er verkroch sich in einer der Vertiefungen unter den Brükkenpfeilern, lehnte sich, um seine Gestalt noch besser zu verbergen, über die Brustwehr und ließ das Mädchen auf dem gegenüberliegenden Fußweg vorübergehen. Als sie etwa ebenso weit vor ihm war wie zuvor, rutschte er leise herunter und folgte ihr wieder. Ziemlich in der Mitte der Brücke blieb sie stehen – der Mann ebenfalls.

Es war eine sehr dunkle Nacht. Der Tag war sehr unfreundlich gewesen, deshalb befanden sich um diese Stunde und an diesem Ort nur wenig Menschen unterwegs. Jene aber, die dort zu finden waren, eilten schnellen Schrittes vorüber; höchstwahrscheinlich sahen sie weder die Frau noch den Mann, der sie beobachtete; bestimmt aber nahmen sie von ihnen keine Notiz. Ihr Aussehen war nicht dazu angetan, die zudringlichen Blicke jener armseligen Einwohner Londons auf sich zu ziehen, die in jener Nacht zufällig über die Brücke kamen, um einen kalten Torbogen oder eine türlose Hütte zu suchen, wo sie ihr Haupt hinlegen konnten. Schweigend standen die beiden da, sprachen mit keinem der Vorübergehenden und wurden auch von keinem angesprochen. Nebel hing über dem Fluß, er verdüsterte den roten Schein der Feuer auf den kleinen Fahrzeugen, die an den verschiedenen Werften festgemacht hatten, und ließ die düsteren Gebäude an den Ufern noch dunkler und undeutlicher erscheinen. Die alten rauchgeschwärzten Lagerhäuser zu beiden Seiten erhoben sich schwer und düster über dem dichten Gedränge der Dächer und Giebel und blickten finster hernieder auf ein Gewässer, das zu schwarz war, um selbst ihre plumpen Umrisse widerzuspiegeln. Der

Turm der alten Erlöserkirche und die Spitze von St. Magnus, seit langem die riesenhaften Wächter der alten Brücke, waren in der Dunkelheit sichtbar, aber der Wald der Schiffe unter der Brücke und das dichte Gewirr der Kirchtürme darüber waren den Blicken fast völlig verborgen.

Das Mädchen hatte sich ein paarmal ruhelos hin und her gewandt – wobei sie ihr verborgener Beobachter nicht aus den Augen ließ –, als die schwere Glocke von St. Paul's wiederum die Sterbestunde eines Tages verkündete. Die Mitternacht war über die dichtbevölkerte Innenstadt hereingebrochen. Über Palästen und Kellerlokalen, Gefängnissen und Irrenhäusern, den Kammern des Lebens und des Todes, von Gesundheit und Krankheit, über dem starren Angesicht der Toten und dem friedlichen Schlaf der Kinder – über allem lag die Mitternacht.«

Für T. S. Eliot, der Anfang der zwanziger Jahre in Lloyd's Bank in der Lombard Street arbeitete, ist die Londoner City ein Abbild des modernen Lebens. Sein Gedicht *The Waste Land* (*Das wüste Land,* 1922) läßt den Strom der Angestellten auf dem Weg zur Arbeit wie eine moderne Version der Verdammten aus Dantes Inferno erscheinen:

Unreal City,
Under the brown fog of a winter dawn,
A crowd flowed over London Bridge, so many,
I had not thought death had undone so many.
Sighs, short and infrequent, were exhaled,
And each man fixed his eyes before his feet.
Flowed up the hill and down King William Street,
To where Saint Mary Woolnoth kept the hours
With a dead sound on the final stroke of nine.

Die Schnelligkeit, mit der sich London entwickelt und verändert, wird in der Umgebung der London Bridge besonders sinnfällig, wo Altes und Neues dicht nebeneinander steht und moderne Wolkenkratzer die älteren Bürohäuser überragen, welche ihrerseits die alten Kirchtürme fast verschwinden lassen. Der Romancier E. M. Forster hat das zum Anlaß für einen kleinen Essay über die Vielgestaltigkeit Londons genommen:

»London ist buntscheckig, was mitunter ganz eindrucksvoll ist. Wenn Sie sich davon überzeugen wollen, werfen Sie einfach einen Blick aus dem Fenster, auch wenn es vielleicht das Fenster eines Hotels ist... Oder machen Sie einen Spaziergang. Dabei müssen Sie nicht einmal die Hauptverkehrsstraßen verlassen; Sie brauchen nur etwas aufmerksam in die Seitenstraßen zu spähen, um rechts und links das ungeordnete Durcheinander zu erblicken, das den Charakter Londons ausmacht. Stellen Sie sich zum Beispiel an das zur City gelegene Ende der London Bridge. Was fällt Ihnen da sofort ins Auge? Ein riesiges Gebäude, das Adelaide House. Im ägyptischen Stil errichtet, ragt es in den Himmel und reicht in die Tiefe. In diesem enormen Quader sitzen hunderte von Geschäftsleuten, umgeben von Angestellten, Schreibmaschinen, Sorgen und so weiter, und alle arbeiten nach Leibeskräften, um Geld für das Empire zu verdienen; und auf dem flachen Dach befinden sich Gärten, Bäume und eine kleine Golfanlage, wo die Sorgen der Geschäftsleute eine andere Richtung nehmen können. Adelaide House möchte den Ton angeben. Es ist großspurig und auf Zweckmäßigkeit bedacht; es will einem klarmachen, daß London ein Handelsplatz, ein Dreh- und Angelpunkt, ein Zentrum ist. Es stellt sich dem Besucher, der sich von der südlichen Themseseite her nähert, in den Weg. Aber Mo-

Portobello Market

ment mal! Was ist denn das daneben für eine Schlucht, und was ist das für ein Gebäude, das sich in dieser Schlucht an Adelaide House anschmiegt? Man steigt eine wuchtige, schmutzige Treppe hinunter und erreicht Lower Thames Street. Hier herrscht ein ganz anderer Ton, wird eine ganz andere Sprache gesprochen. Am frühen Morgen ist diese Straße voll von Fischen und den Fischhändlern des Billingsgate Market, und zu allen Zeiten poltern Lastwagen und Karren vorüber. Darüber spannt sich London Bridge, und noch höher oben, fast siebzig Meter hoch, telefonieren die Geschäftsleute oder schlagen Golfbälle ins Loch. Und das Gebäude, das sich in diese Schlucht duckt, was ist das? Ach, das gehört zu einem dritten London. Es ist eine von Sir Christopher Wrens schönsten Kirchen, St. Magnus the Martyr. Sie hockt da zwischen dem Schmutz und den blitzsauberen Klinkersteinen, ohne von beiden Notiz zu nehmen, führt nach wie vor ein eigenes Dasein und läßt Verkehrsströme und Geschäfte über sich hinwegbrausen. Beachten Sie bitte den Durchgang, der durch den Kirchturm führt und an einer Mauer endet. Vor hundertfünfzig Jahren führte hier der Fußweg zur London Bridge hindurch. Hier mußte man passieren, um über den Fluß zu gelangen. Inzwischen hat sich die Stadt aufgetürmt wie in geologischen Schichten, und vielleicht hält dieser Prozeß an, bis sich am Ende eine Haut aus unzerbrechlichem Glas darüberspannt wie in H. G. Wells' utopischer Erzählung.

Dieses Nebeneinander von Adelaide House, Billingsgate Market und St. Magnus ist typisch für London, denn es ist eine völlig ungeordnete Stadt, in die man freilich auch keine Ordnung bringen sollte.«

Der Fischmarkt von Billingsgate findet inzwischen nicht mehr am Themseufer unterhalb der London Bridge statt, aber das ändert gewiß nichts daran, daß Forsters Beobachtungen nach wie vor zutreffen.

Folgt man von London Bridge der Lower Thames Street nach Osten, so erreicht man schließlich ein weiteres historisches Wahrzeichen Londons, den *Tower.* Sein Besuch gehört zum festen Programm der meisten London-Besucher, aber nicht alle sind von dem, was es dort zu sehen gibt, gebührend beeindruckt. Franz Grillparzer zum Beispiel vermerkte 1836 in seinem Tagebuch:

»Der Tower weit unter meiner Erwartung. Das Äußere imposant. Das Innere kostet 7 Shillinge und ist nicht 7 Pence wert. Rüstungen, Waffen; die Kronjuwelen über alle Beschreibung prächtig, besonders die Krone, die allein mehr wert sein dürfte als das Königreich Dalmatien. Ich war allein; der altertümlich gekleidete, mit einem Degen in der Hand vor mir herschreitende Aufseher suchte mir daher soviel wie möglich von den Sehenswürdigkeiten zu entziehen, und ich kümmerte mich wenig, noch mehr alten Wust zu sehen.«

Johanna Schopenhauer, die den Tower einige Jahre zuvor besucht hatte, schreibt in ihrem Reisebericht:

»Wir gingen durch das Tor des Haupteinganges hinein, welches zur Not für eine Kutsche Raum hat. Man machte uns aufmerksam auf die kleinen vergitterten Fenster über dem Tore. Sie befinden sich in dem Zimmer, in welchem der entsetzliche Richard der Dritte die beiden jungen Söhne seines Bruders ersticken ließ, als sie eben sanft und ruhig im festen Schlummer der Kindheit dalagen und von keiner Gefahr träumten. Uns gelüstete nicht, das Mordzimmer zu betreten.

Eine alte Sage gibt Julius Cäsar für den ersten Erbauer dieser Veste aus; die Geschichte aber sagt uns, daß Wilhelm der Eroberer in der Mitte des elften Jahrhunderts den Grund dazu legte, um seine vielgeliebten Londoner im gehörigen Respekte zu erhalten. Man sieht es dem sehr weitläufigen Ganzen an, daß kein fester Plan bei dessen Gründung vorwaltete, sondern während der Regierung mehrerer Könige bald hier, bald da daran gebaut und zugesetzt ward.

Jetzt gleicht der Tower fast einer kleinen Stadt; er umschließt in seinem Bezirke mehrere Straßen, eine Kirche, Magazine, Kasernen für die Garnison, Häuser für die Offiziere, Zeughäuser, die Münze nebst Wohnungen für die dabei beschäftigten Offizianten und sonst noch mancherlei Gebäude. Ein breiter Wassergraben läuft rings umher, und zwischen diesem Graben und der Themse befindet sich eine Art Terrasse, auf welcher sechzig Kanonen stehen, die bei feierlichen Gelegenheiten abgefeuert werden. Der Tower wird, wie es bei Festungen Gebrauch ist, mit Sonnenuntergange geschlossen. Die Yeomen oder Ochsenfresser* haben die Wache darin, und dienen zugleich dem besuchenden Fremden als Ciceronen. Hier sind sie ganz augenscheinlich am rechten Platze; ihre Kleidung und ihr ganzes Aussehen trägt gleich am Eintritte dazu bei, uns in frühe dunkle Jahrhunderte zu versetzen.«

Auch ein anderer Reisender des frühen 19. Jahrhunderts, der Pädagoge und Verleger Joachim Heinrich Campe, zeigte sich von den Wächtern des Tower, den »Yeomen of the Guard« in ihren roten Röcken beeindruckt. Besonders das feierliche Zeremoniell, mit dem der Tower jeden Morgen geöffnet und abends wieder geschlossen wird, hatte es ihm angetan:

* Gemeint sind die auch »Beefeaters« genannten Wachsoldaten. (Anm. des Hrsg.)

»Einer der Yeomen, welcher den Beititel *Porter*, der Pförtner, führt, geht des Morgens begleitet von einem Sergeanten und sechs Soldaten, nach der innerhalb der Burg befindlichen Wohnung des Oberbefehlshabers, und fordert die Schlüssel. Mit diesen begibt er sich hierauf dahin, wo drei aufeinander folgende Tore, eins innerhalb und zwei außerhalb des Grabens, den Haupteingang bilden. Er öffnet das innere Tor, welches aber, sobald er mit seiner Begleitung hindurchgegangen ist, hinter ihm sogleich wieder geschlossen wird. Bei jedem Tore ist eine besondere Wache, die, sowie der Pförtner sich nähert, unters Gewehre tritt. Hat dieser nun auch die beiden äußern Tore aufgeschlossen, so kehrt er zu dem ersten zurück, und ruft der Wache zu, ihre Schuldigkeit zu tun und König Georgs Schlüssel anzunehmen. Hierauf wird ihm das Tor sofort wieder geöffnet; und die Schlüssel werden in das Wachthaus gebracht, wo sie den Tag über bleiben. Mit gleicher Feierlichkeit werden die Tore des Abends wieder zugeschlossen, und indem hierauf der Yeoman-Pförtner die Schlüssel nach des Oberbefehlshabers Hause trägt, tritt die Hauptwache unters Gewehr, und ihr Anführer ruft ihm zu: ›Wer kommt da?‹ Er antwortet: ›Die Schlüssel!‹ Und der erste erwidert: ›Die Schlüssel gehen vorbei!‹ Nach diesen Worten befiehlt er der Wache, das Gewehr bei den Fuß zu nehmen, und der Pförtner sagt: ›Gott segne den König Georg!‹, worauf die gesamte Wache Amen! ruft. Dann geht jener in das Haus des Oberbefehlshabers und gibt die Schlüssel ab.

Man könnte fragen: warum diese altenglische Förmlichkeit, welche jetzt wenigstens keinen Nutzen mehr zu haben scheint, noch jetzt so pünktlich beobachtet werde? Allein es läßt sich darauf zuvörderst umgekehrt fragen: welchen Nachteil sie bringe, und welcher Grund also zu ihrer Ab-

An der Themse

schaffung vorhanden sei? Dann bin ich aber auch zweitens immer der Meinung gewesen, und bin es noch, daß man alte Gebräuche jeder Art, solange sie wirklich unschuldig und unschädlich sind, keineswegs abschaffen, sondern vielmehr, wäre es auch nur aus Achtung gegen unsere Vorfahren, mit kindlicher Gewissenhaftigkeit beibehalten sollte. Dinge dieser Art tragen oft mehr, als man glauben sollte, dazu bei, von dem alten Volksgeiste, der fast überall an Reinheit und Kraft den neuern übertrifft, doch wenigstens etwas zu erhalten und fortzupflanzen.«

Theodor Fontane ist demgegenüber vor allem an der Geschichte des Tower interessiert und an den menschlichen Schicksalen, die sich mit diesem Festungs- und Gefängnisbau verbinden:

»Das gewölbte Tor des Blutturms führt uns auf einen geräumigen Platz, von Wällen, Türmen, altertümlichen Häusern und modernen Kasernen ringsum eingefaßt. In der Mitte des Platzes erhebt sich der White Tower. Nach der Ostseite hin erblicken wir die Überreste des Bowyer-Turms, wo der Herzog von Clarence im Malvasierfaß ertränkt wurde. Nicht fern davon ist der Brick Tower, wo Lady Jane Grey gefangen saß, und der Wakefield-Turm, wo Heinrich VI. ermordet wurde. Interessanter aber für den Besucher ist der Beauchamp-Turm, das ehemalige Staatsgefängnis, worin die Mehrzahl derer saß, die unter der Anklage des Hochverrats standen. Wir treten ein. Was wir zuerst erblicken, ist, aus der Kellertiefe emporragend, der Oberteil eines backofenartigen Kerkers. Aber dieses Wort ist Beschönigung: es ist ein Kerker*loch*. Der Raum reicht nur eben aus zum Sitzen; es ist unmöglich, sich darin zu strecken oder gar aufrecht zu stehen. Kein Lichtstrahl dringt hinein. Die Wände dieser Höhle sind mit eingekratzten Namen bedeckt (ich sah sie beim Schimmer eines angezündeten Lichtchens), aber teils unleserlich, teils ungekannt. Nur von einem weiß man mit Sicherheit, daß er hier atmete: Lord Cholmondely (zur Zeit Heinrichs VIII. oder der Maria Tudor) saß hier sieben Jahre.«

Zwei weitere Männer sollen hier noch genannt werden, die im Tower gefangen saßen und bedeutende Werke hinterlassen haben. Der eine ist Sir Thomas More, auch Thomas Morus genannt, der sich als Kanzler Heinrichs VIII. weigerte, dessen Vorrangstellung vor dem Papst anzuerkennen, und der dafür 1534-1535 in den Tower gesperrt und dort hingerichtet wurde. Sein Buch *Utopia* (1515), die fiktive Beschreibung eines idealen Staates, hat einer ganzen literarischen Gattung ihren Namen gegeben. Gelassen soll Morus beim Betreten des Tower geäußert haben: »Ist dieses Haus dem Himmel nicht genauso nah wie mein eigenes?« Der andere Gefangene ist Sir Walter Raleigh, Entdeckungsreisender, Freibeuter, Dichter und lange Zeit Günstling des Hofes. Wegen Hochverrats wurde er zunächst 1592 von Elisabeth I. und dann dreizehn Jahre lang (1603-16) von Jakob I. inhaftiert. Während seiner Haftzeit im Tower hat Raleigh neben anderen Werken auch zahlreiche Gedichte verfaßt, von denen die meisten jedoch verschollen sind.

William Wordsworth
Auf der Westminster Bridge geschrieben

Die Erde hat nichts Schönres aufzuweisen;
stumpf wäre, wer an solch erhabenem,
bewegenden Anblick achtlos vorüberginge.
Die Stadt ist in die Schönheit dieses Morgens

gehüllt wie in ein Kleid. Offen und still
sind Schiffe, Türme, Kuppeln, Kirchen und Theater
vor Feldern und dem Himmel ausgebreitet,
hell glänzend, schimmernd in der reinen Luft.
Nie hat der erste Glanz der Sonne Tal,
Fels und Gebirge lieblicher getränkt.
Nie sah, nie fühlte ich so tiefe Ruhe!
Der Strom fließt frei, so wie er will, dahin.
Gott! Die Häuser selbst scheinen zu schlafen,
und dieses große, mächtge Herz liegt still!

Lord Byron
Don Juan

Ein weites Meer von Ziegeln, Rauch und Schiffen,
Schmutzig und trüb, wohin das Auge blickt.
Hier und da kommt ein Segel kurz in Sicht
Und ist im Wald der Masten schon verschwunden.
Zahllose Glockentürme recken sich
Auf Zehenspitzen aus des Kohlendunsts
Graubrauner Kuppel, die der Kappe gleicht,
Die man dem Narren aufsetzt – das ist London!

William Blake
London

Die feilen Straßen gehe ich,
wo fließt der feile Themsefluß,
in jedem Antlitz sehe ich
Spuren von Gram und von Verdruß.

In jedem Schrei von jedermann,
in Kindesjammern, Stimmenwirrn,
in jedem Fluch ich hören kann
vom Geist geschmiedet Ketten klirrn.

Wie des Schornsteinfegers Ruf
rußige Kirchen läßt erschauern,
des Soldaten Murrn wie Blut
rinnt von der Paläste Mauern.

Doch zumeist in Mittnachtsgassen
hör ich junger Huren Fluch,
die des Säuglings Träne hassen,
Pest streun auf der Ehe Leichentuch.

John Wilson Croker
Oxford Street

Du lange, stets geschäft'ge Straße
Verläufst wie's Leben eines Schurken
Vom Elendsviertel von St. Giles
Zum Galgen auf dem Feld von Tyburn.

Louis MacNeice
Der Lesesaal des British Museum

Unter der Bienenkorb-Kuppel gehen die gebeugten,
besessenen Leser
die Gänge auf und ab, saugen an den Waben des Wissens –
Honig und Wachs, in Jahren angesammelt ...

Manche beauftragt, andere aus Liebe zur Wissenschaft,
manche, weil sie nichts Besseres zu tun haben
oder weil sie hoffen, daß diese Wände aus Büchern
das Trommeln des Dämons in ihren Ohren zum Schweigen
zu bringen.
Sonderlinge, Zeilenschinder, arme Gelehrte
mit Kneifern, altmodischen Hüten oder romantischen
Bärten,
die ihr Steckenpferd oder ihr Schicksal pflegen.
Einige sind nur allzu wach, andere schlafen
und hängen wie Fledermäuse in einer Welt der
verkehrten Werte,
sich einhüllend in einer Welt der Geborgenheit und Stille:
Das ist der Lesesaal des British Museum.

Draußen auf den Stufen in der Sonne turteln die Tauben,
plustern ihre Halskrausen, spreizen ihre Schwanzfedern
oder
nehmen ein behagliches Sonnenbad,
und unter den Totempfählen – den Schreckensbildern von
einst –
zwischen den riesigen kannelierten ionischen Säulen
sickert von den breitknochigen oder falkenähnlichen
fremden Gesichtern
guttural das Leid der Flüchtlinge.

Thomas Chatterton
Empfindung

Wir sterben einmal nur. Was gilt es da,
Ob Strick, ob Gürtel, Gift, Pistole, Schwert,
Langsames Siechtum oder plötzliches
Zerbersten einer Ader im Gehirn
Die Leiden dieses Lebens endigen?
Die Ursach' ist verschieden, gleich die Wirkung:
Am Ende löst sich alles, löst sich auf.

Oscar Wilde
Symphonie in Gelb

Über die Brücke kriecht ein Omnibus
Wie ein gelber Schmetterling.
Und hier und dort geht ein Passant,
Wie eine kleine ruhelose Mücke.

Große Kähne, voll mit gelbem Heu,
Sind am schattigen Kai vertäut,
Und wie ein gelber Seidenschal
Hängt der dichte Nebel vor dem Uferdamm.

Die gelben Blätter beginnen zu verblassen
Und taumeln von den Temple-Ulmen,
Und die blaßgrüne Themse zu meinen Füßen
Liegt wie in Zepter aus welliger Jade.

Alexander Pope
Die Dummkopfiade

Der Fleet genannte Bach entleert sich in die Themse
Und führt als Zoll ihr viele tote Hunde zu.
König der Bäche, keine finstere Kloake
Schwärzt so wie du die helle Silberflut!

Stephen Spender
Epilog zu einem menschlichen Drama

London brannte mit der unsentimentalen Würde
Eines abgedankten Regenten: diese Läden und Kirchen,
Die jahrhundertelang mattgolden geschimmert hatten,
Standen um den Thron der kuppelgekrönten Kathedrale
Wie Höflinge um den heiliggesprochenen Märtyrerkönig.
Erhabene nächtliche Schatten
Und berstende Granaten gebündelten Lichts
Fielen vom Himmel und malten ein Schlußbild
Vom illuminierten Leiden ernst blickender Steine.
Wen kann es da wundern, daß jedes Wort
Im brennenden London einem Schauspiel entstammte?

T. S. Eliot
Das wüste Land

Wahnschaffene Stadt,
Unter dem braunen Brodem eines Wintermorgens
Zogen in langen Scharen über London Bridge so viele,
Hätt nie gedacht, daß so vielen die Augen brachen.

Stoßseufzer, ein ums andremal, entfuhren ihnen
Und jeder heftete den Blick vor seinen Fuß.
Das schob sich bergan und abwärts zur King William Street,
Dort wo Saint Mary Woolnoth die Stunde schlägt
Mit einem Scherbenton auf dem Glock neun.

Textnachweise

Die Ziffern in Klammern beziehen sich auf das vorliegende Buch, die nachfolgenden Seitenzahlen geben die Fundstellen der Zitate in den jeweiligen Quellentexten an.

Addison, Joseph: »Royal Exchange (19. Mai 1711)«. – The Spectator. Hrsg. v. Gregory Smith. Bd. 1. London: Dent 1945, (223) 212-13 (Übers. v. Harald Raykowski)

Austen, Jane: Emma. Übers. v. Angelika Beck. Frankfurt am Main: Insel 1997 (= it 1969) [zuerst 1816], (147) 124

Beckett, Samuel: Murphy. Übers. v. Elmar Tophoven. Werke II. Frankfurt am Main: Suhrkamp 1957, (102) 16

Bell, Vanessa: Zitiert nach Leon Edel: Bloomsbury. A House of Lions. London: Hogarth Press 1979, (147) 173 (Übers. v. Harald Raykowski)

Bennett, Arnold: Imperial Palace. – Zitiert nach Peter Vansittart: London. A Literary Companion. London: John Murray 1992, (184) 98-99 (Übers. v. Harald Raykowski)

Bennett, Arnold: Journals. – Zitiert nach Peter Vansittart: London. A Literary Companion. London: John Murray 1992, (89) 219 (Übers. v. Harald Raykowski)

Bennett, Arnold: »London«. – Paris Nights. Leipzig: Tauchnitz o. J. (zuerst 1913), (107) 214-15 (Übers. v. Harald Raykowski)

Blake, William: »London«. – The Poems of William Blake. Hrsg. v. W. H. Stevenson. London: Longman 1971, (59) 213-214. Übers. v. W. Wilhelm. Lieder der Unschuld und Erfahrung. Hrsg. v. Werner Hofmann. Frankfurt am Main: Insel 1975 (=it 116), 96 f.

Borrow, George: Lavengro. London: John Murray 1905 (zuerst 1851), (218) 191 (Übers. v. Harald Raykowski)

Boswell, James: London Journal, 1762-1763. Hrsg. v. Frederick A. Pottle. London: Heinemann 1950, (47) 260; (67) 255; (123) 252; (181) 240-41 (Übers. v. Harald Raykowski)

Brecht, Bertolt: Die Dreigroschenoper. – Gesammelte Werke. Bd. 2. Frankfurt am Main: Suhrkamp 1967, (56) 395

Byron, George Gordon Lord: Don Juan. – The Complete Poetical Works. Hrsg. v. Jerome J. McGann. Bd. 5. Oxford: Clarendon Press 1986, (19) 462; (115) 501 (Übers. v. Harald Raykowski)

Campe, Joachim Heinrich: Reise durch England und Frankreich. Braunschweig: Schulbuchhandlung 1803, (78) 41; (112) 50; (236) 61-62

Carlyle, Jane Welsh: Zitiert nach Peter Vansittart: London. A Literary Companion. London: John Murray 1992, (152) 252 (Übers. v. Harald Raykowski)

Carlyle, Thomas: Reminiscences. Hrsg. v. C. E. Norton. London: Dent 1932, (103) 132 (Übers. v. Harald Raykowski)

Casanova, Giacomo: Geschichte meines Lebens. Hrsg. v. Erich Loos. Übers. v. Heinz von Sauter. Bd. 9. Berlin: Propyläen 1966, (46) 241; (50) 228

Chatterton, Thomas: »Sentiment«. – The Poetical Works. Hrsg. v. Walter Skeat. London: Bell 1905, (158) 82 (Übers. v. Harald Raykowski)

Clare, John: The Autobiography. The Prose of John Clare. Hrsg. v. J. W. und Anne Tibble. London: Routledge and Kegan Paul 1951, (161) 95 (Übers. v. Harald Raykowski)

Croker, John Wilson: (Oxford Street, ca. 1825). – Zitiert nach The Travellers' Dictionary of Quotation. Hrsg. v. Peter Yapp. London: Routledge and Kegan Paul 1983, (111) 326 (Übers. v. Harald Raykowski)

De Quincey, Thomas: Autobiography. – The Collected Writings. Hrsg. v. David Masson. Bd. 1. London: Black 1889, (216) 186-87 (Übers. v. Harald Raykowski)

De Quincey, Thomas: Confessions of an English Opium Eater. – The Collected Writings. Hrsg. v. David Masson. Bd. 3. London: Black 1890, (51) 389 (Übers. v. Harald Raykowski)

Defoe, Daniel: A Tour through the Whole Island of Great Britain. Hrsg. v. Pat Rogers. Harmondsworth: Penguin 1971 (zuerst 1724-26), (92) 346; (213) 304-5 (Übers. v. Harald Raykowski)

Dickens, Charles: All the Year Round. Hrsg. von Charles Dickens. Zitiert nach The Travellers' Dictionary of Quotation. Hrsg. v. Peter Yapp. London: Routledge and Kegan Paul 1983, (43) 325 (Übers. v. Harald Raykowski)

Dickens, Charles: Bleak House. Übers. v. Richard Zoozmann. Frankfurt am Main: Insel 1988 (= it 1110) [zuerst 1853], (163) 1

Dickens, Charles: David Copperfield. Frankfurt am Main: Insel 1980 (= it 468) [zuerst 1850], (134) 228; (197) 222 f.
Dickens, Charles: The Letters of Charles Dickens. Bd. 6. Hrsg. v. Graham Storey u. a. Oxford: Clarendon Press 1988, (143) 514 (Übers. v. Harald Raykowski)
Dickens, Charles: Londoner Skizzen. Ausw. u. Übers. v. Harald Raykowski. München: dtv 1995 (zuerst 1836), (46) 11; (54) 41; (204) 93
Dickens, Charles: Oliver Twist. Übers. v. Reinhard Kilbel. Frankfurt am Main: Insel 1976 (=it 242) [zuerst 1846], (228) 491-493
Dickens, Charles: Our Mutual Friend. Oxford: Oxford University Press 1952 (zuerst 1865), (116) 44 (Übers. v. Harald Raykowski)
Dickens, Charles: Die Pickwickier. Frankfurt am Main: Insel 1986 (=it 896) [zuerst 1837], (196) 748
Dostojewskij, Fedor M.: Winterliche Aufzeichnungen über sommerliche Eindrücke. Übers. v. S. Geier und A. Eliasberg. Reinbek: Rowohlt 1962 (= Rowohlts Klassiker 111/112) [zuerst 1865], (67) 36
Doyle, Arthur Conan: Memories and Adventures. London: Greenhill 1988 (zuerst 1924), (118) 95 (Übers. v. Harald Raykowski)
Eliot, T. S.: The Waste Land. – The Complete Poems and Plays of T. S. Eliot. London: Faber & Faber 1969, (230) 62. Übers. v. Eva Hesse in T. S. Eliot: Gesammelte Gedichte. Hrsg. v. Eva Hesse. Frankfurt am Main: Suhrkamp 1988, S. 87-89
Emerson, Ralph Waldo: English Traits. London: Dent 1951 (zuerst 1856), (141) 18 (Übers. v. Harald Raykowski)
Engels, Friedrich: Die Lage der arbeitenden Klasse in England. Hrsg. v. Walter Kumpmann. München: dtv 1973 (= dtv 6012) zuerst 1845, (54) 45
Fielding, Henry: Enquiry into the Causes of the Late Increase of Robbers. Hrsg. v. M. R. Zirker. Oxford: Clarendon Press 1988, (122) 167 (Übers. v. Harald Raykowski)
Fontane, Theodor: Ein Sommer in London. Hrsg. v. Harald Raykowski. Frankfurt am Main: Insel 1995 (= it 1723) zuerst 1854, (13) 39-40; (22) 75-77; (41) 25; (53) 16-17; (94) 181-82; (144) 51-52; (209) 124; (214) 37-38; (223) 27; (225) 22-23; (238) 110-11
Ford, Ford Madox: Return to Yesterday. Zitiert nach The Travellers'

Dictionary of Quotation. Hrsg. v. Peter Yapp. London: Routledge and Kegan Paul 1983, (124) 325 (Übers. v. Harald Raykowski)
Ford, Ford Madox: The Soul of London. London: Dent 1995 (zuerst 1905), (77) 92 (Übers. v. Harald Raykowski)
Forster, E. M.: Aspects of the Novel. The Abinger Edition of E. M. Forster. Hrsg. v. Oliver Stallybrass. Bd. 12. London: Arnold 1974 (zuerst 1927), (208) 41 (Übers. v. Harald Raykowski)
Forster, E. M.: »London is a Muddle«. – Two Cheers for Democracy. London: Arnold 1951, (231) 361-62 (Übers. v. Harald Raykowski)
Forster, Georg: »The Monster«, 1790. – Zitiert nach: O Britannien, von deiner Freiheit einen Hut voll. Deutsche Reiseberichte des 18. Jahrhunderts. Hrsg. v. Michael Maurer. Leipzig: Kiepenheuer 1992, (189) 448-49
Goldsmith, Oliver: The Citizen of the World. Hrsg. v. Austin Dobson. London: Dent 1934 (zuerst 1762), (26) 33-34 (Übers. v. Harald Raykowski)
Grillparzer, Franz: Tagebuch. – Sämtliche Werke. Hrsg. v. Peter Frank und Karl Pörnbacher. Bd. 4. Darmstadt: Wissenschaftliche Buchgesellschaft 1965, (21) 598; (50) 593; (114) 589; (214) 599; (234) 600
Hawthorne, Nathaniel: Our Old Home. – The Complete Works. Bd. 7. Boston: Houghton Mifflin 1949, (92) 302-03
Hawthorne, Nathaniel: English Notebooks. – The Complete Works. Bd. 8. Boston: Houghton Mifflin 1949, (14) 147-48; (160) 96; (223) 92 (Übers. v. Harald Raykowski)
Heine, Heinrich: Reisebilder. Vierter Teil. – Sämtliche Schriften. Hrsg. v. Klaus Briegleb. Bd. 2. München: Hanser 1976, (79) 541-42; (178) 538-39; (205) 555-56
Holland, Vyvyan: Zitiert nach Peter Vansittart: London. A Literary Companion. London: John Murray 1992, (98) 220-21 (Übers. v. Harald Raykowski)
Howells, William Dean: London Films. New York: Harper 1905, (14) 92-93; (34) 28-29; (166) 96; (175) 234-35 (Übers. v. Harald Raykowski)
Huxley, Aldous: Kontrapunkt des Lebens. Übers. v. Herberth Herlitschka. München: Piper 1957, (69) 26
Irving, Washington: The Sketch-Book. – The Works of Washington Ir-

ving. Bd. 1. New York: Collier 1897 (zuerst 1873), (211) 274 (Übers. v. Harald Raykowski)

James, Henry: (Bolton Street). – Zitiert nach Ian Ousby: Literary Britain and Ireland. London: A.&C. Black 1985 (=Blue Guide), (79) 270 (Übers. v. Harald Raykowski)

James, Henry: English Hours. Hrsg. v. Alma Louise Low. London: Mercury 1960 (zuerst 1905), (32) 15-16; (74) 6; (81) 13-14; (112) 21 (Übers. v. Harald Raykowski)

James, Henry: The Golden Bowl. – The Novels and Tales. Bd. 23. New York: Scribner 1964 (zuerst 1904), (119) 3 (Übers. v. Harald Raykowski)

James, Henry: The Wings of the Dove. – The Novels and Tales. Bd. 19. New York: Scribner 1964 (zuerst 1909), (45) 289-90 (Übers. v. Harald Raykowski)

Johnson, Samuel: A Dictionary of the English Language. London: W. Strahan 1765, (193) passim (Übers. v. Harald Raykowski)

Kipling, Rudyard: Something of Myself. London: Macmillan 1951 (zuerst 1937), (177) 79-80 (Übers. v. Harald Raykowski)

Koeppen, Wolfgang: Nach Rußland und anderswohin. Gesammelte Werke. Hrsg. v. Marcel Reich-Ranicki. Bd. 4. Frankfurt am Main: Suhrkamp 1986, (56) 319-20; (65) 222-23; (90) 217-18; (116) 224-25; (124) 226

Lamb, Charles: »The Londoner«. – The Works of Charles Lamb. Hrsg. v. Percy Fitzgerald. Bd. 4. London: Gibbings 1903, (188) 323 (Übers. v. Harald Raykowski)

Lamb, Charles: »The Old Benchers of the Inner Temple«. – The Works of Charles Lamb. Hrsg. v. Percy Fitzgerald. Bd. 3. London: Gibbings 1903, (168) 270-74 (Übers. v. Harald Raykowski)

La Roche, Sophie von: »Haymarket« – Tagebuch einer Reise durch Holland und England. – Zitiert nach Reise Textbuch London. Hrsg. v. Harald Raykowski. München: dtv 1986, (66) 138-39

La Roche, Sophie von: »Oxford Street« – Tagebuch einer Reise durch Holland und England. – Zitiert nach O Britannien, von deiner Freiheit einen Hut voll. Deutsche Reiseberichte des 18. Jahrhunderts. Hrsg. v. Michael Maurer. Leipzig: Kiepenheuer 1992, (111) 436-37

Lawrence, D. H.: »Dull London«. – Selected Essays. Harmondsworth: Penguin 1950, (85) 123 (Übers. v. Harald Raykowski)
Lear, Edward: Kompletter Nonsens. Übers. v. H. M. Enzensberger. Frankfurt am Main: Insel 1977, (120) 267
Lichtenberg, Georg Christoph: Zitiert nach: O Britannien, von deiner Freiheit einen Hut voll. Deutsche Reiseberichte des 18. Jahrhunderts. Hrsg. v. Michael Maurer. Leipzig: Kiepenheuer 1992, (192) 245
MacNeice, Louis: »The British Museum Reading Room«. – The Collected Poems. Hrsg. v. E. R. Dodds. London: Faber & Faber 1966, (138) 160-61 (Übers. v. Harald Raykowski)
Melville, Herman: »The Paradise of Bachelors«. – The Writings of Herman Melville. Hrsg. v. Harrison Hayford u. a. Bd. 9. Evanston, Chicago: Northwestern University Press 1987, (165) 317-18 (Übers. v. Harald Raykowski)
Möser, Justus: (Londoner Theater, 1763/64). – Zitiert nach: O Britannien, von deiner Freiheit einen Hut voll. Deutsche Reiseberichte des 18. Jahrhunderts. Hrsg. v. Michael Maurer. Leipzig: Kiepenheuer 1992, (49) 157
Moritz, Karl Philipp: Reisen eines Deutschen in England im Jahre 1782. Werke. Hrsg. v. Horst Günther. Bd. 2. Frankfurt am Main: Insel 1982, (17) 30-31; (180) 17-18
Orwell, George: Neunzehnhundertvierundachtzig. Übers. V. Michael Walter. Berlin: Ullstein 1996 (Ullstein Tb 23410), (42) 116; (135) 9
Pepys, Samuel: The Diary. 3 Bde. Hrsg. v. Mynors Bright. London: Dent 1953, (122) Bd. 1, 479; (208) Bd. 3, 273-74; (227) Bd. 2, 314 (Übers. v. Harald Raykowski)
Pope, Alexander: »The Dunciad«.- Poetical Works. Hrsg. v. Herbert Davis. London: Oxford University Press 1966, (196) 514-15 (Übers. v. Harald Raykowski)
Pritchett, V. S.: London. – Zitiert nach Reise Textbuch London. Hrsg. v. Harald Raykowski. München: dtv 1986, (70) 67
Pückler-Muskau, Hermann Fürst von: Briefe eines Verstorbenen. Hrsg. v. Heinz Ohff. Berlin: Kupfergraben 1986 (zuerst 1830-32), (61) 432; (139) 442; (185) 433; (204) 677-78; (219) 439-40
Ruskin, John: »The Study of Architecture in Schools«, 1865. – On the

Old Road. Bd. 1. London: George Allen 1905, (198) 384-85 (Übers. v. Harald Raykowski)
Schopenhauer, Johanna: Reise durch England und Schottland. Frankfurt am Main: Wolfgang Krüger o. J., (32) 230; (49) 211-12; (234) 259-60
Schütz, Friedrich Wilhelm von: Zitiert nach: O Britannien, von deiner Freiheit einen Hut voll. Deutsche Reiseberichte des 18. Jahrhunderts. Hrsg. v. Michael Maurer. Leipzig: Kiepenheuer 1992, (222) 489
Shakespeare, William: König Heinrich IV., 2. Teil. I, 2, 48 ff. Übers. v. A. W. Schlegel. Sämtliche Dramen. Bd. 2. München: Winkler 1967, (209) 257
Shakespeare, William: König Heinrich VI, 1. Teil. II, 4, 124 ff. Übers. v. A. W. Schlegel. Sämtliche Dramen. Bd. 2. München: Winkler 1967, (172) 466
Shaw, George Bernard: (Fitzroy Square).- Zitiert nach Hesketh Pearson: Bernard Shaw. His Life and Personality. London: Methuen 1961, (131) 100 (Übers. v. Harald Raykowski)
Shaw, George Bernard: (The Star). – Zitiert nach Peter Vansittart: London. A Literary Companion. London: John Murray 1992, (90) 219 (Übers. v. Harald Raykowski)
Shaw, George Bernard: Prefaces. London: Odhams Press 1938, (30) 211 (Übers. v. Harald Raykowski)
Shaw, George Bernard: Pygmalion. Übers. v. Siegfried Trebitsch. Klassische Stücke. Berlin: Suhrkamp 1950, (47) 393
Shaw, George Bernard: »How I Became a Public Speaker.« – Sixteen Self Sketches. London: Constable 1949, (123) 60 (Übers. v. Harald Raykowski)
Sieburg, Friedrich: Blick durchs Fenster. Frankfurt am Main: Societäts-Verlag 1939, (86) 261-62
Smollett, Tobias: The Expedition of Humphrey Clinker. Hrsg. v. L. M. Knapp. London: Oxford University Press 1966 (zuerst 1771), (104) 120 (Übers. v. Harald Raykowski)
Spender, Stephen: »Epilogue to a Human Drama«. – Collected Poems 1928-1953. London: Faber & Faber 1955, (217) 145 (Übers. v. Harald Raykowski)

Stendhal (Henri Beyle): Wanderungen in Rom. Hrsg. v. Bernhard Frank. Berlin: Propyläen 1982, (62) 278

Sturz, Helferich Peter: Zitiert nach: O Britannien, von deiner Freiheit einen Hut voll. Deutsche Reiseberichte des 18. Jahrhunderts. Hrsg. v. Michael Maurer. Leipzig: Kiepenheuer 1992, (193) 167

Taine, Hippolyte: Aufzeichnungen über England. Übers. v. Ernst Hardt. Jena: Diederichs 1906, (21) 14; (31) 19-20

Thackeray, W. M.: The Book of Snobs. The Works of William Makepeace Thackeray. Bd. 9. London: Smith, Elder 1911, (71) 200 (Übers. v. Harald Raykowski)

Thackeray, W. M.: Pendennis. The Works of William Makepeace Thakkeray. Bd. 3. London: Smith, Elder 1910, (167) 375 (Übers. v. Harald Raykowski)

Trollope, Anthony: An Autobiography. Hrsg. v. Michael Sadleir und Frederick Page. Oxford: Oxford University Press 1980, (122) 353 (Übers. v. Harald Raykowski)

Twain, Mark: »From an English Notebook.« – Letters from the Earth. Hrsg. v. Bernard Devoto. New York: Harper & Row 1962, (139) 179-80; (214) 174-75 (Übers. v. Harald Raykowski)

Twain, Mark: The Selected Letters of Mark Twain. Hrsg. v. Charles Neider. New York: Harper & Row 1982, (75) 261 (Übers. v. Harald Raykowski)

Verlaine, Paul: Zitiert nach Claude Jeancolas: Die Reisen des Arthur Rimbaud. München: Metamorphosis 1992, (43) 102-104

Verne, Jules: Le Tour du monde en quatre-vingts jours. Paris: Hachette 1965 (zuerst 1873), (73) 1-3 (Übers. v. Harald Raykowski)

Weerth, Georg: »London«. – Vergessene Texte. Werkauswahl. Hrsg. v. J. W. Goette u. a. Bd. 1. Köln: Leske 1975, (224) 218

Wharton, Edith: A Backward Glance. New York: Appleton-Century 1934, (105) 242-43 (Übers. v. Harald Raykowski)

Wilde, Oscar: »Der amerikanische Mann«.- Sämtliche Werke. Bd. 6. Hrsg. und Übers v. Norbert Kohl. Frankfurt am Main: Insel 1982, (21) 159

Wilde, Oscar: Bunbury oder die Bedeutung, Ernst zu sein. Übers. v. Christine Hoeppner. – Sämtliche Werke. Bd. 3. Hrsg. v. Norbert Kohl. Frankfurt am Main: Insel 1982, (87) 190

Wilde, Oscar: »Am Grabe von Keats«.- Sämtliche Werke. Bd. 6. Hrsg. und Übers. v. Norbert Kohl. Frankfurt am Main: Insel 1982, (219) 11

Wilde, Oscar: »Malermodelle«.- Sämtliche Werke. Bd. 6. Hrsg. und Übers. v. Norbert Kohl. Frankfurt am Main: Insel 1982, (75) 179

Wilde, Oscar: »Symphony in Yellow«. The Works of Oscar Wilde. Hrsg. v. G. F. Maine. London: Collins 1948, (186) 798. Übers. v. Gisela Etzel u. a. – Sämtliche Werke. Bd. 5. Hrsg. v. Norbert Kohl. Frankfurt am Main: Insel 1982, 190

Woolf, Virginia: Zitiert nach Leon Edel: Bloomsbury. A House of Lions. London: Hogarth Press 1979, (142) 16 (Übers. v. Harald Raykowski)

Woolf, Virginia: (Bloomsbury). – The Letters of Virginia Woolf. Hrsg. v. Nigel Nicolson und Joanne Trautmann. Bd. 3. New York: Harcourt Brace Jovanovich 1977, (146) 96 (Übers. v. Harald Raykowski)

Woolf, Virginia: Mrs Dalloway. Übers. v. Walter Boehlich. Frankfurt am Main: Fischer 1997, (37) 22-23

Woolf, Virginia: »Mrs Dalloway in der Bond Street«. Übers. v. Dieter E. Zimmer. – Das Mal an der Wand. Frankfurt am Main: Fischer 1989, (119) 188-189

Woolf, Virginia: »Stadtbummel: Ein Londoner Abenteuer«. Übers. v. Joachim A. Frank. – Der Tod des Falters. Essays. Frankfurt am Main: Fischer 1997, (129) 25

Wordsworth, William: »Composed Upon Westminster Bridge«. – The Complete Poetical Works. London: Macmillan 1959, (18) 178 (Übers. v. Harald Raykowski)

Yeats, W. B.: Memoirs. Hrsg. v. Denis Donoghue. London: Macmillan 1972, (98) 21 (Übers. v. Harald Raykowski)

KULTURADRESSEN

Museen und Kunstausstellungen

Barbican Art Gallery: Barbican Centre, Barbican, EC2.
Tel.: (020) 7382 7105; Öffnungszeiten: Mo, Do-Sa 10-18.45 Uhr, Di 10-17.45 Uhr, So 12-18.45 Uhr · U-Bahn: Moorgate, Barbican

Bear Gardens Museum and Arts Centre: 1 Bear Gardens, Bankside, SE1.
Tel.: (020) 7928 6342; Öffnungszeiten: Di-Sa 10-17 Uhr, So 14-18 Uhr · U-Bahn: London Bridge

Bethnal Green Museum of Childhood: Cambridge Heath Road, E2.
Tel.: (020) 8983 5200; Öffnungszeiten: Mo-Do, Sa 10-17.50 Uhr, So 14.30-17.50 Uhr, Eintritt frei · U-Bahn: Bethnal Green

British Museum: Great Russell Street, WC 1.
Tel.: (020) 7636 1555; Öffnungszeiten: Mo-Sa 10-17 Uhr, So 12-18 Uhr; Eintritt frei · U-Bahn: Holborn, Russell Square, Tottenham Court Road

Courtauld Institute Galleries: Somerset House, Strand, WC2
Tel.: (020) 7848 2922; Öffnungszeiten: Mo-Sa 10-18 Uhr, So und feiertags 12-18 Uhr, Mo 10-14 Uhr Eintritt frei (außer feiertags) · U-Bahn: Charing Cross

Dulwich College Picture Gallery: College Road, Dulwich, SE21
Tel: (020) 8693 5254; Wiedereröffnung Mai 2000 · Bahnverbindung: von Victoria nach West Dulwich, von London Bridge nach North Dulwich

Imperial War Museum: Lambeth Road, SE1
Tel.: (020) 7416 5320; Öffnungszeiten: tägl. 10-18 Uhr · U-Bahn: Lambeth North, Waterloo, Elephant and Castle

Jewish Museum, Camden: 129 Albert Street, NW1
Tel.: (020) 7284 1997; Öffnungszeiten: Mo-Do, So 10-16 · U-Bahn: Camden Town

Jewish Museum, Finchley: 80 East End Road, N3
Tel.: (020) 8349 1143; Öffnungszeiten: Mo-Do 10.30-17 Uhr, So 10.30-16.30 · U-Bahn: Finchley Central

Kenwood House (Iveagh Bequest): Hampstead Lane, Kenwood, NW3
Tel.: (020) 8348 1286; Öffnungszeiten: April-Sept tägl. 10-18 Uhr, Okt-März tägl. 10-16 Uhr · U-Bahn: Golders Green, dann Bus Nr. 210

London Transport Museum: Covent Garden Piazza, WC2
Tel.: (020) 7379 6344; Öffnungszeiten: tägl. 10-18 Uhr (freitags ab 11 Uhr) · U-Bahn: Covent Garden, Leicester Square, Holborn, Charing Cross

Museum of Garden History: Lambeth Palace Road, SE1
Öffnungszeiten: Mo-Fr 10.30-16 Uhr, So 10.30-17 Uhr · U-Bahn: Lambeth North, Westminster, Vauxhall

Museum of London: London Wall, EC2
Tel.: (020) 7600 3699; Öffnungszeiten: Mo-Sa 10-17.50 Uhr, So 12-17.50 Uhr · U-Bahn: St. Paul's, Barbican Moorgate

Museum of the Moving Image (MOMI): South Bank, EC1
(wegen Umbau geschlossen bis 2003)

National Gallery: Trafalgar Square, WC2
Tel.: (020) 7747 2885; Öffnungszeiten: tägl. 10-18, Mi 10-21 Uhr, Eintritt frei · U-Bahn: Charing Cross, Leicester Square

National Maritime Museum: Romney Road, Greenwich, SE10
Tel.: (020) 8312 6608; Öffnungszeiten: tägl. 10-17 Uhr · U-Bahn: Canary Wharf, von dort mit Docklands Light Railway bis Greenwich

Bahnverbindung: von Charing Cross oder London Bridge nach Greenwich/Maze Hill

National Portrait Gallery: 2 St Martin's Place, WC2
Tel.: (020) 7306 0055; Öffnungszeiten: Mo-Sa 10-18 Uhr, So 12-18 Uhr, Eintritt frei · U-Bahn: Leicester Square, Charing Cross

Natural History Museum: Cromwell Road, SW7
Tel.: (020) 7938 9123; Öffnungszeiten: Mo-Sa 10-17.50 Uhr, So 11-17.50 Uhr · U-Bahn: South Kensington

Royal Academy of Arts: Burlington House, Piccadilly, W1
Tel.: (020) 7300 8000; Öffnungszeiten: tägl. 10-18 Uhr, Fr 10-20.30 Uhr (Juni und Juli So 10-20.30 Uhr) · U-Bahn: Piccadilly Circus, Green Park

Saatchi Collection: 98A Boundary Road, NW8
Tel.: (020) 7624 8299; Öffnungszeiten: Do-So 12-18 Uhr · U-Bahn: St John's Wood, Swiss Cottage

Science Museum: Exhibition Road, SW7
Tel.: (020) 7938 8000; Öffnungszeiten: tägl. 10-18 Uhr · U-Bahn: South Kensington

Serpentine Gallery: Kensington Gardens, W2
Tel.: (020) 7402 6075; Öffnungszeiten tägl. 10-18 Uhr, Eintritt frei · U-Bahn: Lancaster Gate, Knightsbridge, South Kensington

Sir John Soane's Museum: 13 Lincoln's Inn Fields, WC2
Tel.: (020) 7405 2107; Öffnungszeiten: Di-Sa 10-17 Uhr · U-Bahn: Holborn

Tate Britain (früher Tate Gallery): Millbank, SW1
Tel.: (020) 7887 8000; Öffnungszeiten: tägl. 10-17.50 Uhr, Eintritt frei · U-Bahn: Pimlico

Theatre Museum: Russell Street, Covent Garden, WC2
Tel.: (020) 7836 7891; Öfffiungszeiten: Di-So 10-18 Uhr · U-Bahn: Covent Garden

Victoria and Albert Museum (V&A): Cromwell Road, SW7
Tel.: (020) 7938 8500; Öffnungszeiten: Mo 12-17.45 Uhr, Di-So 10-17.45 · U-Bahn: South Kensington

Wallace Collection: Hertford House, Manchester Square, W1
Tel.: (020) 7935 0687; Öffnungszeiten: Mo-Sa 10-15 Uhr, So 14-17 Uhr, Eintritt frei · U-Bahn: Bond Street, Baker Street

Whitechapel Art Gallery: 80-82 Whitechapel High Street, E1
Tel. (020) 7522 7888; Öffnungszeiten: Di, Do-So 11-17 Uhr; Mi 11-20 Uhr, Eintritt frei · U-Bahn: Aldgate East

Schlösser, Kirchen, Historische Häuser und andere Sehenswürdigkeiten

Banqueting House: Horse Guards Avenue, Whitehall, SW1
Öffnungszeiten: Mo-Sa 10-17 Uhr · U-Bahn: Westminster, Embankment

Buckingham Palace, SW1
Tel.: (020) 7839 1377; Öffnungszeiten: State Rooms im August und September täglich nach vorheriger Anmeldung; Royal Mews März-Sept Di-Do 12-16 Uhr; Queen's Gallery tägl. 9.30-16.30 Uhr · U-Bahn: Victoria

Carlyle's House: 24 Cheyne Walk, SW3.
Tel.: (020) 7352 7087; Öffnungszeiten: Apr-Okt Mi-So 11-17 Uhr · U-Bahn: Sloane Square

Chelsea Physic Garden: 66 Royal Hospital Road, SW3.
Tel.: (020) 7352 5646; Öffnungszeiten: Apr-Okt Mi, So, feiertags und während der Chelsea Flower Show 14-17 Uhr · U-Bahn: Sloane Square

Chiswick House: Burlington Lane, Chiswick, W4.
Tel.: 995 0508; Öffnungszeiten: Apr-Okt tägl. 10-17 Uhr, Nov-März tägl. 10-16 Uhr · U-Bahn: Chiswick Park, Turnham Green

Dickens House: 48 Doughty Street, WC1
Tel.: (020) 7405 3127; Öffnungszeiten: Mo-Fr 9.45-17 Uhr, Sa 10-17 Uhr · U-Bahn: Russell Square, Chancery Lane

Dr. Johnson's House: 17 Gough Square, EC4.
Tel.: (020) 7353 3745; Öffnungszeiten: Mo-Sa 11-17 Uhr · U-Bahn: Blackfriars, Temple

Freud Museum: 20 Maresfield Gardens, NW3
Tel.: (020) 7435 2002; Öffnungszeiten: Mi-So 12-17 Uhr · U-Bahn: Finchley Road

Gray's Inn: Holborn, WC1
Öffnungszeiten: Mo-Fr 10-16 Uhr · U-Bahn: Chancery Lane, Holborn

Ham House: Richmond, Surrey
Tel.: (020) 8940 4950; Öffnungszeiten: Di-So 11-17 Uhr · U-Bahn: Richmond, dann Bus Nr. 65, 71

Hampton Court Palace: East Molesey, Surrey
Öffnungszeiten: Mitte März-Mitte Oktober Mo 10.15-18 Uhr, Di-So 9.30-18 Uhr; Mitte Oktober-Mitte März Mo 10.15-16.30 Uhr, Di-So 9.30-16.30; Gärten tägl. 7 Uhr bis Dämmerung · U-Bahn: Richmond, dann Bus Nr. R68 · Bahnverbindung: Waterloo bis Hampton Court Station

Hogarth's House: Hogarth Lane, Great West Road, W4
Tel.: (020) 8994 6757; Öffnungszeiten: Apr-Okt Di-Fr 13-17 Uhr, Sa, So 13-18 Uhr; Nov-März (außer Januar) Di-Fr 13-16 Uhr, Sa, So 13-17 Uhr, Eintritt frei · U-Bahn: Turnham Green

Houses of Parliament, SW1
Öffnungszeiten: Mo-Mi 14.30-22 Uhr, Mi und an den meisten Freitagen 9.30-14 Uhr, Do 11.30-19 Uhr (Besucher stellen sich an St. Stephen's Porch an, Eintritt frei) · U-Bahn: Westminster

Keats' House: Wentworth Place, Keats Grove, Hampstead, NW3
Tel.: (020) 7435 2062; Öffnungszeiten: Apr-Okt Mo-Fr 10-13, 14-18 Uhr; Sa 10-13, 14-17 Uhr; So 14-17 Uhr; Nov-März Mo-Fr 13-17 Uhr; Sa 10-13, 14-17 Uhr; So 14-17 Uhr; Eintritt frei · U-Bahn: Hampstead, Belsize Park

Kensington Palace: Kensington Gardens, W8
Tel.: (020) 7937 7079; Öffnungszeiten: 15. März-15. Oktober tägl. 10-17; sonst tägl. 10-16 Uhr · U-Bahn: Queensway, Notting Hill Gate, High St. Kensington, Gloucester Road

Leighton House: 12 Holland Park Road, W14
Tel.: (020) 7602 3316; Öffnungszeiten: Mo-Sa 11-17.30 Uhr (außer feiertags) · U-Bahn: High St. Kensington

Lincoln's Inn: Lincoln's Inn Fields, WC2
Öffnungszeiten: Mo-Fr 9-18 Uhr, Kapelle Mo-Fr 12-14.30 Uhr · U-Bahn: Chancery Lane

Linley Sambourne House: 18 Stafford Terrace, W8
Tel.: (020) 8994 1019; März-Okt Mi 10-16 Uhr, So 14-17 Uhr · U-Bahn: High St. Kensington

London Planetarium: Marylebone Road, NW1
Tel.: (020) 7935 6861); Öffnungszeiten: Juni-Aug tägl. 10.20-17 Uhr; Sept-Mai Mo-Fr 12.20-17 Uhr, Sa, So 10.20-17 Uhr · U-Bahn: Baker Street

London Zoo: Regent's Park, NW1
Öffnungszeiten: tägl. 10-17.30 Uhr (Sommer) bzw. 10-16 Uhr (Winter) · U-Bahn: Camden Town, Baker Street

Madame Tussaud's: Marylebone Road, NW1
Tel.: (020) 7935 6861; Öffnungszeiten: tägl. 9.30-17.30 Uhr · U-Bahn: Baker Street

Monument: Monument Street, EC3
Öffnungszeiten: Mo-Fr 10-17.40 Uhr; Sa, So 14-17.40 Uhr · U-Bahn: Monument

Old Royal Naval College, Greenwich, SE 10
Tel.: (020) 8269 4747; Öffnungszeiten: Mo-Sa 10-17 Uhr, So 12.30-17 Uhr · U-Bahn: Canary Wharf, von dort mit Docklands Light Railway bis Greenwich Bahnverbindung: von Charing Cross oder London Bridge nach Greenwich/Maze Hill

Royal Hospital Chelsea: Royal Hospital Road, SW3
Tel.: (020) 7730 5282; Öffnungszeiten (Museum, Kapelle und Hall): Mo-Sa 10-12, 14-16 Uhr; So 14-16 Uhr · U-Bahn: Sloane Square, Pimlico

St. Paul's Cathedral: Ludgate Hill, EC4
Öffnungszeiten: Mo-Sa 8.30-16.30 Uhr (außer während Gottesdiensten) · U-Bahn: St. Paul's

Shakespeare's Globe Theatre: New Globe Walk, Bankside, Southwark, SE1
Tel.: (020) 7401 9919; Öffnungszeiten: tägl. 10-17 Uhr · U-Bahn: Mansion House, Blackfriars, dann zu Fuß über die Brücke

Sherlock Holmes Museum: 221 b Baker Street, NW1
Tel.: (020) 7738 1269; Öffnungszeiten: tägl. 9.30-18 Uhr · U-Bahn: Baker Street

Sir John Soane's House: 13 Lincoln's Inn Fields, WC2
Tel.: (020) 7405 2107; Öffnungszeiten: Di-Sa 10-17 Uhr, Eintritt frei · U-Bahn: Holborn

Southwark Cathedral: Borough High Street, SE1
Öffnungszeiten: tägl.: 7.30-18 Uhr

Syon House: Syon Park, Brentford, Middlesex
Tel.: (020) 8560 0881; Öffnungszeiten: Mitte März-Okt Di, Do, So und feiertags 11-17 Uhr, Park täglich 10 Uhr bis Dämmerung · U-Bahn: Gunnersbury

The Temple

Middle Temple Hall: Middle Temple Lane, EC4
Tel.: (020) 7427 4800; Öffnungszeiten gewöhnlich Mo-Fr 10-11.30 Uhr, 15-16 Uhr (telefonische Anfrage empfehlenswert, da in der Hall nachmittags oft Sitzungen stattfinden), Eintritt frei
Inner Temple Treasury Office: Crown Office Row, EC4
Öffnungszeiten: Mo-Fr 10-16 Uhr, Eintritt frei
Temple Church: Inner Temple, King's Bench Walk, EC4
Öffnungszeiten: Mi-Sa 10-16 Uhr · U-Bahn: Temple

Tower of London, Tower Hill, EC3
Tel.: (020) 7709 0765; Öffnungszeiten: März-Okt Mo-Sa 9-17 Uhr, So 10-17 Uhr; Nov-Feb Di-Sa 9-16 Uhr, So-Mo 10-16 Uhr · U-Bahn: Tower Hill

Westminster Abbey, Dean's Yard, SW1
Öffnungszeiten: Mo-Fr 9-16.45 Uhr (außer während Gottesdiensten), Mi 18-19.45 (Fotografieren erlaubt), Sa 9-14.45 Uhr · U-Bahn: Westminster, St. James's Park

Westminster Cathedral: Victoria Street, SW1
Öffnungszeiten: Mo-Fr, So 7-19 Uhr, Sa 8-19 Uhr, Eintritt frei · U-Bahn: Victoria

William Morris Gallery: Lloyd Park, Forest Road, E17
Tel.: (020) 8527 3782; Öffnungszeiten: Di-Sa (und an jedem ersten Sonntag im Monat) 10-13, 14-17 Uhr, Eintritt frei · U-Bahn: Walthamstow Central, dann Bus Nr. 34, 97, 215, 257

NF 31/1/5.00

London
Elf literarische Spaziergänge
Hg. Harald Raykowski
it 2554. 272 Seiten

Madrid
Ein literarisches Porträt
Hg. Elke Wehr. Mit Abbildungen
it 1981. 272 Seiten

Venedig
Der literarische Führer
Hg. Doris und Arnold E. Maurer
Mit Fotografien
it 1413. 188 Seiten

Das Engadin
Porträt einer Landschaft
Hg. Susanne Gretter. Mit Fotografien
it 2199. 280 Seiten

Dietmar Grieser
Große historische Straßen
Von der Via Appia bis zur Avus
Eine kunsthistorische Spurensuche
Mit Fotografien
it 1974. 130 Seiten

Dietmar Grieser
Im Rosengarten
Eine literarische Spurensuche in Südtirol
Mit Abbildungen
it 2509. 245 Seiten

NF 31/2/5.00

Dietmar Grieser
Nachsommertraum im Salzkammergut
Eine literarische Spurensuche
Mit Abbildungen
it 1848. 262 Seiten

Victor Hehn
Olive, Wein und Feige
Kulturhistorische Skizzen
Mit Abbildungen
Hg. Klaus von See
und Gabriele Seidel-Leimbach
it 1427. 152 Seiten

Günter Kollert
Der Gesang des Meeres
Die portugiesischen Entdeckungsfahrten
als Mythos der Neuzeit
it 2614. 320 Seiten

Mit Rilke durch die Provence
Hg. Irina Frowen. Mit Fotografien
it 2148. 126 Seiten

Toskana
Ein literarisches Landschaftsbild
Hg. Andreas Beyer
Mit Fotografien
it 926. 265 Seiten

NF 31/3/5.00

Mit Fontane durch
England und Schottland
Hg. Otto Drude. Mit Fotografien
it 2222. 194 Seiten

Mit Fontane durch
Frankreich und Flandern
Hg. Otto Drude
Mit farbigen Fotografien
it 2647. 128 Seiten
(August 2000)

Georg Forster
Reise um die Welt
Hg. und Nachwort Gerhard Steiner
it 757. 1039 Seiten

Hermann Hesse
Tessin. Betrachtungen, Gedichte
und Aquarelle des Autors
Hg. und Nachwort: Volker Michels
it 1494. 314 Seiten

Mit Hermann Hesse durch Italien
Ein Reisebegleiter durch Oberitalien
Hg. Volker Michels
it 1120. 215 Seiten

Mit Hermann Hesse reisen
Betrachtungen und Gedichte
Hg. Volker Michels
it 1242. 432 Seiten

NF 31/4/5.00

Erhart Kästner
Griechische Inseln
Aufzeichnungen aus dem Jahre 1944
Nachwort: Heinrich Gremmels
it 118. 166 Seiten

Erhart Kästner
Kreta
Aufzeichnungen aus dem Jahre 1943
Nachwort: Heinrich Gremmels
it 117. 264 Seiten

Erhart Kästner
Ölberge, Weinberge
Ein Griechenland-Buch. Mit Zeichnungen
it 55. 262 Seiten

Erhart Kästner
Die Stundentrommel
vom heiligen Berg Athos
it 56. 325 Seiten

Wolfgang Koeppen
Die Erben von Salamis
oder Die ernsten Griechen
Mit Fotografien
it 2401. 80 Seiten

Kalifornien
Ein Reiselesebuch
Hg. Herbert Genzmer. Mit Fotografien
it 2636. 220 Seiten

NF 31/5/5.00